Gustav Kolb

Die Kraichgauer Ritterschaft unter der Regierung des Kurfürsten Philipp von der Pfalz

Gustav Kolb

Die Kraichgauer Ritterschaft unter der Regierung des Kurfürsten Philipp von der Pfalz

ISBN/EAN: 9783955643317

Auflage: 1

Erscheinungsjahr: 2013

Erscheinungsort: Bremen, Deutschland

@ EHV-History in Access Verlag GmbH, Fahrenheitstr. 1, 28359 Bremen. Alle Rechte beim Verlag und bei den jeweiligen Lizenzgebern.

Die Kraichgauer Ritterschaft
unter der Regierung
des Kurfürsten Philipp von der Pfalz.

von

A. G. Kolb.

Stuttgart.
Druck von W. Kohlhammer.
1909.

Inhaltsübersicht.

	Seite
Vorwort	VII—VIII

Einleitung.
Die Kraichgauer Ritterschaft und die Pfalz vor der Regierung
des Kurfürsten Philipp . . . . 1—10
  I. Bis auf Friedrich den Siegreichen . . . . 1—6
  II. Unter Friedrich dem Siegreichen . . . . 6—10

**Die Kraichgauer Ritterschaft unter der Regierung des Kurfürsten
Philipp** . . . . 10—152
A. **Die Anfänge des Kurfürsten Philipp** . . . . 10—11
B. **Verwicklungen** . . . . 11—147
  I. Die Turniergesellschaft zum Esel und der Hof . . . . . . 11—31
    § 1. Turnierwesen und Standesbewußtsein . . . . 12—22
      a) Die Kraichgauer Ritterschaft und das Turnier . . . . . . 13—17
      b) Die Heidelberger Turnierordnung von 1481 und der Heilbronner
        Turniervertrag von 1485 . . . . 18—22
    § 2. Die Ansichten des pfälzischen Hofes über Wesen und rechtliche
      Stellung des Adels . . . . 22—31
      a) Die Übung der Pfalzgrafen und ihrer Kanzlei . . . . . . 22—26
      b) Die Anschauungen der Humanisten . . . . 26—29
      c) Der Einfluß des Marschalls Hans von Dratt . . . . . . 29—30
      d) Das Ergebnis . . . . 30—31
  II. Die Ritterschaft und der Territorialherr unter dem Einfluß von Fragen
    der äußeren Politik . . . . 31—135
    § 1. Die Pfalz und Württemberg . . . . 31—46
      a) Die Territorien und ihre Reibungsflächen . . . . 31—34
      b) Die Fürsten und ihre „freundliche Einung" von 1485 . . . . 35—36
      c) Der Streit um die Landesgrenze . . . . 36—46
        α) Zoll und Landwehr 36
        β) Forstrecht und Landwehr. Das Kloster Maulbronn und das
          Jagdrecht der Kraichgauer Ritterschaft 38
        γ) Forstrecht und Landwehr. Fortf. Die Neipperger und ihr Besitz 40
        δ) Forstrecht und Landwehr. Schluß. Württembergs Angriffe . 44
    § 2. Die Pfalz und der Schwäbische Bund . . . . 46—101
      a) Von der Gründung des Bundes bis zum Spezialmandat des
        Kaisers an die Kraichgauer . . . . 46—51
      b) Das Spezialmandat des Kaisers und seine Wirkung vor der
        Publikation . . . . 51—65
        α) Die erste Heidelberger Versammlung 52
        β) Das Resultat 57

	Seite
γ) Die Speierer Vereinigung des Adels und der Protest des Kurfürsten	58
δ) Die Verantwortung der Kraichgauer in Heidelberg	62
c) Die Verkündigung des kaiserlichen Spezialmandats und die Appellation der Kraichgauer	65—78
α) Die zweite Heidelberger Versammlung	66
β) Die Appellation an den Kaiser	68
γ) Die Gesandtschaft des Adels an den Kaiser	71
δ) Die Werbungen des Pfalzgrafen an den Kaiser, an Württemberg, den Deutschorden und Herzog Georg von Bayern-Landshut	72
ε) Das Ergebnis	77
d) Die Folgen der veränderten Lage	78—101
α) Für den Gegensatz zwischen Pfalz und Württemberg im allgemeinen und jenen zwischen Württemberg und Neipperg im besonderen	78
β) Die Folgen der veränderten Lage für die Kraichgauer Ritterschaft im allgemeinen	81
γ) Ulrich von Flehingen	86
δ) Eitel Schelm von Bergen	90
ε) Die „speirer uffrur"	91
ζ) Der Friede	95
η) Der Eindruck auf die Kraichgauer	97
ϑ) Der Germersheimer Protest des Pfalzgrafen und seiner Räte	99
ι) Das Ergebnis	100
§ 3. Die Wittelsbacher, der Kaiser und der Römische König . . .	101—135
a) Der Löwenbund und die Wittelsbacher bis zum Amberger Bündnis	101—104
b) Der Eintritt der Löwler in den Schwäbischen Bund und die Verhandlungen mit dem Kaiser und dem Römischen König . . .	105—128
α) Der Wittelsbacher Tag zu Ingolstadt	105
β) Die Verhandlungen mit dem Kaiser zu Linz	107
γ) Der Vermittlungsversuch des Römischen Königs auf dem Reichstag zu Nürnberg	103
δ) Der Reichskrieg gegen Herzog Albrecht von Bayern und der Tag zu Augsburg	116
ε) Der Tag zu Maulbronn	120
ζ) Der Reichskrieg gegen Frankreich und der Tag zu Koblenz .	127
c) Das Ende der Einung und der Ausgang des Grenzstreites . .	128—135
III. Die Ritterschaft und der Territorialherr unter dem Einfluß von Steuerfragen und einer landständischen Bewegung	135—147
§ 1. Die Notsteuer vom Jahre 1494	135—138
§ 2. Der „gemeine Pfennig"	139—145
§ 3. Die pfälzische „Stände"versammlung zu Heidelberg	146—147
C. Die Katastrophe. Der bayrische Erbfolgekrieg . . .	147—152

Schluß.

Die Ergebnisse für den Kurfürsten Philipp und die Kraichgauer Ritterschaft	153—154

Vorwort.

Das Folgende gibt einen Ausschnitt aus der Geschichte der Kraichgauer Ritterschaft [1]). Es soll der Einfluß dargestellt werden, welchen die Regierung des Kurfürsten Philipp von der Pfalz, sein Verhältnis zu Württemberg, die Gründung des Schwäbischen Bundes und die Politik des Reichsoberhauptes — in den Jahren 1476—1508 — auf den Kraichgau ausübte.

Vorarbeiten waren in sehr geringem Maße vorhanden. Die Arbeit stützt sich in der Hauptsache auf ungedrucktes Material. Die reichen Bestände des Generallandesarchivs in Karlsruhe haben am meisten Ausbeute gewährt; aber auch dem Staatsarchiv in Stuttgart und dem Stadtarchiv in Ulm, sowie dem gräflichen Archiv Schwaigern verdanke ich wichtige Stücke [2]). Das Material floß reichlich, fast überreichlich. Daraus ergaben sich große Schwierigkeiten. Die vielen nebeneinanderlaufenden, sich kreuzenden oder aufhebenden Bewegungen, für welche die Archivalien Belege geben, machten eine übersichtliche, klare Darstellung außerordentlich schwer, zumal es kleine und kleinste Kräfte neben großen Gewalten sind, welche hier durcheinanderwirren. Dennoch wurde versucht, eine Entwicklung, nicht eine Systematik der Kraichgauer Verhältnisse zu geben. Gerade die Überfülle des Materials hat mich dazu veranlaßt.

Es ist ein besonderer Glücksfall, daß unsere Quellen bis in das kleinste Detail des geschichtlichen Vorgangs hinein Aufschluß geben und uns nicht nur über das Ganze eines Geschehnisses unterrichten, sondern häufig auch über Motive, welche aus den persönlichen Be-

---

[1]) Es bildet einen Teil der Gesamtdarstellung, an welcher ich zurzeit noch arbeite. Sie wird ein Quellen- und Literaturverzeichnis, sowie ein Register enthalten, auf welche ich einstweilen verweisen muß. Für das Folgende nur die Bemerkung, daß mit „K." das Karlsruher Generallandesarchiv, mit „St.A. St." das Staatsarchiv zu Stuttgart gemeint ist. Wo bei Verweisungen keine Seitenzahl angegeben ist, sind Anmerkungen desselben Abschnitts gemeint.

[2]) Den Herren Beamten der Archive, sowie jenen der Landesbibliothek Stuttgart und der Universitätsbibliotheken Heidelberg und Freiburg spreche ich auch an dieser Stelle den geziemenden Dank für ihre Unterstützung aus.

dürfnissen einzelner erwachsen sind. Die interessanteste Aufgabe des Historikers: abzuwägen zwischen Notwendigkeit und Freiheit in der Geschichte, den Verhältnissen und dem Individuum sein Recht werden zu lassen, stellte sich zwingend vor Augen.

Es ist ein gewaltiges Problem der deutschen Geschichte, das mit der Regierung des Pfalzgrafen Philipp seine Lösung findet. Seitdem im Vertrag von Pavia die Pfalz und Bayern auseinandergerissen wurden, schien die Möglichkeit eines **großen Wittelsbachischen Territoriums im deutschen Südwesten** vernichtet zu sein. Der Kriegsheld Friedrich I., unter dem die Pfalz so mächtig wuchs, hat zum ersten Male wieder die Voraussetzungen für eine solche südwestdeutsche Vormacht geschaffen. Was jener erworben, zerrann Philipp wieder unter den Händen. Es war auf lange hinaus unmöglich, daß das Haus Wittelsbach herrschenden Einfluß gewinne. Dauernd ausgeschlossen war eine Großmachtstellung der Pfalz.

Das ist der große Rahmen für das Gewimmel kleiner Kräfte, welches wir im folgenden kennen lernen.

Einleitung.

Die Kraichgauer Ritterschaft und die Pfalz vor der Regierung des Kurfürsten Philipp.

I. Bis auf Friedrich den Siegreichen.

In dem Winkel zwischen Neckarknie und Rhein lagen die Besitzungen, welche im 16. Jahrhundert in der Matrikel des Ritterkantons Kraichgau zusammengefaßt wurden. Sie machten einen wesentlichen Teil des Landstriches aus. Mit Recht konnte Sebastian Münster in seiner Kosmographei von dem Kraichgau reden, „das dann fast der edelleut ist"[1]). Neben der Ritterschaft kam nur die Pfalz noch in Betracht.

Erst im 13. Jahrhundert hatte sie hier festen Fuß gefaßt. Mit Kaiser Ludwig dem Bayer begann dann eine Zeit lebhaften Erwerbes von Gütern und Rechten. Pfänder, Käufe, Fehden brachten in anderthalb Jahrhunderten einen stattlichen Besitz zusammen. Er bestand im wesentlichen aus drei Teilen:

1. den Centen Reichardshausen und Meckesheim[2]);
2. den Städten Heidelsheim, Bretten, Eppingen, Sinsheim und Hilsbach;
3. einer Anzahl Burgen, Dörfer, Vogteien, Güter, Zehnten und Gülten, welche teils als Lehen ausgegeben, teils im Nutzbesitz der Pfalz geblieben waren.

Das alles lag nicht an einem Stück beisammen. Es war über die ganze Landschaft zerstreut, und zwar so, daß, je weiter nach Osten, der Besitz desto dünner gesät war. Bis gegen das Ende des 15. Jahrhunderts zeigte derselbe nicht allzuviel Festigkeit. Burgen und Dörfer wanderten aus pfälzischen Händen in ritterschaftliche und umgekehrt.

---

[1]) Kosmographei, Mappae Europae etc. Frankfurt 1587.
[2]) Später auch Neckargemünder Cent genannt.

Zu dem Eigentum kamen die Regalien, die aber der Pfalzgraf nicht als Landesherr über das ganze Gebiet hin ausübte, sondern, entsprechend ihrem Erwerb durch Kauf oder Verpfändung, nur in örtlich beschränktem Maße besaß. Das gilt besonders vom Geleit und der Forsthoheit.

Was die Pfalz vor der Regierungszeit Friedrichs des Siegreichen auf dem Kraichgau hatte, machte überhaupt kein geschlossenes Territorium aus. Nur an der unteren Elsenz war der Pfalzgraf Gerichts- und damit Landesherr. Im übrigen Kraichgau war der pfälzische Besitz immer noch nicht mehr als „eine Reihe zerstückelter Hoheitsrechte"[3], doch war begreiflicherweise sein Einfluß auch in den anderen Gegenden überwiegend.

Das enge Verhältnis zum Bistum Speier[4] gab der Pfalz den ganzen Bruhrain in die Hand, und dasselbe war mit dem Gebiet des Adels der Fall, der seit König Ruprecht mit den rheinischen Wittelsbachern in innigster Verbindung lebte.

Angebahnt war diese vorher schon worden. Der Weg ging über Speier.

Dort war mit Gerhard von Erenberg[5] ein Kraichgauer Bischof geworden, und damit hatte das Eindringen seiner Verwandten und Freunde in das Domkapitel und die Beamtenschaft des Bistums begonnen. Als vollends mit Raban von Helmstatt[6] eine R e i h e von Kraichgauer Bischöfen begann, da nahm sich das Bistum wie eine Domäne des Kraichgauer Adels aus. Die Lehen, die Beamtungen, die Burghuten befanden sich zum großen Teil in seinen Händen. Er war der Geldgeber des Bistums, das er verwaltete und regierte und dessen Kriege er führte.

Bei dem Vertrauensverhältnis, in dem König Ruprecht und sein Kanzler Raban von Helmstatt standen, kann es nicht wundernehmen, daß seit dessen Episkopat auch die Verbindung der Kraichgauer mit der Pfalz enger wurde. Sie waren ja auch schon früher in beträchtlicher Anzahl im pfälzischen Dienst gewesen, aber so ausschließlich wie von jetzt ab doch nicht; besonders als Ruprecht König wurde und

---

[3] Wille, Regesten S. VII wendet diesen Ausdruck auf die Zeit vor 1329 und die g a n z e Pfalz an.
[4] Vgl. K. Lossen, Staat und Kirche in der Pfalz im Ausgang des Mittelalters, Münster 1907, S. 65 ff. und bes. 73 ff.
[5] 1336—1363, Remling, Geschichte der Bischöfe zu Speier, Mainz 1852—1854. Bd. I S. 595—630. Seine Wahl verdankt er K. Ludwig.
[6] 1396—1439.

die Bedürfnisse an Geld und Menschen bedeutend wuchsen. Nun waren an seinem Hof, in seinem Rat, in seiner Beamtenschaft und seinem Heer die Kraichgauer sehr häufig zu finden, und auch die Beschaffung der nötigen Geldmittel ging zum guten Teil durch sie[7]).

So blieb es auch, als König Ruprecht tot war und die Last der Krone nicht mehr auf der Pfalz ruhte. Im Gegenteil, der Einfluß der Kraichgauer wuchs noch. Der Adel war in der Pfalz damals zweifellos das, was W. Ohr mit einem glücklichen Ausdruck als Mitherrschaftsstand bezeichnet[8]). Das zeigte sich besonders bei der Absetzung des Kurfürsten Ludwig III. durch seine adeligen Räte im Jahr 1436, wo die Ritterschaft ohne Wissen der nächsten Agnaten vorging und deren Einspruch mit gewaffneter Hand abwehrte[9]). Die Kraichgauer hatten einen wesentlichen Anteil an diesem wichtigen Ereignis.

Wenn die Kraichgauer auch jetzt schon ihre Dienste mit einer gewissen Ausschließlichkeit der Pfalz und dem schirmverwandten Stift Speier widmeten, so gingen sie doch nicht in beiden auf. Ruprecht war für sie nicht bloß der Pfalzgraf, er war vor allem der König gewesen. So finden wir auch unter Sigismund Kraichgauer als K. Räte und Gesandte. Von der 1422 gegebenen kaiserlichen Erlaubnis zu Ritter- und Städtebündnissen haben sie durch jene Vereinigung Gebrauch gemacht, welche an dem Windsheimer Tag gegen die Hussiten teilnahm[10]).

Der Gerichtshoheit der Pfalz unterstanden die Kraichgauer Adeligen nirgends, auch nicht dort, wo die Pfalz die Centen besaß[11]).

---

[7]) Teils direkt, teils auf dem Weg der Bürgschaft. Die Pfalz hatte nur kleine Städte und seit der Austreibung keine Juden. Die Ritterschaft war bis zur Regierung Friedrichs I. ihr Hauptgläubiger.

[8]) Württ. Vierteljahrsh. für Landesgeschichte XV (1906) S. 340 und Anm. 1, S. 343 Anm. 3.

[9]) Der Vorgang, über welchen ich in der „Geschichte der kraichgauischen Ritterschaft" ausführlich spreche, ist durch Reinbold Slechts Fortsetzung der flores temporum (Zeitschr. Oberrh. N. F. IX S. 140 f.) und Eberhard Windecks Sigmundbuch (ed. Altmann, Berlin 1893, S. 429 ff.) belegt.

[10]) 1431 Sept. 30. Zu der Tagung vergl. Deutsche Reichstagsakten IX S. 502 f. Nr. 462—65, S. 624 ff.

[11]) Die Vorgänger der Pfalz im Besitz, Weinsberg und Hirschhorn, vermochten es nicht, ihre Gerichtshoheit auf die Ritterschaft auszudehnen, und Pfalz trat die Centen verhältnismäßig spät an. Es blieb infolgedessen, wie es gewesen war: die Adeligen, welche Vogteien besaßen, hatten die Niedergerichtsbarkeit und die Bede; dem Centherrn waren die Untertanen der Vogtsjunker zum Besuch der Cent, zu Reise und Folge verpflichtet.

Der Kraichgau gehörte einst zur Landvogtei Wimpfen[12]), die später mit jener von Niederschwaben vereinigt wurde[13]).

Solange diese noch Bedeutung hatte, war der Gerichtsstand des Kraichgauer Adels bei dem Landgericht des kaiserlichen Judex provincialis zu Wimpfen und (später) vor dem Hofgericht Rottweil[14]). Nur vorübergehend war die Pfalz im Besitz der Landvogtei[15]), zu kurze Zeit, als daß sie irgendwie hätte dauernden Einfluß gewinnen können. Der häufige Wechsel der Landvögte aus verschiedenen Häusern machte es auch einem anderen Territorialherrn unmöglich, sich festzusetzen.

Die weite Entfernung des Hofgerichts Rottweil ist die Ursache, daß man wohl hin und wieder von einem Kraichgauer als Beklagten, ganz selten aber als Kläger hört. Streitende Parteien erledigten ihre Zwiste meistens durch Austräge oder Fehden.

Als die Vogtei 1415 an das Haus Waldburg verpfändet wurde[16]), verlor sie auch das wenige noch, was von ihrer Geltung übrig geblieben war. Im Lauf des 15. Jahrhunderts ging fast die Erinnerung an sie verloren. Als das Haus Österreich 1486 in ihren Besitz kam[17]), war sie tatsächlich auf einen Teil Oberschwabens beschränkt.

Auch das Landfriedensgericht, welches für das Territorium des Bischofs von Würzburg eine ausschlaggebende Bedeutung

---

[12]) Vgl. darüber Fronhäuser, Geschichte der Reichsstadt Wimpfen, Darmstadt 1870; die ausführliche Besprechung dieses Werkes durch H. Bauer in „Wirtembergisch=Franken" Bd. IX; A. v. Lorent, Wimpfen am Neckar, geschichtlich und topographisch dargestellt, Stuttgart 1870; Karl Christ, Zur älteren Geschichte des unteren Neckartals, besonders von Wimpfen, Heidelberger Jahrbücher der Literatur, Jahrg. 65 (1872) S. 241 ff., 273 ff., 289 ff., die für uns in Betracht kommen, und S. 353 ff. Christ bespricht hier vergleichend die 3 zuerst genannten Schriften; Th. Schön, Die Landvögte des Reiches in Ober= und Niederschwaben bis 1486, Mitteilungen des Instituts für österreichische Geschichtsforschung, VI. Ergänzungsband (1901) S. 280 ff.; H. Niese, Die Verwaltung des Reichsguts im 13. Jahrh., Innsbruck 1905, S. 189 f., 305 f., 307. Grundlegend ist der Aufsatz H. Bauers, in welchem auch der Umfang der Landvogtei Francia superior bestimmt wird.

[13]) Am Anfang des 14. Jahrhunderts. Noch 1322 wird Graf Eberhard von Württemberg inferioris Sueviae et Franciae superioris advocatus genannt. Schön, a. a. O. S. 286. Von da an verschwindet die Bezeichnung.

[14]) Die Bezeichnung judex provincialis für einen Landvogt von Niederschwaben hört im Anfang des 14. Jahrhunderts auf, und auf diese Zeit fallen auch die ersten Vorladungen von Kraichgauern vor das Hofgericht Rottweil. Schön, a. a. O. S. 286 und Zeitschr. Oberrhein N. F. IV S. 72.

[15]) 1365 u. 1378. Koch u. Wille, Nr. 3587, 3605, 4253.

[16]) 1415—1486.

[17]) 1486—1805.

gehabt zu haben scheint [18]), übte keinen Einfluß auf die Ritterschaft im Kraichgau aus, wenigstens nicht in dem Sinne, daß seine Handhabung einem benachbarten Fürsten territoriale Vorteile gebracht hätte.

So haben denn auch die Pfalzgrafen auf dem eigentlichen Kraichgau das Recht der S t e u e r e r h e b u n g nicht, welches dem Landesherrn auf Grund seiner Gerichtshoheit erwachsen ist [19]). Das Registrum exaccionis von 1439 [20]) gibt eine genaue Umschreibung des pfälzischen Territoriums, wie es damals war. Es umfaßte auf dem rechten Rheinufer das Gebiet der alten Grafschaft des Lobdengaus und vom Elsenzgau die schon genannten zwei Centen. Nur hier erhebt der Pfalzgraf die außerordentliche Landesschatzung.

Auch das B e f e s t i g u n g s r e c h t steht dem Pfalzgrafen nicht zu, insofern es Erlaubnis und Verbot für Dritte ist. Die Hirschhorn, die Gemmingen, die Neipperg befestigten unter Wenzel, Ruprecht und Sigismund ihre Flecken mit k ö n i g l i c h e r, nicht mit pfalzgräflicher Erlaubnis [21]).

F o r s t h o h e i t übte der Pfalzgraf nur in den Eigenwaldungen. Überall sonst hatte die Ritterschaft „freie Birsch" [22]).

Vom Recht, M ä r k t e z u v e r l e i h e n, machte der König für den Kraichgau noch im Jahre 1486 Gebrauch [23]).

Danach kann es keinem Zweifel unterliegen, daß die Pfalzgrafen in der ersten Hälfte des 15. Jahrhunderts nicht Landesherren auf dem Kraichgau gewesen sind. Die Ritterschaft war an sie durch Lehen und Dienst und Interesse, nicht aber durch das Untertanenverhältnis geknüpft.

Andererseits war aber auch die Pfalz nicht mehr an die Kraich-

---

[18]) Vgl. Zallinger, Das würzb. Herzogtum, Mitteilungen d. Instituts f. österreichische Geschichtsforschung XI (1890); R. Fellner, Die fränk. Ritterschaft, Berlin 1905, S. 17 f.

[19]) Vgl. darüber jetzt O. Müller, Die Entstehung der Landeshoheit der Bischöfe von Hildesheim; Frbger Diff. 1908, S. 86 ff. S. 89 Anm. 11 ist die neuere Literatur zusammengestellt.

[20]) Hrsg. von K. Christ, Neues Archiv f. d. Gesch. der Stadt Heidelberg und der rhein. Pfalz Bd. III (1898) S. 248—264, Bd. V S. 1—64. S. 46—56, 61—64 sind unter der Überschrift „das Kraichgauw" die Ortschaften der Centen verzeichnet, welche damals Eigentum der Pfalz waren. Die ritterschaftlichen Orte sind nicht aufgeführt.

[21]) Darüber ist später auch zu vergleichen meine Geschichte des Hauses Neipperg.

[22]) Siehe darüber unten: Die Forststreitigkeiten zwischen Württemberg und Neipperg und Württemberg und Pfalz.

[23]) 1486 Februar 12, Frankfurt. Kaiser Friedrich verleiht dem Flecken Schwaigern auf Bitten seines Besitzers Wilhelm von Neipperg 2 Jahr- und 1 Wochenmarkt, Schwaigern, Stadtarchiv, Or. Perg. — Jetzt zur Aufbewahrung im St.A. St.

gauer Ritterschaft gebunden, als die Gewohnheit, das Bedürfnis nach tüchtigen Hofdienern, Räten, Beamten und Kriegern, als endlich die finanzielle Abhängigkeit es mit sich brachte. Eine staatsrechtliche Bindung war nicht vorhanden. Landständische Rechte hatte der Adel nicht erlangt.

Es war ein von beiden Seiten freies Verhältnis zwischen Fürst und Ritterschaft.

II. Unter Friedrich dem Siegreichen.

Auch in den Anfängen Friedrichs des Siegreichen hatten die Dinge noch dieses Gesicht. Ja noch mehr als seine Vorgänger war auf die Unterstützung der Ritterschaft der Mann angewiesen, der gegen den Willen des Kaisers und der Nachbarfürsten Land und Kurhut usurpierte und sein Leben lang gegen alle Angriffe verteidigte. Zur Zeit der Arrogation spielte der im Rat und den Ämtern sitzende Adel dieselbe Rolle wie bei der Absetzung Ludwigs III.[1]).

Allmählich änderte sich das. Der e i n e Mann kehrte das Verhältnis gänzlich um.

Die Pfalz nahm einen glänzenden Aufschwung [2]). Die militärischen und politischen Erfolge machten den Pfälzer Fritz zum geachtetsten und gefürchtetsten Fürsten Deutschlands. Das Gebiet wurde bedeutend vergrößert. Die hohen Kriegsentschädigungen und die mächtige Hebung des Bergbaus ergaben gesunde Finanzen. In solcher Lage braucht man nach Dienern nicht zu suchen, sie strömen von selber zu.

War es diese überragende Stellung, die anzog, das lange Verflochtensein mit den wichtigsten Interessen des Territoriums oder die Macht der großen Persönlichkeit: jedenfalls fing jetzt das Band zwischen Pfalz und Adel im allgemeinen und Pfalz und Kraichgauern im besonderen an, immer enger und fester zu werden. Das Interesse für das Reich ist, wie überall, so auch bei ihnen gesunken. In einer Zeit, da der König zum Kindergespött wurde, suchte niemand mehr seinen Dienst. Auch die Stellungen bei pfalzfeindlichen Territorialherren der Nachbarschaft werden nicht mehr begehrt. Unter der langen, erfolgreichen Regierung Friedrichs verwachsen die Kraichgauer fast ganz mit dem Territorium.

---

[1]) Vgl. E. Gothein, Die Landstände der Kurpfalz, Zeitschr. Oberrh. N. F. III S. 1 ff.
[2]) Ich verweise ganz im allgemeinen auf den immer noch vortrefflichen Ch. J. Kremer, Geschichte des Kurfürsten Friedrich I. von der Pfalz, Frankfurt und Leipzig 1765; L. Häusser, Geschichte der rheinischen Pfalz, Band I, Heidelberg 1845.

Friedrich hat das wahrscheinlich planmäßig angestrebt³). Seitdem er — weit vom Kern seines Landes — im Osten Besitz erworben hatte⁴), war es für ihn eine Notwendigkeit, eine Verbindung mit diesen entfernten Vorwerken herzustellen. Das konnte nur geschehen, wenn er den dazwischenliegenden Landstrich, den Kraichgau, in seine Hand brachte.

Zweier Mittel bediente sich Friedrich besonders, um die Kraichgauer Ritterschaft an sich zu ketten: des **Erbschirmvertrags** und des **Hofgerichts**. Beide sind in der Politik des Kurfürsten aufs engste verbunden.

Wenn sich die Pfalzgrafen im 14. Jahrhundert mit der Ritterschaft zu Schutz und Trutz verbanden, so war das abschließende Dokument jeweils ein Kollektivvertrag, welcher ganz allgemein die Grenzen des Bundesgebiets angab, ohne die Namen der einzelnen Vertragschließenden — die Fürsten ausgenommen — zu nennen. Einen Übergang zu den Einzelschirmverträgen des 15. Jahrhunderts bildet die Schirmurkunde für die Ortenauer Ritterschaft von 1446⁵), welche sich noch auf eine ganze Landschaft bezieht, aber keine geographischen Grenzen angibt, sondern die Namen der einzelnen Schirmverwandten nennt. Unter Friedrich finden wir nur Schirmurkunden für einzelne Personen⁶).

Ihre Absicht war zweifellos dieselbe wie jene der Kollektivverträge: sie sollte der Pfalz die militärischen und wirtschaftlichen Kräfte ganzer geschlossener Gebiete verschaffen. Das wurde durch den Einzelvertrag in einer Weise erreicht, welche für die Pfalz wesentlich günstiger war als die frühere Art. Dem einzelnen gegenüber war die Pfalz immer die mächtigere: s i e ließ sich suchen; s i e stellte die Bedingungen; s i e gewährte.

Jeder Schirmvertrag verpflichtete zwar den Pfalzgrafen, seinen Schirmverwandten zu schützen und für ihn einzutreten, stellte aber auch die militärischen Kräfte desselben in seine Hand. Die Untertanen des Adels mußten dem Pfalzgrafen huldigen; die Burgen und sonstigen

---

³) Über seine territorialen Bestrebungen dem Bistum Speier und Worms gegenüber siehe Lossen, a. a. O. und M. Buchner, Die Stellung des Speierer Bischofs Matth. Ramung zur Reichsstadt Speier, zu Kurfürst Friedrich I. von der Pfalz und zu Kaiser Friedrich III., Zeitschr. Oberrh., N. F., Band XXIV (1909) S. 29—82, 259—301.
⁴) Siehe unten S. 33 Anm. 6, 7.
⁵) Siehe unten S. 77 Anm. 106.
⁶) Person im juristischen Sinne genommen. Auch Städte und Territorien kamen in den Schirm.

festen Plätze standen dem Schirmherrn zur Verfügung. Auch für Rechtsstreite galt der Schirm. Dafür enthielten aber die Schirmverträge auch die Bestimmung, wonach der Beschirmte Recht vor dem Pfalzgrafen und seinen Räten und — nach der Errichtung des Hofgerichts — vor diesem zu geben und zu nehmen hatte [7]!

Schon im 14. und in der ersten Hälfte des 15. Jahrhunderts hatte der Adel gern den Pfalzgrafen und seine Räte als Schiedsrichter gewählt, da die Kosten privaten Austrags zu hoch waren. Immer waren auch die Pfalzgrafen bereitwillig darauf eingegangen. Es erschien ihnen als eine Pflicht ihres Amtes, jedem Rechtsuchenden zu helfen [8]. Das Hofgericht vollends, das in der Hauptsache mit adeligen Richtern besetzt und von einem Adeligen geleitet war, wurde schon deswegen mit Vorliebe aufgesucht. Schien es doch ganz nur zugunsten des Adels errichtet zu sein. Die Gerichtsklausel der Schirmverträge verlangte eigentlich nichts Neues; sie legte einfach eine bestehende Übung rechtlich fest. Auf sie gestützt begann nun auch der Pfalzgraf gegen Vorladungen des Adels vor das K. Hofgericht Rottweil und das Nürnberger Burggrafengericht zu protestieren, ohne freilich immer durchzudringen. Auch die privaten Austräge wurden nicht ganz verdrängt.

Was die Schirmverträge für territoriale Bestrebungen besonders nutzbar machte, war der Umstand, daß sie kaum mehr auf Zeit, sondern durchweg auf Dauer abgeschlossen wurden. Erst der Erbschirmvertrag, welcher das Abhängigkeitsverhältnis von einer Generation auf die andere übergehen läßt, nimmt dem Schirmverhältnis den Charakter des Freiwilligen, Zufälligen, Vorübergehenden, der es neben anderem vom Untertanenverhältnis unterscheidet.

---

[7] Auch die drei pfälzischen Schirmstädte Speier, Wimpfen und Heilbronn mußten sich die pfälzische Gerichtsbarkeit gefallen lassen.

[8] Die Urkunde vom 28. Februar 1436, welche nach Absetzung des Kurfürsten Ludwig III. das Regiment in der Pfalz ordnet, enthält über die Rechtsprechung folgende Stelle. „Und als sich geburt, iederman dem richen als dem armen und dem armen als dem richen des rechten zu helfen, so sollen die rete den partien, die das begern werden, (helfen) oder die rechten, die sich sust zu setzen geburen werden, vor unserm herren herzogen Otten und den viern und andern reten oder vor den viern oder etliche unter inen und andern reten, die sie zu in nemen werden, gehalten werden, als sich bann nach gelegenheit der sachen und der partien geburt und des ob genanten unsers herren herzog Ludewiges und unsers gnedigsten herrn her konig Ruprecht seliger gedechtniße, sins herrn und vaters, als eins pfalzgraven hofgewonheit und das herkomen ist." Altmann, Windecke S. 432.

So oft auch Friedrich in die Lage kam, die Hilfe der Ritterschaft in Anspruch nehmen zu müssen, und so stark der Adel unter ihm mit dem Territorium verknüpft scheint: zur Ausbildung von **Landständen** kam es auch jetzt nicht. Es waren in der Hauptsache **militärische** Leistungen, welche Friedrich beanspruchte, und zu diesen war der Adel zum Teil durch Lehen, zum Teil durch Dienst und Amt verpflichtet. Auch die Wirren bei der **Thronbesteigung**, dergleichen doch häufig die Ausbildung von Landständen förderte[9]), gingen ohne Wirkung vorüber. Nicht an die **Stände** der Pfalz, sondern an die **Räte und Beamten** wandte sich Friedrich um Zustimmung zur Arrogation. Als Hauptgrund, weshalb es nicht zur Bildung von Landständen kam, betrachte ich die überragende Persönlichkeit Friedrichs, neben welcher keine irgendwie geartete Macht im Staate aufkam, und seine — im Vergleich zu früher — gesunden Finanzen, die es ihm gestatteten, auf Darlehen und Steuerleistungen der Ritterschaft zu verzichten.

Beim Tode Friedrichs war die Lage der Ritterschaft folgende: Sie hatte aufgehört, Mitherrschaftsstand in der Pfalz zu sein.

Nach wie vor aber wurden die Hofstellungen und Ämter mit ihren Leuten besetzt. Dies und die Lage ihrer Besitzungen zwischen und neben pfälzischem Gebiet verknüpfte ihre Interessen aufs innigste mit denen des Territoriums.

Durch Schirm- und Erbschirmverträge und den durch sie bedingten Hofgerichtszwang war der Adel überdies in Abhängigkeit vom Pfalzgrafen geraten. Diese ging zwar weder rechtlich noch tatsächlich bis zur Landsässigkeit, kam ihr aber in der Wirkung nahe.

Jedenfalls bedurfte es nur eines geringen Anstoßes, um den letzten Schritt herbeizuführen.

Neben diesen mehr rechtlichen Momenten verdient das persönliche Verhältnis der einzelnen Adeligen zu Friedrich besondere Hervorhebung. Es war das denkbar innigste. Es gab fast keine Angelegenheit, auch nicht die privateste, welche man nicht vertrauensvoll der Entscheidung des Kurfürsten unterbreitete. Besonders gegen Ende seiner Regierung war dies der Fall. Wenn sich unter diesen Umständen schon nach Mitte der sechziger Jahre in den Schriftstücken auch des Kraichgauer Adels, namentlich wenn sie die Hilfe des Pfalzgrafen anrufen,

---

[9]) G. v. Below, Territorium und Stadt, München und Leipzig 1900, S. 175 f. Der Aufsatz „System und Bedeutung der landständischen Verfassung", ebb. S. 163 ff., ist überhaupt zum Ganzen zu vergleichen.

Ausdrücke finden wie „Landesherr und Kurfürst", „gnädiger Herr und Landesfürst", „Ihrer kurfürstlichen Gnaden Untertan und Landsaße", so kann das nicht wundernehmen. Diese Wendungen wollen gewiß den, der sie gebraucht, nicht rechtlich binden. Wo sich freilich derartiges in Urkunden des Pfalzgrafen findet, will es ernster genommen sein. Dort bedeutet es in der Tat den Anspruch auf die Landesherrlichkeit.

So schien alles darauf hinzuweisen, daß der Kraichgauer Adel, welcher zur Ritterschaft der Reichslandvogtei Francia superior einst den Hauptteil gestellt, ganz im pfälzischen Territorium aufgehen würde. Dem Reich war er nicht nur durch das allmähliche Verkümmern dieser Landvogtei entfremdet; es hatte auch[10]) jedes persönliche Verhältnis zum Kaiser aufgehört. Mit dem Pfalzgrafen befand sich der Kraichgauer Adel fast ein Menschenalter lang[11]) in Opposition gegen Kaiser und Reich. Und in einer siegreichen, mit den schärfsten Mitteln betriebenen Opposition! Das Königtum büßte in dieser Zeit wie im ganzen Reich, so besonders bei seinen Gegnern ungeheuer viel an Gewicht und Ansehen ein. In den letzten Jahren Friedrichs war dem Kraichgauer Adel der Pfalzgraf und sein Territorium alles, der Kaiser und das Reich nichts.

Die Kraichgauer Ritterschaft unter der Regierung des Kurfürsten Philipp.

A. Die Anfänge des Kurfürsten Philipp.

Wie viel, ja wie das meiste für die enge Verbindung von Pfalz und Kraichgau die Persönlichkeit Friedrichs I. getan, das zeigte sich, als mit seinem Tode die Wirkungen aufhörten, die von ihm ausgegangen waren, als unter einem weniger tüchtigen Nachfolger die neu sich auftürmenden Schwierigkeiten nicht mehr mit dem überlegenen politischen Genie behandelt wurden wie einst. Die Regierungszeit Philipps bedeutet den großen Wendepunkt in der Geschichte der Kraichgauer Ritterschaft.

Zwar die ersten elf Jahre brachten kaum eine Änderung der Verhältnisse. Und wenn es eine gab, so bestand sie eher im noch engeren Anschluß der Ritterschaft an die Pfalz. Die Schirmpolitik Friedrichs

---

[10]) Diejenigen, welche Reichslehen hatten, natürlich ausgenommen.
[11]) 1452 (Arrogation) bis 1476.

wird eifrig fortgesetzt. Die Urkunden mehren sich, in welchen vom Pfalzgrafen als Landesfürst, von den Kraichgauern als Landsassen die Rede ist. Es geschehen mit Berufung auf die Landesherrlichkeit allerlei Dinge, welche seither nicht üblich waren. Zuerst auf Bitten der Verwandten, welche Streitigkeiten vermeiden wollten, dann ohne diesen Anlaß setzt Kurfürst Philipp „als Landesfürst" Vormundschaften ein. „Als Landesfürst" läßt er adelige Totschläger kurzerhand gefangennehmen und vor sein Gericht ziehen. Als Strafe verhängt er dann wohl einmal die V e r b a n n u n g a u s d e m L a n d e über den Übeltäter[1]).

Man fühlt, es geht ein anderer Wind. Der jetzt das Land regiert, ist nicht mehr der Mann, mit welchem die Ritterschaft gestritten und gelitten, es ist der F ü r s t, welcher die Errungenschaften der Vergangenheit e r e r b t hat. Aber dieser Fürst ist sehr behutsam. Jähe, plötzliche Neuerungen liegen nicht in seinem Charakter. Ganz langsam, fast unmerklich nähert er sich seinem Ziel. Und er verfügt über einen großen persönlichen Charme[2]), der selbst Hartes und Ungewohntes erträglich macht. Wer mit ihm zu tun bekommt, hat kaum das Gefühl, Gewalt zu erfahren. Auch der Glanz seines Hofes zieht an und täuscht über weniger Angenehmes hinweg.

B. Verwicklungen.

I. Die Turniergesellschaft zum Esel und der Hof.

So war keine Gefahr, daß die Ritterschaft sich der Pfalz entziehen würde. Solange der Kraichgauer seine Laufbahn noch ganz selbstverständlich am Heidelberger Hof als Knabe begann, den größeren Teil seines Lebens, ohne nach rechts oder links zu sehen, in einem pfälzischen Dienst aufstieg und seine alten Tage als „Rat von Haus aus" oder im Genusse einer Pension beschloß, so lange machte er sich keine Gedanken über sein staatsrechtliches Verhältnis zur Pfalz.

Nur an etwas durfte man nicht rühren, wenn man sein Vertrauen und seine Anhänglichkeit erhalten wollte. Das war sein Standesgefühl.

---

[1]) In der K. Handschrift 382 a (siehe unten S. 62 Anm. 61), Fol. 97 b—145, und im K. CB. 1084 (siehe unten S. 76 Anm. 105) Fol. 294—374, werden eine Menge derartiger Urkunden aufgeführt. — Es ist jedoch immer noch der einzelne, von dem dabei die Rede ist. Die Gesamtheit wird erst später als „unser und der Pfalz Ritterschaft" bezeichnet.

[2]) Das betonen alle gleichzeitigen Berichte.

Es würde zu weit führen, hier seiner Entwicklung nachzugehen. Für uns genügt es festzustellen, daß am Ende des 15. Jahrhunderts das Standesgefühl des Adels eine Kraft und eine Verfeinerung zeigte wie nie zuvor, und daß politische, ja selbst wirtschaftliche Nachteile nicht so schwer genommen wurden wie Beeinträchtigungen des Standesbewußtseins.

§ 1. Turnierwesen und Standesbewußtsein.

Seinen stärksten Ausdruck hat dasselbe im Turnierwesen gefunden, das man zu nieder einschätzt, wenn man in ihm nur einen „ritterlichen Sport" sieht. Besonders gilt das von seiner letzten Periode von 1479 bis 1487[1]). Es ist die Zeit des organisierten Turniers.

Früher wurden die Kampfspiele abgehalten, wie es zufällig eine festliche Gelegenheit oder der Wille eines Einberufers ergab. Jetzt wird eine regelmäßige Aufeinanderfolge angestrebt. Waren es früher hauptsächlich die Fürsten, welche den Anstoß zu einem Turnier gaben, so übernahm jetzt eine große Genossenschaft, der Adel der „vier Lande" das Arrangement. Die Ritterschaft in Schwaben, am Rheinstrom, in Bayern und in Franken, welche unter diesem Namen zusammengefaßt war, wurde von „Königen" geleitet. Jede der vier

---

[1]) Für diese ist Rüxners Turnierbuch wohl verläßlich. — Vgl. über ihn Roth von Schreckenstein, Geschichte der ehemaligen freien Reichsritterschaft, Band I (1859) S. 133 ff., S. 135 Anm. 1, Band II S. 107 die ältere Kritik über Rüxner; G. A. Seyler, Geschichte der Heraldik (J. Siebmachers großes und allgemeines Wappenbuch Band I) S. 37, 346 f. — Es wäre doch nicht gut gegangen, über so kurz zurückliegende Zeiten Schwindelhaftes zu berichten. Wo ich Rüxner habe nachprüfen können — z. B. in seinem Bericht über das Turnier zu Heidelberg, 1481 August 26 —, ist er im allgemeinen einwandsfrei. Er war ja auch pfalzgräflicher Herold. — Die Zusammenstellung der Turniere von 1479—1487 beginnt Rüxner mit den Worten: diß hernach seindt die Geschlecht der vier land, als Schwaben, Reinstrom, Beiern und Franken, an Fürsten, Grafen, Freiherrn, Rittern und Edlen, so in den letzten Turnieren, den Turnier selb besucht haben, laut nachfolgender jarzal, von dem ersten biß uf den letsten. Im jar als man zalt nach der geburt Cristi 1479 ward der erst Turnier zu Wurtzburg gehalten, und der letzt ward zu Worms am Rein gehalten, nach der geburt Cristi 1487". Rüxners Turnierbuch (Anfang, ursprung und herkommen des Turniers in Teutscher nation 2c.) (Frankfurt) 1532, Fol. 167 b. Der Bericht über Worms schließt: „Mit diesem Abendtantz endet sich das löblich Ritterspiel und der Turnierhove. Also hat man sither keinen Turnier mehr gehalten, sonder solich Ritterspiel mit diesem erseffen". Fol. 213 b. — Es ist bemerkenswert, daß, während bei Rüxner die Zählung der Gesamtreihe weitergeht, die Turniere von 1479—1487 noch durch besondere Zählung kenntlich gemacht sind. — Vergl. auch Seyler a. a. O. S. 49 ff.

Abteilungen bestand aus mehreren Turniergesellschaften, die meist auf ein hohes Alter zurücksahen ²).

Liegt schon in der Tatsache, daß der Adel selber das Turnierwesen in die Hand nahm, ein Beweis für das Selbstgefühl, welches den Stand beseelte, so tritt dieses besonders deutlich in den Gesetzen zutage, welche er sich gab. Ihren Inhalt werden wir nachher kennen lernen. Hier soll zunächst nur hervorgehoben werden, daß beides — die Pflege des Turniers durch eine Organisation und die Ausbildung einer ganzen Gesetzgebung — nicht von heute auf morgen gemacht sein kann, sondern Ergebnis einer längeren Entwicklung sein muß.

a) Die Kraichgauer Ritterschaft und das Turnier.

Es wird wenig Landstriche geben, für welche die Pflege des Turniers durch eine Turniergesellschaft so früh bezeugt ist[3]), als wir es für die Pfalz kennen. Die Gesellschaft vom Esel, welche den Kraichgauer, den Bergsträßer und einen Teil des Odenwälder Adels vereinte, ist im Jahre 1414 gegründet worden[4]). Unter vielem äußeren Glanz

---

²) Alle diese Angaben beruhen auf dem Heidelberger Turnierbericht siehe unten Anm. 17.

³) Das älteste Belegstück für die Existenz eigentlicher Turniergesellschaften, welches Roth kennt, ist das Wappenbuch des Persevanten Hans Ingram von 1459. Roth, Reichsritterschaft Band II S. 106. Über das Wappenbuch siehe Anm. 4.

⁴) Gründungsurkunde von 1414 April 23 (an sant georgen tag des hl. rittern). Späte Kopie K. 41/7. Dort auch die meist nur in Kopie erhaltenen weiteren Urkunden. Andere Kopien im Freiherrlich von Gemmingen-Guttenbergischen Archiv zu Neckarmühlbach, Gestell A Fach 7: „die von einigen Adelichen in der Reichsritterschaft errichtete Eselsgesellschaftsbriefe und angehängten Transfix im Canton Craichgau". 55 Blatt in Fol. „Daß vorstehende Abschriften und zwar der Bundesbrief vom Jahre 1430 seinem wahren Original, die übrigen aber alten Abschriften, welche sämtlich in dem Canton Craichgauschen Archiv aufbewahrt werden, vollkommen gleichlautend seien, beurkundet Heilbronn den 13. Juni 1788 Jac. Gottlieb Reuß, Reichsritterschaftl. Canton Craichgau-Archivarius".

Aus der ersten Periode der Gesellschaft sind folgende Stücke erhalten:

Der schon genannte Gesellschaftsbrief von 1414 April 23; ein zweiter von 1430 Februar 2 (uf unser lieben frawen tag purificationis), Or. Perg. in K. 41/7, Kopie in Neckarmühlbach; als Transfix am ersten Brief ein dritter von 1442 März 4 (uf sontag oculi), Kopie Pap. K. 41/7; ein vierter von 1455 März 10 (montag nach dem sontag oculi), Kopie, nur in Neckarmühlbach.

Hierher gehört auch das von Roth, a. a. O. Band II S. 41 zuerst erwähnte Wappenbuch, das im Jahre 1459 von Hans Ingram, Persevant und Knecht der Eselsgesellschaft, gefertigt wurde. Es befindet sich zur Zeit im Eigentum des Freiherrn v. Cotta-Dotterhausen. Vgl. über dasselbe: Deutscher Herold 1891 Nr. 4 und 1907 Nr. 4. Die Untersuchung durch den Verein Herold, Berlin resp. seinen Vorsitzenden

und mancherlei inneren Wirren hat sie über 50 Jahre bestanden, um endlich in den Zeiten Friedrichs des Siegreichen einzugehen, wo der „Ernst" den „Schimpf" verdrängte.

Unter Kurfürst Philipp im Jahre 1478 [5]) erstand sie wieder. Das Jahr ist merkwürdig. Es geht unmittelbar dem Würzburger Turnier voraus, mit welchem die letzte Phase des Turnierwesens anhebt. Die Bestimmungen des Gesellschaftsbriefes schließen sich im allgemeinen eng an jene der früheren Urkunden an. Doch ist man, was Äußerlichkeiten, Wappen, Abzeichen, Banner, Uniform u. s. w. betrifft, etwas umständlicher geworden [6]). In dem größeren Prunk, der hierin entfaltet wird, spricht sich schon deutlich das gesteigerte Selbstgefühl aus, welches einige neu aufgestellte Sätze atmen. Über die Aufnahme von Mitgliedern bestimmten zwar schon die älteren Statuten, daß Fürsten, Grafen und Herren nur **einstimmig** in die Gesellschaft genommen oder als Gäste bei Turnieren zugelassen werden dürfen [7]). Neu ist aber, daß Mitglieder nur die werden können,

welche von 4 Ahnen Edelleute und Wappengenossen sind

Gustav Seyler hat ergeben, daß gerade die Abteilung des Wappenbuches, welche den Esel enthält, auf eine ältere Vorlage, mindestens aus dem Anfang des 15. Jahrhunderts, hinweist.

Ob F. Mone recht hat, wenn er die Turniergesellschaft zum Esel zu einer „Gebetsbruderschaft zur hl. Maria in Maulbronn" macht und ihr Wappentier, den Esel, von jenem des Klosters hergenommen sein läßt (Die bildenden Künste am Bruhraine und im Kraichgau ehemals und jetzt, 1.—3. H. 1887, S. 68), bedarf keiner Erörterung.

[5]) November 23 (uf sant Clemens tag), Kopie, K. 41/7, und Neckarmühlbach. „Nachdem die loblich gesellschaft genannt die eselgesellschaft hievor gar hoch geachtet, auch von unsern eltern und altfordern gar ehrlich gehalten, aber ettlich zeit nit gehandhabt worden, sondern verlassen gewest ist."

[6]) Zu den Abzeichen gehören: 1. für Ritter ein goldener, für Edelknechte ein silberner Esel, die an einem silbernen „Halsband" getragen werden: „zu torneien, **auch bei den Fürsten**, Versammlungen der ritterschaft, **zu den höfen und allen unsern capiteln**". 2. Gleiche Gesellenröcke, deren Farbe das Kapitel bestimmt. 3. Bei Turnieren: Wappenärmel, die mit silbernen oder goldenen Eseln bestreut sind, das Wappentier der Gesellschaft auf den Helmen und ein rotes Banner mit einem goldenen Esel auf der einen, einem silbernen auf der andern Seite.

[7]) Für Standesgenossen ist nur Majorität erforderlich. Diese Erschwerung der Aufnahme für den hohen Adel ist ein auffällig frühes Zeichen dafür, daß der niedere Adel sich nach oben abschließt. Politisch äußert sich das Bestreben erst am Ende des 15. Jahrhunderts. Vgl. die Behauptung Roths v. Schr., a. a. O. II S. 105, daß an der Spitze der Turniergesellschaften „Dynasten und Grafen zu stehen pflegten".

und keine unebenbürtige Ehe eingegangen haben.

Damit wird der Adel als Geburtsstand zur Vorbedingung der Turniergenossenschaft gemacht, Adel und Turnier in nächste Beziehung zueinander gesetzt. Hierin äußert sich — ein zweiter Erweis des Selbstgefühls — schon eine gewisse Opposition gegen das Eindringen neuer Elemente in den Adel, das vom Kaiser und den Fürsten begünstigt wurde.

In der älteren Zeit des Rittertums hatte sich die Aufnahme in diesen Stand lediglich durch Entschließung der Beteiligten vollzogen, des Herrn, der ein Ritterlehen ausgab, und des Mannes, der die Ritterwürde erwarb[8]). Aber seit Karl IV. hatte eine neue Bewegung eingesetzt. Neben den dinglichen Erwerb des Adels durch Ritterwürde und Ritterlehen trat der durch kaiserliches Diplom. Gegen Ende des 14. Jahrhunderts wurde es selten, daß die Fürsten durch Verleihung eines Ritterlehens neue Geschlechter zur Rittermäßigkeit emporhoben. Der Amtsvertrag hatte ja längst das Lehensverhältnis unnötig gemacht. Dieses war ein viel zu teures Mittel, um dem Territorium die nötigen administrativen und militärischen Kräfte zu verschaffen.

In der Grafungsurkunde für seinen Kanzler Schlick[9]) sagt Kaiser Sigismund: „Als daß von dem tron kaiserl. maiestät aller adel kumt und ursprung nimt, gleich als von der sonnen der glanz, und ist auch kein adel, ehr, noch würde zu rechnen, es sei von königen, fürsten, herren oder andern, der seinen anfang anders habe, denn von dem heil. Römischen Reich als von einem grund alles adels"[10]). Kaiser Friedrich III. erkannte den dinglichen Erwerb des Adels nicht mehr als rechtmäßig an, sondern stellte den Grundsatz auf, daß der nicht angeborene Adel lediglich durch einen kaiserlichen Gnadenakt erworben werden könne[11]).

---

[8]) G. Seyler, a. a. O. S. 337.
[9]) 1437. Die Urkunde ist eine Fälschung. Vgl. Dvořak, Die Fälschungen des Reichskanzlers Kaspar Schlick. Mitteilungen des Instituts für österr. Geschichtsforschung Bd. XXII (1901) S. 64 ff. Trotzdem gibt sie wohl in ihrem theoretischen Teil die Anschauungen der kaiserlichen Kanzlei wieder. Von Interesse ist der Hinweis Dvořaks auf das Humanistenlatein und den humanistischen Stil der Urkunde (S. 65). Auch die Rechtsanschauungen über die Kaisergewalt fließen wohl aus humanistischen Gedankenkreisen. Vgl. unten den Einfluß der Humanisten auf die Ansichten des pfälzischen Hofes S. 23 f., 26 ff. Über die Echtheit der Urkunde von 1437 ist ferner zu vergleichen A. Pennrich, Die Urkundenfälschungen des Reichskanzlers Kaspar von Schlick, Gotha 1901, S. 65 ff.
[10]) G. Seyler S. 340.
[11]) Ebenda S. 340.

Dieser Grundsatz drang unter seiner langen Regierung fast im ganzen Reiche durch. Die kaiserliche Kanzlei verlieh Wappen, Rittermäßigkeit und Lehensfähigkeit, ja sogar die eigentliche nobilitas und den Freiherrntitel [12]).

Wie der Adel sich dazu stellte, läßt sich leicht denken. Eine Standeserhöhung, welche den einzelnen Adeligen selber betraf, ließ er sich gern gefallen. Den Bürgerlichen aber, welchen ein Brief ihm neu zugesellte, sah er mit schiefen Augen an.

Gegen ein kaiserliches Recht, wenn es auch in noch so lästiger Weise geübt wurde [13]), konnte man nicht an; wollte es auch nicht. Aber was man von einem Kaiser eben noch ertrug, war, von einem Fürsten geübt, unleidlich.

Wir werden gleich hören, wie es in diesem Stück in der Pfalz gehalten wurde, und können vorwegnehmen, daß sich die Eselsgesellschaft durch ihr neues Statut nicht nur vor jungem Adel kaiserlicher Verleihung abschließen wollte.

Noch viel deutlicher spricht sich der selbstbewußte Geist, den wir als Eigenschaft des gesamten süddeutschen Adels werden kennen lernen, in jenem neuen Statut der Eselsgesellschaft aus, welches das Verfahren gegen renitente Mitglieder festsetzt. Wer eine Strafe nicht gleich auf dem Kapitel oder 14 Tage danach bezahlt, hat sie doppelt zu erlegen. Ist eine weitere vierzehntägige Frist vorbei, so legt der König auf Kosten der „Ungeltenden" einen Knecht mit Pferd nach Heidelberg. Ist auch diese Strafverschärfung nach Monatsfrist ohne Erfolg, so kommt zwar die Gesellschaft für die „Leistung" auf, doch hat jedes Mitglied das Recht, sich für seinen Teil an dem Ungehorsamen schadlos zu halten, ohne daß dieser sich auf den Schirm oder Burgfrieden des Fürsten berufen darf. Jedes Mitglied verzichtet deshalb ausdrücklich für den Fall seines Ungehorsams auf diesen Aus-

---

[12]) Schon mit Maximilians Regierungsantritt gewannen die Adelsverleihungen feste, sichere und bleibende Formen. Es wurde an ihnen unter den folgenden Kaisern wenig mehr geändert.

Die ungestörte Übung der kaiserlichen Kanzlei beweist, daß ihr Vorgehen anerkannt wurde. Es sind auch frühe Beispiele von Fürsten bekannt, welche den Kaiser zur Nobilitierung verdienter Beamten veranlassen; vgl. Seyler S. 841 Anm. 1. — Unter Friedrich III. hatte sich das Nobilitationsrecht zu einem Reservatrecht des Kaisers entwickelt. Nur ein vom Kaiser belegierter oder privilegierter Fürst konnte Standeserhöhung vornehmen; a. a. O. S. 370.

[13]) Klagen über allzu häufige Verleihungen kommen sehr bald vor.

weg¹⁴). Das Solidaritätsgefühl jener, welche die Gesellschaft neu gründen, geht also über das Band, welches jeden mit dem Pfalzgrafen verbindet. Die Verletzung des Statuts ist ein schwereres Vergehen als die Mißachtung landesfürstlichen Schirms, Burgfriedens oder Geleits. Sie zieht dauernden Ausschluß für den Renitenten und seine Erben nach sich.

Wie ein grelles, plötzliches Licht ist dieser Paragraph, das auf einmal in die staatsrechtliche Gedankenwelt der Ritterschaft hineinleuchtet. Gerade nun wird auch die unschuldig aussehende Bestimmung interessant, wonach heimliche Besprechungen und Beratungen der Kapitel weder innerhalb noch außerhalb der Gesellschaft weiter verbreitet werden dürfen. Ehrlos ist und ausgeschlossen aus dem Bunde, wer dem zuwiderhandelt.

Wahrlich, die Leute, welche sich solche Gesetze gaben¹⁵), hatten ein starkes Gefühl für ihre Unabhängigkeit und Standeswürde.

Das macht es uns begreiflich, daß gerade sie es waren, welche auf die Gesetzgebung der Gesamtritterschaft einen maßgebenden Einfluß übten.

---

¹⁴) „und wir sollen und mögen uns dann desselben gelts, und auch des andern gelts, das er vor schuldig ist gewest, uf den die leistung geschehen ist, zu dem verleisten gelt und schaden zu demselben und sinen erben warten, wir und unser erben ihnen das anzugewinnen, erobern und anbringen, jeglicher sin anteil, deß soll sie auch nit schirmen, weder der fürst, gebot noch verbot, friheit, trost, geleit, schirm, burgfried, noch nichts nit anders das erdacht ist oder werden mag, in dhein weg, dann sich unser jeglicher für sich und sine erben des und alles fürstands, so hinwieder gesin möcht, genzlich und gar verzigen und begeben haben, ungeverlich, und derselbe, der also ungehorsam war, wie vorstet, soll als dann bißer unser gesellschaft verstoßen und verwißt sin und den esel nit mehr tragen, noch in unser gesellschaft, nimmermehr ufgenommen werden". Ebd. — Das Einlager war ein beliebtes Mittel der Schuldeneintreibung. Von Turniergesellschaften dürfte es wohl nicht häufig gebraucht worden sein.

¹⁵) Es waren: Blicker Landschad, Hofmeister, Erlinger zu Rodenstein, Marschall, Eitel von Sickingen, Ritter, Hans von Helmstatt zu Grumbach, Ludwig von Sickingen, Hans von Helmstatt, Hansen seligen Sohn, Hans von Neipperg, Hans von Sickingen, Jörg Göler, Diether von Gemmingen, Konrad von Frankenstein, Wilhelm Rüdt, der Junge, Reinhard von Gemmingen, Eberhard von Neipperg, Hans von Benningen zu Neidenstein, Kunz von Adelsheim, Ritter, Landvogt im Elsaß, Engelhard von Neipperg, Ritter, Biztum zur Neustadt, Otto vom Hirschhorn, Ritter, Schweicker von Sickingen, Dam von Handschuchsheim, Eucharius von Benningen, Martin von Sickingen, Konrad von Frankenstein, Johann von Helmstatt, Jacobs seligen Sohn, und Schweiker von Schauenburg. Später kamen noch hinzu: Wilhelm von Neipperg. Ott von Gemmingen, Reinhard von Helmstatt, Bulhart von Gemmingen, Bleiker von Gemmingen, Jörg von Benningen, Hans von Helmstatt, Martins Sohn, Heinrich von Handschuchsheim, Konrad von Sickingen, Eberhard von Helmstatt, Drendel von Gemmingen, Reinhart von Schauenburg, Ritter. Ebd. — Die meisten waren pfälzische Beamte und Diener.

b) Die Heidelberger Turnierordnung von 1481 und der Heilbronner Turniervertrag von 1485.

Auf dem Würzburger Turnier hatte Bleiker Landschad von Steinach einen Dank erhalten [16]). Statutengemäß hatte er ein Turnier anzusagen. Er verlegte es nach Heidelberg, wo es 1481 vom 26. August an [17]) stattfand. Die Gesellschaft vom Esel hatte die Vorbereitungen zu treffen, deren wichtigster Punkt die Aufstellung einer Turnierordnung war. Als Vorarbeiten benützten die Verfasser die Ordnungen der Turniere von Würzburg und Mainz [18]). Als Helfer hatten sich die Mitglieder des Esels einige erfahrene Ritter aus anderen Gesellschaften erbeten.

Das Ergebnis der gemeinsamen Arbeit zerfällt in drei stofflich getrennte Abschnitte. Der letzte, den wir übergehen dürfen, gibt kampftechnische Anweisungen. Der zweite enthält die moralischen Anforderungen, welche für die Teilnahme am Turnier gestellt werden. Sie ergeben ein erfreuliches Bild des sittlichen Ernstes, welcher den besseren Teil der Ritterschaft beseelte. Der erste Abschnitt ist für uns der wichtigste. Zum Turnier, so bestimmt er, soll nur zugelassen werden, wer vier adelige Ahnen aufzuweisen hat. So weit ist also einfach das Statut des Esels aufgenommen. Darüber hinaus aber wird verlangt, daß der Teilnehmer oder seine Ahnen in den vier Landen schon früher an Turnieren teilgenommen haben. Ist dies nicht notorisch, so muß es durch zwei oder drei Turniersgenossen bezeugt werden. Wer, ohne diese Erfordernisse zu erfüllen, doch in die Schranken dringt, hat Roß und Turnierzeug und Turnierfähigkeit auf immer verloren. Keiner soll sich seiner annehmen oder ihn beschirmen. Wer das unternähme, hätte des Pfalzgrafen Geleit verloren und soll diesem zur Strafe stehen.

---

[16]) Rüxner, Turnierbuch, Fol. 167.

[17]) Sontag nach Bartholomaei. Über das Turnier ist ein gleichzeitiger Bericht im Stadtarchiv Straßburg vorhanden (A. A. 1921 f. 47—55 Papier, zwei Lagen zu 4 und 2 Blättern). Im wesentlichen stimmt derselbe mit dem bei Rüxner, Fol. 173 ff., überein. Abweichungen Rs. liegen in der Anordnung, in kleinen Auslassungen und Einschiebseln ohne Bedeutung. Die Turnierordnung ist außer bei Rüxner, wo einiges fehlt, abgedruckt bei Lünig, P. Sp. Cont. III. 2 und bei Burgermeister, Cod. dipl. equestr. S. 54. Roth v. Schreckenstein, Reichsritterschaft, Band II S. 109 Anm. 4 leitet ein Zitat der beiden Drucke mit den Worten ein: „Eine im Wesentlichen gleichartige Turnierordnung (mit der Heilbronner), angeblich der Gesellschaft des Esels in Schwaben de anno 1481 und 1485 bei Lünig ic. — Eine späte Abschrift des Berichtes enthält die Handschr. 359; 83 der Heidelberger Universitätsbibliothek.

[18]) Vgl. den Straßburger Bericht.

Auch wer das Bürgerrecht in Städten besitzt, ist vom Turnier ausgeschlossen, es sei denn, daß er sein „Burglehen" zuvor auffage. Wird er nach dem Turnier wieder Bürger, so verliert er die Turnierfähigkeit für immer.

Diese Sätze bewegen sich genau in der Richtung weiter, welche von dem neuen Statut der Eselsgesellschaft und den Turnierordnungen von Würzburg und Mainz eingeschlagen wurde. Nachdem einmal der Adel als Geburtsstand Voraussetzung der Turnierfähigkeit war, lag es nahe, daß aus dieser heraus ein weiterer Geburtsstand, jener der Turniersgenossen, sich bildete. So wenig wie der Adel selber wurde nach Ansicht der Heidelberger Ordnung die Turnierfähigkeit erworben: sie wurde angeboren. Bezeichnenderweise lautet darum die Anrede im Ausschreiben der Eselsgesellschaft: „Allen und jeglichen von der ritterschaft der turniersgenossen, in was wurden oder stand die sien."

Aus der Masse des Adels heraus war eine besondere Schicht durch diese Maßnahme herausgehoben: der alte Adel. Da schon lange keine Turniere mehr stattgefunden hatten, konnte kein Neugeadelter seine Turnierfähigkeit erweisen. Nur Familien mit langer Tradition waren dazu imstande.

Gegen den neuen Adel richtete sich auch die Bestimmung, welche Bürger ausschloß. Die Wappenbriefe und Adelsurkunden gingen ja zum größten Teil in die Städte. Doch wollte man mit diesem Teil der Ordnung noch etwas anderes aussprechen.

Die Heidelberger Statuten waren nicht ohne Widerspruch geblieben. Sie verletzten zu viele Interessen anderer. Die vier Lande sahen sich veranlaßt, im Jahre 1485 zu Heilbronn [19]) eine Revision der Turnierordnung vorzunehmen.

Sie bestand in einer präziseren Fassung der Heidelberger Beschlüsse. Adel von vier Ahnen und turnierfähige Familie werden auch weiter gefordert. Diejenigen, welche man bisher ohne Erfüllung dieser Vorschrift hat reiten lassen, sollen turnierfähig bleiben, vorausgesetzt, daß sie auch von Mutterseite edel sind. Für die Turnierprobe werden verschärfte Bedingungen aufgestellt.

---

[19]) Rüxner, a. a. O. Fol. 198 ff. Burgermeister, a. a. O. S. 58 ff. Vom Esel nahmen teil: Hans von Sickingen, Bleiker Landschad von Steinach, Martin und Konrad von Sickingen, Hans von Rodenstein.

Aus dem Wortlaut geht hervor, daß nicht alle Turniergesellschaften den Standpunkt des Esels teilten; s. die Bestimmung über jene, die infolge laxer Auffassung zugelassen wurden.

Der Absatz über die Turnierunfähigkeit der Bürger erfuhr eine genaue Interpretation. Die Stadt Straßburg, in der eine Menge edler Geschlechter saß, hatte sich an die Heilbronner Versammlung des Turnieradels gewandt [20]) und um Zulassung ihrer edlen Bürger gebeten. Vom 1. September ist die Antwort datiert [21]), welcher eine

---

[20]) 1485 August 22 (montag vor sant Bartholomeus tag). „den edeln gestrengen und vesten, den kunigen von den vier landen des turners zc. entbieten wir der meister und der rat zu Straßburg unsern fruntlichen dienst und was wir eren und guts vermögent. Als ist uns angelanget, wie das ein merklicher tag gen Helprun angesetzt si, antreffen den erlichen turner und vernemen dobi, als ietz in kurz vergangen joren etwie maneger turner gehalten worden ist, daß dann etlichen rittern und knechten, die bi uns verburgert sind, abgeslagen si, in die turner zu loffen, wie wole ir altforderm die vor ziten und joren unser burgere und uß unser statt geritten, zugelossen sient, daß sie geturnet habent mit andern der ritterschaft und nit alsoußgesündert; wa do die selben unser burger, die do zu erboren und turners genoß sind, darinnen solltent entgelten des, daß sie unser burgere werent, beduchte uns unbillich uß ursach, daß wir hoffent uns nit anders dan als ein frome frie stat des heiligen richs gegen der ritterschaft und den adel, dem wir geneiget sind recht und ern zu erbieten, und sust gegen menglich in allen eren geburlich gehalten haben und mit einichen unerlichen dingen nie verschuldet, auch ungern verschulden wolltent, daß unsern burgern der zugang der eren, den ir altforderm unversprechenlich gehept habent also abgeslagen und verseit werden soll. Und ist daruf gar unser fruntliche bitte an uwer liebe, daß ir in ansehen des alten herkomen des adels uns und unser burgere herin gutlich bedenken und die unsern, so jetzunt oder hernach bi uns verburgert und des adels sint, daß sie zu dem turner gehören nach uwer ordenunge bi bringens halb, fruntlichen zuloffen wöllent, wie das von alter herkommen und gewesen ist, und dar inne ouch an zu sehen, daß wir doch in allen gemeinen des heiligen richs erlichen landreisen und herefarten nit gespart oder ubersehen werdent und uns als einer frien stat des heiligen richs diser unser zimlichen bitte nit zu versagen. Das begerent wir in allen guten wan das zu schulden komt auch fruntlich zu verdinen. Konz., Pap., Stadtarchiv Straßburg, a. a. O. Fol. 53. — Auch an den Kaiser wandte sich die Stadt um Fürsprache gelegentlich seines Besuches. Siehe F. Priebatsch, Die Reise Friedrichs III. ins Reich 1485 und die Wahl Maximilians. Mitteilungen des Inst. f. öft. Gesch. XIX (1898) S. 307.

[21]) donerstags Egidi. „Wir grafen hern und ritterschaft jetz zu Heilprun versamelt entpieten zc. und lossen euch wissen, daß nit allein die vier kunig, sunder die riterschaft der vier lande des turners in merklicher zal hie zu Heilprun erschienen sind und ewer schrift nit ungern gehört, und schicken euch hier in verschlossen ein copei eins artikels die ritter und knecht, so bei euch und andern verporgert sind, beruren. haben wir euch im besten nit wollen verhalten die, so es berürt, sich haben darnach zu richten in vertrawen, niemand sein unpillich achten und ir euch gegen denselben riter und knechten also haltende werdend, daß si irer burgerschaft halb bei euch den loblichen ritterlichen schimpf mit uns zu treiben nit verhindert werden. dann euch und in gunst und fruntschaft zu erzeigen sind wir genaigt." Ebd. Fol. 55. Orig. Pap., 2 abgegangene Siegel.

Kopie des betreffenden Beschlusses beigefügt war. Wer aus **freiem Willen** in einer Stadt sitzt, Steuer und Wacht gibt, oder ein „Amt" innehat und die Pflichten eines gewöhnlichen eingesessenen Bürgers erfüllt, ist turnierunfähig. Bloßer Schirm oder Dienst, der zu nichts verpflichtet, als was dem Adel zusteht, machen nicht turnierunfähig [22]).

Der Artikel ist in seinem Wortlaut nur verständlich, wenn man sich vorhält, daß in den Städten, wo die Patrizierherrschaft gestürzt worden war, der Wach- und Kriegsdienst und die Steuererhebung zunftmäßig verteilt war. Der große Widerwille des Adels gegen alles, was nach Zinspflicht und Dienstbarkeit aussah, ist am Ende des 15. Jahrhunderts vielfach bezeugt. Nicht gegen den in der Stadt sitzenden Adeligen überhaupt, sondern **gegen die zunftmäßig veranlagten, einer Zunft angehörenden**[23]) **Standesgenossen** wendet sich die Bestimmung. Er ist nicht mehr turnierfähig, weil er zum gewöhnlichen Volk heruntergesunken ist.

Bei den Heilbronner Beschlüssen ist es geblieben. Sie haben sich sehr rasch der Allgemeinheit gegenüber durchgesetzt, und schon der Augsburger Reichsabschied von 1500 unterscheidet in seiner Kleiderordnung die höher stehenden Turniergenossen von dem niederen Adel, der Turniere nicht besuchte [24]). Zwei Momente, ich wiederhole es, sind wesentlich an den Vorgängen, die wir kennen gelernt haben: in durchaus autonomer Weise stellt der Adel in einer spezifischen Standesangelegenheit Gesetze auf. Deren Grundcharakter ist die **Forderung des Geschlechtszusammenhangs und des Konnubiums für den adeligen Stand sowohl als für die Turnierfähigkeit.**

---

[22]) „Item welcher uß friem willen in ainer statt sitzt, stur und wacht gibt ober beampt und das zutun verpunden ist, so dem gemein eingesessen burger zutun sind, die sollen zu dem turner nit zugelossen werden. Gefugte sich aber, daß einer schirm uß notturft gesucht hett, oder suchen müste, des sol er nit entgelten, welcher auch vom adel zu einer stadt bestellt wurde, und sich nit witter verpflichte oder handelte dan dem adel zusteht, der sol och zu dem turner nit abgestrickt sin." Ebd. Kopie. Pap. (gleichzeitig) Fol. 54. Über „Amt" s. Anm. 23.

[23]) Direkt so möchte ich den Passus: „stur und wacht gibt ober **beampt**" übersetzen. Schon D. P. v. Hefner und nach ihm Roth v. Schreckenstein (a. a. O. S. 108 und Anm. 4) haben erkannt, daß nicht der Stand, sondern die politische Stellung der Patrizier getroffen werden sollte.

[24]) S. Riezler, Geschichte Bayerns, Band III (1889) S. 748 f.; dort Ausführliches über den Turnieradel.

Auch die Kaiserliche Kanzlei erkannte den Unterschied an und verlieh nicht nur den Adel, sondern auch die Turniermäßigkeit.

Die Turniergesellschaft zum Esel, in der Mehrzahl Kraichgauer, war bei der Beratung und Abfassung dieser Gesetze lebhaft beteiligt. Wir sind berechtigt anzunehmen, daß gerade in ihr die Anschauungen besonders lebendig waren, welche in dem Statut von 1478, der Heidelberger Turnierordnung von 1481 und den Heilbronner Beschlüssen von 1485 zum Ausdruck kamen. Wie muß es nun auf sie gewirkt haben, wenn sie gerade bei dem Fürsten, in dessen Dienst sie standen, auf Ansichten trafen, welche den ihrigen diametral entgegengesetzt waren? Wenn sie diese feindlichen Ansichten mit dem ganzen Gewicht eines glänzenden Fürstenhofes durchgesetzt sahen?

§ 2. Die Ansichten des pfälzischen Hofes über Wesen und rechtliche Stellung des Adels.

a) Die Übung der Pfalzgrafen und ihrer Kanzlei.

Die Pfalzgrafen bei Rhein und die Herzöge von Bayern hatten sich nicht wie die andern Fürsten dem Nobilitationsrecht des Kaisers gefügt. Wie sie schon früh — fast gleichzeitig mit dem Reichsoberhaupt — anfingen, neue Wappen zu verleihen [1]), so waren sie wohl die letzten deutschen Territorialherren, die am Rechte des **dinglichen** Adelserwerbs festhielten. Doch ist das immerhin eine Ausnahme; im allgemeinen führten sie die alte unökonomische Art, Ritterlehen auszugeben, nicht weiter. Auch in ihrem Territorium vollzog sich ja der Übergang des Feudalstaates zum Beamtenstaat. **Sie übertrugen nur die adelbildende Kraft des Feudalnexus auf den Beamten- und Hofdienst.** Im 14. und 15. Jahrhundert taucht im Dienste der Pfalz eine ganze Anzahl neuer Namen auf, Leute, die mit Burghut, Beamtung, Kriegs- und Hofdienst beschäftigt sind, die Titel Ritter und Edelknecht tragen, oft auch Ritterlehen innehaben [2]). Aber nur mit Ausnahmen und spät kommen sie in die höheren Ämter, wenn sie überhaupt länger als zwei Generationen oben bleiben. Der alte Adel hält sich von ihnen fern. Ein Konnubium ist selten, und von den Gabel, den Nest, den Fetzer, Schott, Ramung und Reuß, welche zeitweilig auf dem Kraichgau sitzen, kommt

---

[1]) G. Seyler, a. a. O. S. 370, 378.

[2]) Besonders gute Übersicht gewährt für die Zeit von 1398—1400 das Lehenbuch Ruprechts III., von dem die „Regesten der Pfalzgrafen" Auszüge geben. Die Burgmannschaften bieten ein buntes Nebeneinander von hohem Adel, niederem „Uradel" und den neuen Adeligen.

nicht einer in den zwölf Urkunden vor, die uns Namenlisten von Mitgliedern des Esels geben. Solange die Turniergesellschaft der vier Lande blühte, hört man auch nicht davon, daß eine Heiratsabrede zwischen dem Turnieradel und Leuten dieser Schicht durch Landesherren veranlaßt oder sonst die Autonomie des Turnieradels in Standesfragen beeinträchtigt worden wäre³).

Daß hierin allmählich eine gründliche Änderung eingetreten sein muß, daß besonders im Pfalzgrafen der Wunsch rege wurde, die neuen Leute gegen den alten Adel durchzusetzen, erfahren wir aus einem Vorkommnis des Jahres 1505. Mehr als durch irgendwelche Maßnahmen auf politischem oder wirtschaftlichem Gebiet wird dadurch die ungeheure Wandlung illustriert, welche im Bewußtsein der Herrschenden seit Mitte des 15. Jahrhunderts sich vollzogen hatte. Rücksicht auf das Herkommen und tatsächlich vorhandene Macht geboten in den zwei ersten Fällen oft Zurückhaltung. In höfischen Dingen glaubte der Fürst freiere Hand zu haben. Vor allem hatte er den ausschlaggebenden Willen. Hier kommt also seines Herzens Meinung ungehemmt zum Ausdruck.

Wilhelm Schedel hatte in Bayern „zum adel gewibet", und es war ihm ein Beweis seines Adels abverlangt worden. Er wandte sich an Kurfürst Philipp, der zunächst ein Gutachten über das Wesen des Adels einverlangte. Es folge hier in ganzer Ausdehnung:

„Diß hernachgeschrieben artikel und eigenschaft gehorn eim edelman zu, der von recht edel geheißen wurd.

Was rechter adel heiß und sei, haben die hochweisen und vernunftigen mancherlei meinung von gered und in schriften hinder ine verlassen, darvon dieser zeit nit not meldung zu tun; sonder so vil zu diesem val dienet, so ist und heißt der adel ein schicklichkeit, eigenschaft oder art, durch einen, der fürstlich herrschung hat, zugefügt, dardurch jemants für gemein erbar leut angenem erzeigt wurt. Auß diesem wurt verstanden, daß der adel a n f e n g l i ch von fursten kompt und gegeben wurt oder denjenen, die furstlich herschung haben; n o ch m a l s kompt er von geburt; also wer von einem edel vater geboren, der soll erweisen wie hier obgemelt, für erbar leut gehalten bei fursten und dem adel, der selb wurt und soll auch edel geheißen sein; daß aber einer dermaßen fur gemein erbar leut angezeigt si, mag nach hie nachvolgenden stucken erkant werden.

---

³) Das Vorgehen der Stadt Straßburg im Jahre 1485 ist der beste Beweis. Nicht an den Pfalzgrafen, sondern an den Kaiser und die Ritter selber wendet sie sich.

Zum erſten, wo einer eim furſten dient, es ſei zu hof oder ſuſt, daß er von dem furſten ſelbs als ein edelman gehalten werd, nemlich im rate, zu tiſche ſitzen und wandlung und handlung bei dem furſten, item mit riterſpiel, in kriegen und feld liegen, in reiſen, ob einer all mal in der ſtatt dem adel zu gehorig geweſen und gebraucht ſie worden, mit rennen und ſtechen, mit nennung junker oder der glichen, wie er von rittern und knechten gehalten in allen handlungen ſei worden, wie einer vom furſten und andern herrn, ritter und knechten geſchriben ſei worden in furſten forderungen und ſamelungen der landſchaften, ob einer uf ſolichen gemeinen landstagen ſei bei dem adel geſtanden umb rat angefragt, als ein ander jeder edelmann, ob er zum adel geheiratet hab, ob ſich einer des adels freiheit gebraucht hett, ſo im land der ende der adel hat, mit gejaid, freiheit ſeiner baue, ob einer ſolch ampt gehapt hat, den man mit den edelman pflicht zu leihen, als ampt großer herrſchaft, hauptmanſchaft, ob einer bei und neben edel-leuten in ritter rechten geſeſſen wer, ob einer ritter oder edelmanns lehen hat, ob einer von menglichen rittern und knechten und gemain erber luten fur edel geacht und genent ſi worden, in allen wandlung und handlung zu kirchen und ſtraßen, auch allen andern enden. ſolichs alls ſoll und muß ermeſſen werden nach eins jeden lands alten gebruch und herkommen und ſo einer ſolich umbſtandt erweiſet und bei bringt vor einem landsfurſten oder ſeinem rat, mag und ſoll ime darauff kunt-ſchaft geben werden, daß er von edelmanns ſtam herkomen und ge-boren ſie" [4]).

Welcher Abgrund klafft zwiſchen dieſem Gutachten und den An-ſchauungen, welche wir als die des Turnieradels kennen gelernt haben! Dort alles auf den Geſchlechtszuſammenhang, auf die Abſtammung von adeligen und turnierfähigen Ahnen geſtellt, — hier die Verleihung durch den Fürſten der G r u n d, das Leben in ſeinem Dienſt das Kennzeichen des Adels! Dort der Adel Weſen und Sein — hier eine „Schicklichkeit und Eigenſchaft". Die adelige Geburt hat für den Verfaſſer des Gutachtens nur ſekundäre Bedeutung. Und wenn auch von der Teilnahme am Ritterſpiel, dem Konnubium mit dem Adel, der Geltung unter den Standesgenoſſen die Rede iſt, ſo verſchwinden dieſe Kennzeichen, auf welche die Turniergenoſſen den einzigen Wert legen, unter der Fülle von Erforderniſſen, über welche nur der Fürſt zu befinden hat. Das Gutachten iſt die unbedingte Leugnung des turniergenoſſenſchaftlichen Rechts, autonom über Standesfragen zu

---

[4]) K. GB. 821 Fol. 184 f.

entscheiden. Der Adel ist danach kein geschlossener autonomer Stand mehr, er ist eine vom Fürsten geschaffene, von seiner Gnade abhängende Besonderheit. Es spricht aus dem Schriftstück ein absolutistischer Geist, der alles unter ihm in unterschiedslose, weil vom Herrn in gleicher Weise abhängige Masse auflöst.

Man muß immerhin zugeben, daß der Verfasser noch eine gewisse Vollständigkeit anstrebte, indem er die Kennzeichen des Adels niederschrieb. Die „Kuntschaften", welche der Pfalzgraf daraufhin erhob, zeigen dieses Bemühen nicht mehr. Abstammung, Konnubium und Turnierfähigkeit finden keine Erwähnung. Der Dienst am kleinen Hof des Grafen von Eberstein und später beim Kurfürsten ist ausschlaggebend. Am 30. August 1505 [5]) bezeugt Pfalzgraf Philipp dem Wilhelm Schedel, daß Graf Bernhard von Eberstein den Vater Klaus Schedel für adelig halte, weil er in Ebersteinischen Hofdiensten gewesen, mit Knechten und Pferden geritten und gehalten worden sei wie andere Edeln bei ihm. Klaus Schedel sei mit Graf Bernhards Vetter, dem verstorbenen Grafen Bernhard d. Ä., zu Tische gesessen, im Rat gewesen, als Gesandter zu Fürsten geschickt worden; Kriegsdienste habe er wie ein anderer Edler getan; Knechte, Knaben und im allgemeinen die ehrbaren Leute hätten ihn Junker genannt und in Schriftstücken ihm den Titel „fest" gegeben; Klaus selber habe sich für einen Edelmann gehalten.

Weitere Kundschaften holte der Pfalzgraf von Hans Kussenpfennig, früher Hauptmann der einspännigen Knechte[6]), vom Unterlandvogt im Elsaß Jacob von Fleckenstein[7]), von Hans von Flersheim und Diethrich Hummel von Staufenberg ein[8]). Dann stellte er am 15. Oktober[9]) auf Grund seiner Erhebungen Wilhelm Schedel das Zeugnis aus, daß er zum Adel gehöre.

Er hat damit dokumentiert, daß er die Ansichten des Gutachters teile, ja darüber hinaus dem Adel überhaupt keine Berechtigung zuerkenne, über seine Standesangelegenheiten zu befinden. Es ist nicht

---

[5]) samstag nach Bartholomaei. Ebd. Fol. 183.

[6]) Am 9. September (dienstag nach nativ. marie). Ebd. Fol. 184. Kussenpfennigs Gründe für Schedels Adel sind seine Hofstellung bei Eberstein und der Pfalz, die Amtmannschaft zu Ortenberg, die ritterliche Lebenshaltung, der Leumund, die Anrede und Betitelung.

[7]) Früher Hofmeister.

[8]) Ein Kraichgauer ist — den Grafen Eberstein abgerechnet — nicht unter den Befragten.

[9]) Am Mittwoch nach Dionysius. Ebd. Fol. 185 f.

möglich, daß diese Ansichten des Fürsten dem Adel verborgen blieben. Noch einmal: wie mußten die Kraichgauer bei ihrem lebhaften Standesgefühl einen solchen Gegensatz zu ihren eigenen Anschauungen empfinden?

b) Die Anschauungen der Humanisten.

Kurfürst Philipp galt seinen Zeitgenossen als bonus hastilusor [10]), ein Lob, das eigenartig anmutet neben der Stellung, die er zum Turnier, als Standesvorrecht des Adels, einnimmt. Hat es in seinen Anschauungen in bezug auf diesen Punkt eine Entwicklung gegeben?

Heidelberg ist nicht gleich der Musensitz geworden, als der es zu Philipps Zeiten gepriesen wird. Sechs Jahre hat es nach des jungen Pfalzgrafen Regierungsantritt gedauert, bis der Mann das einflußreiche Amt des kurfürstlichen Kanzlers erhielt, dem die Blüteperiode des Humanismus in der Neckarstadt zu danken ist. Johann von Dalberg [11]), damals noch Dompropst, später Bischof von Worms, war um 1480 Kanzler der Universität, ungefähr ein Jahr darauf Kanzler der Pfalz geworden. Von dieser Zeit beginnt seine Periode wachsenden Einflusses auf die äußeren und besonders die inneren Verhältnisse des Kurfürstentums. Und von dort datiert Philipps Interesse für die neue Richtung in Wissenschaft und Leben [12]), welcher er eine Freistatt an seinem Hofe schafft, weil die Universität ihr die Aufnahme erschwert. Erst jetzt versammeln sich um ihn die Agricola, Celtes und Pleningen, die Wimpheling, Trithemius und Themar, die Vigilius, Wessel und Reuchlin. Sie vermitteln ihm nicht nur das Empfinden für die Schönheiten der Antike. Ein guter Teil von ihnen kennt das römische Recht [13]) und kennt Italien [14]). Dalberg selber hat in Pavia und Padua studiert und ist dort vielleicht zu den Füßen des Angelus Buzzarenus gesessen, der seit 1476 auf Wunsch der

---

[10]) Ofele II, 577 bei Häuffer, Gesch. der rhein. Pfalz I, Heidelberg 1845, S. 494.

[11]) K. Morneweg, Johann v. Dalberg, ein deutscher Humanist und Bischof, Heidelberg 1887.

[12]) Hartfelder, Heidelberg und der Humanismus, Zeitschr. f. allg. Gesch. 1885, S. 177 ff., 671 ff. J. Wille, Der Humanismus in der Pfalz, Zeitschr. Oberrh. N. F. XXII (1908) S. 9 ff.

[13]) Joh. Wacker von Sinsheim (Vigilius), Agricola, Werner v. Themar, Wimpheling, Pleningen.

[14]) Dalberg, Agricola, Pleningen.

Teutschen über Lehenrecht las [15]). Agricola und Pleningen — derselbe Pleningen, der als pfälzischer Rat auf die Regierung Philipps direkten Einfluß übte — haben in Ferrara den Hof der Este kennen gelernt. So waren es auch die staatsrechtlichen und sozialen Ansichten der Renaissance, mit denen der Pfalzgraf bekannt wurde.

Die Stellung des Adels scheint ein besonders beliebtes Thema im Kreis der Humanisten gewesen zu sein. Begreiflicherweise! Den Verfechtern einer neuen Zeit, für welche die Persönlichkeit und ihr Recht eine viel höhere Bedeutung hatte, als noch so langher ererbte Autorität, mußte es wie eine Anomalie erscheinen, daß jemand mit der Geburt schon eine Stellung, eine Würde besitze. Es entspricht dem „pädagogischen Charakter, der den deutschen Humanismus auszeichnete" [16]), wenn er mit seinen Ansichten gerade in bezug auf den ersten Stand des Territoriums nicht zurückhielt. Dazu kam die Verachtung, mit welcher der ganze, in seine einseitigen Gelehrteninteressen eingesponnene Kreis einem Stand begegnete, in dem wohl viel Sinn für allerlei höhere Bestrebungen, aber nicht oft Verständnis für den Humanismus und sein Literatentum vorhanden war. Wie es immer geschieht, auch hier begegneten sich zwei Menschenklassen, die aufsteigende, um Geltung ringende, und die im Besitz und Ansehen befindliche, mit Mißtrauen und Abneigung. Die Invektiven der Humanisten gegen den „tierisch rohen", „ungebildeten" Adel sind Verallgemeinerungen und Übertreibungen, welche sich zum großen Teil hierauf zurückführen lassen.

Wieviel Wert oder Unwert aber diesen Angriffen auch innewohnen mochte, schließlich setzten sie sich durch — bei den Zeitgenossen wie bei der Nachwelt. Und mit ihnen kamen auch die Theorien auf, welche Gemeingut des Humanistenkreises waren. Am schärfsten hat wohl beides, den Tadel wie die theoretischen Ansichten, Wimpheling [17]) zum Ausdruck gebracht. In ihm war ja auch der pädagogische Drang am stärksten. Seine Äußerungen haben durchaus nichts Zufälliges, Gelegentliches wie bei den meisten seiner Gesinnungsgenossen. Sie

---

¹) Morneweg a. a. O. S. 47.

¹⁶) M. Lenz, Lamprechts Deutsche Geschichte, 5. Bd., Historische Zeitschrift, Bd. 77 (1896), S. 427. Den von Lenz entwickelten Anschauungen über die wirtschaftliche Stellung und die geistige Regsamkeit des deutschen Adels um 1500 soll mit dem Folgenden gewiß nicht widersprochen werden. Doch scheint mir das Verhältnis zum Humanismus, insofern dieser Rechtsanschauungen vertrat und spezifisches Gelehrten- und Literatentum war, doch nicht so eng gewesen zu sein, als L. annimmt.

¹⁷) Vgl. P. v. Wiskowatoff, Jac. Wimpheling, Berlin 1867, S. 41 ff., 44, 79, 89, 100, und J. Knepper, Jac. Wimpheling, Freiburg 1902, S. 62, 68, Anm. 2.

tragen programmatischen Charakter[18]). Besonders ist das bei der Vorrede der Fall, die er zu Lupold von Bebenburgs Schrift Germanorum veterum principum zelus et fervor in christianam religionem deique ministros verfaßte und an Dalbergs Bruder Friedrich richtete. Leidenschaftlich[19]) tadelt er dort die Ansicht, daß der Adel auf leiblicher Abstammung beruhe. Aus seiner fast manichäistischen Auffassung des Geschlechtlichen heraus kann er sich kaum genug tun in starken Worten. Nur die Tugend adelt. Nie wird sich ein wahrhaft edler Mensch auf die Herkunft berufen.

Nicht an irgendeinen Beliebigen richtet er diese Sätze, es ist ein eques auratus[20]), Germanicae nobilitatis decus[21]), dem sie gelten; einer, der principorum maximorum consilio sepe solet interesse[22]), und von welchem Wimpheling wohl nicht bloß einen Einfluß zugunsten kirchlicher Interessen erwartet.

Auch der Kanzler Dalberg hat sich mit der Adelsfrage beschäftigt und sogar ein Buch De origine nobilitatis geschrieben[23]). Leider

---

[18]) Sie sind nicht mit ähnlichen Sätzen vom „Tugendadel" zu verwechseln, welche sich zu allen Zeiten finden.

[19]) „Tu quoque, Friderice mi, si principum horum vitam imitabere, satis facias spei meae, quam de tua nobili et praeclara indole iamdudum concepi; non enim solum parentes tui nobiles exstitere; nec tu tam natus quam factus es nobilis. nam licet parentes imitere (cum venia loquor) non ipsi quidem, sed propria te virtus tua nobilitavit. corpus enim et patrimonium a parentibus accipimus, virtutem autem (quae sola nobilem facit) parentes transferre non possunt. ergo nec nobilitatem ... Solus ergo animus deo gratus virtutem praeditus, sanctis moribus institutus, generosus est, nobilis est, ingenuus est, insignis et illustris est; sicut enim vere liber est, quem veritas ipsa liberavit, ita et vere nobilis est, quem virtus propria nobilem facit. Multi autem, stolidi mente et degeneres, non alta sed terrena sapientes, nobilis animi gloriam et honorem a conceptu fingunt, ab utero partuque matris usurpant. O faedam gloriam et spurca foeditate contractam. quis enim odor stematis nisi horror spermatis? que generis gloria nisi genitalium ignominia? absit quidem talis gloria generoso animo et vere nobili, cui unum bonum virtus est, unum malum peccati turpitudo, cui gloria in puritate cordis, in serenitate mentis, in testimonio conscientie, in virtutis cultu et bonarum studio litterarum consistit. loquor tibi, Friderice, confidenter sperans a te veritatem magis quam adulatoris blanditias amatum iri." Lupold von Bebenburg, Vorrede Fol. II b.

[20]) Ebd. Fol. II.
[21]) Ebd. Fol. II b.
[22]) Ebd. Fol. II.
[23]) S. Morneweg S. 304 f. L. Geiger, Renaissance und Humanismus, Berlin 1882, S. 444, vermutete Einflüsse italienischer Theoretiker auf den Inhalt des Buches; s. o. S. 26 f.

ist es verloren gegangen. Doch würde es uns wohl nichts Neues über die sozialen Ansichten des Humanistenkreises lehren. Der Umstand, daß Wimphelings Vorrede unter einem Gedicht Sebastian Brants ²⁴) an den Bischof steht, das Buch Bebenburgs also ihm so gut gewidmet ist wie seinem Bruder, zeigt uns, daß Wimpheling in dem gelehrten Bischof von Worms einen Gesinnungsgenossen ehren wollte.

In Dalbergs Kreis hat wohl auch der oder jener Kraichgauer verkehrt. Von Hans von Sickingen wissen wir, daß er in Ladenburg mit Wimpheling zusammen war ²⁵). Man wußte gewiß in der Ritterschaft, wie die Umgebung des Pfalzgrafen dachte. Das konnte nur den Eindruck verstärken, welchen Philipps Verfahren auf den Adel machte.

c) Der Einfluß des Marschalls Hans von Dratt.

Von Dalberg, dessen Wirksamkeit hauptsächlich nach innen ging, hat sich der Kurfürst im Jahre 1497 getrennt ²⁶).

Nicht loszureißen vermochte sich Philipp von einem anderen Manne, dessen Tätigkeit nicht so viel Segen in der Pfalz ausgestreut hat, als man dem edeln Bischof von Worms mit Recht nachsagen kann. Ich meine den Marschall Johannes von Trotha — von Dratt, wie er in den pfälzischen Urkunden heißt ²⁷). Trithemius entwirft eine Schilderung ²⁸) von ihm, der man wohl nicht in allem trauen darf. Danach wäre er eine Art Dämon gewesen. Jedenfalls war er ein ungewöhnlicher

---

²⁴) Brant feiert den Mäcen aller Humanisten ausschließlich seiner persönlichen Vorzüge, besonders seiner humanistischen Bestrebungen wegen. Über seine adelige Abkunft sagt er nur: „Utque decus forme et prenobile stemma parentum Subticeam et quidquid corpora dotis habent." ... Ebd. Fol. I b.

²⁵) Wimpheling rühmt in seinem Brief an Hans von Sickingen 1497 Jan. 20 (uf sant Sebastiani tag) die „früntliche erzeigung gegen mir in vergangen tagen zu Laudenburg in gegenwertikeit meines gnedigen herrn von Worms". Knepper a. a. O. S. 364. Über Hans v. S. vgl. auch unten S. 60 f. Die Art, wie dort über den Adel gesprochen wird, fällt zusammen mit Gedankengängen Wimphelings.

²⁶) Morneweg, S. 231 f.

²⁷) Über ihn J. Kindler von Knobloch, Hans Trapp, Ein Beitrag zur Geschichte der Familie von Trotha, Straßburg 1882; und E. Krause, Der Weißenburger Handel (1480—1505), Greifsw. Dissert. 1889, wo S. 1 ff. die zahlreiche Literatur angegeben und die Quellen, besonders Trithemius, besprochen werden. Krause zeichnet sich vor den andern Darstellern der Feindschaft zwischen Dratt und dem Kloster durch gerechtes Abwägen aus, scheint mir aber doch die Bedeutung des Marschalls und seinen Einfluß auf den Pfalzgrafen nicht hoch genug anzuschlagen.

²⁸) Annales Hirsaugiensis, St. Gallen 1690, S. 541, 543. Ich konnte nur diese Ausgabe benützen.

Mensch, begabt, von wilder, eiserner Energie, die einer Welt gegenüber nicht nachgab, von einer Kühnheit, die vor dem Schwierigsten nicht zurückschreckte. Auch grausame Härte, Menschenverachtung und Mangel an kirchlich-religiösem Sinn muß man ihm vorwerfen. Sein großer Einfluß auf den Pfalzgrafen ist unbestreitbar.

Man braucht bei alledem kein Teufel zu sein, um doch recht vielen Menschen Furcht und Haß einzuflößen. Und steigt man so hoch, als es von Dratt gelungen ist, dann bleibt auch der Neid nicht aus.

Zu seinen Gegnern gehörten die Adeligen so gut als die Geistlichen. Hat er sich den letzteren gegenüber besonders durch den Weißenburger Handel widerwärtig gemacht, so ist die Abneigung der ersteren wohl auf seine norddeutsche Herkunft zurückzuführen [29]). Aber nicht nur, weil er ein Fremder war, nicht seines schwer zu ertragenden Charakters wegen, auch nicht allein, weil er den Einheimischen vorgezogen wurde. Der Marschall stammte aus einem Teil Deutschlands, in welchem andere Ansichten über das Verhältnis von Fürst und Adel herrschten als im Süden, dorther, wo die Entwicklung zur Landsäßigkeit längst abgeschlossen war, die in der Pfalz eben erst begonnen hatte. So wenig er sonst mit den Humanisten gemeinsam haben mochte, in der Stellung, die er dem Fürsten seiner heimatlichen Anschauung nach als Herrn des Landes einräumen mußte, näherte er sich ihnen. Wir werden an einem Beispiele sehen, mit welcher Härte er der Fürstengewalt gegen einen Lehensmann freie Bahn schafft [30]).

Nein, auch der Marschall von Dratt war kein Faktor, welcher den Zusammenhalt der Ritterschaft im allgemeinen und der Kraichgauer im besonderen mit der Pfalz förderte.

d) Das Ergebnis.

Die gegensätzlichen Momente, welche im vorausgehenden darzustellen versucht wurden, hätten nicht notwendig zu einer Trennung des

---

[29]) Er war Sohn des magdeburgischen Obermarschalls und Rats zu Halle, Thilo von Trotha. Kindler v. Kn., S. 4.

[30]) S. unten S. 86 ff. Nicht nur in der Pfalz zeigte sich übrigens damals ein Gegensatz zwischen den Anschauungen des süddeutschen ansässigen Adels und jenen norddeutscher zugewanderter Elemente. Im benachbarten Hessen sprach man es offen aus, daß die Landgräfin Anna sich unterstehe, den Adel leibeigen zu machen, wie er es in ihrem Heimatland Mecklenburg sei; dort seien die Adeligen eigen wie Hunde. Gustav Schenk zu Schweinsberg, Aus der Jugendzeit Landgraf Philipps des Großmütigen, Festschrift des Hist. Vereins für das Großherzogtum Hessen, Marburg 1904, S. 84 Anm. 22.

Kraichgauer Adels von der Pfalz führen müssen. Ihre Wirksamkeit ist zu langsam und wäre unter ruhigen Verhältnissen unschwer zu paralysieren gewesen. Daß eine raschere und damit siegreiche Entwicklung eintrat, wurde durch mächtige Anstöße von außen veranlaßt.

Die Pfalz war ja kein isoliertes Land. Sie lag gerade dort, wo die Einflüsse der Deutschen wie eines Teils der außerdeutschen Politik zu außerordentlicher Wirkung kommen mußten. Südwestdeutschland war immer noch das Vorzugsgebiet politischer Bewegung im Reiche.

Wir werden im folgenden sehen, wie die Geschicke des Kraichgauer Adels zunächst an einem einzigen Punkt von dem Hin und Her zwischen der Pfalz und dem Nachbarterritorium Württemberg scheinbar zufällig gefaßt werden; wie sich der Gegensatz der Interessen zu einem heftigen Streit entwickelt, in dem die Stellung einer Kraichgauer Familie prinzipielle Bedeutung für den ganzen Landstrich gewinnt; wie dann das Eingreifen des Reichsoberhauptes die gesamte Kraichgauer Ritterschaft in die Bewegung hereinzieht und endlich die Katastrophe des bayrischen Erbfolgekrieges die Entscheidung herbeiführt. Man wird sich dabei stets vor Augen zu halten haben, daß die bisher geschilderten Vorgänge und Strebungen zeitlich neben denen einhergehen, welche wir nun kennen lernen werden.

II. Die Ritterschaft und der Territorialherr unter dem Einfluß von Fragen der äußeren Politik.

§ 1. Die Pfalz und Württemberg.

a) Die Territorien und ihre Reibungsflächen.

Seitdem Baden seine territorialen Bestrebungen im Kraichgau durch Verkäufe an Württemberg und Pfalz aufgegeben hatte[1]), waren diese beiden energisch zugreifenden Häuser Nachbarn und damit auch

---

[1]) An Pfalz: Bretten, ursprünglich Metzer Lehen der Grafen von Eberstein, 1309 Öffnungsrecht; 1339, 1345 teilweise Verpfändung, 1349 Kauf von Eberstein, resp. Baden, das 1463 auch auf Geleit und Wildbann verzichtet. Heidelsheim, seit 1311 Reichspfand Badens, 1340 an Pfalz verpfändet, 1463 Verzicht auf das Wiederlösungsrecht. Eppingen, seit 1227 Reichspfandschaft Badens, 1383 Erlaubnis zur Einlösung für Pfalz; erfolgt 1403. Mühlbach, zusammen mit Eppingen erworben.

An Württemberg: Herrschaft Ochsenburg mit Leonbronn, Michelbach, Zaberfeld, Oberramsbach, Damp (Dammhof bei Eppingen) und dem Hof zu Flehingen, 1321 von Magenheim erkauft, vor 1356 an Vaihingen verkauft,

Rivalen geworden. Der erste Wettbewerb galt dem Cisterzienserkloster **Maulbronn**, dessen Schirmvogtei aus dem Pfandbesitz Württembergs in jenen der Pfalz überging ²). Das Kloster wurde zur Festung umgeschaffen und die Friedhöfe mehrerer seiner Ortschaften wehrhaft gemacht ³). Von da ab war Maulbronn das pfälzische Bollwerk gegen Württemberg. Um den Schirm der Klosterdörfer, das Recht des Besuchs und der Bewirtung spannen sich nie abreißende Streitigkeiten.

Rasch erledigt war der Kampf um die **Landvogtei Niederschwaben** ⁴). Sie ward keinem der beiden Gegner zuteil.

Solange die Pfalz rechts vom Neckar weder Güter noch Rechte zu suchen hatte, ließen sich ausbrechende Streitigkeiten leicht schlichten. Selbst wenn sie ein so wichtiges Mittel territorialer Machterweiterung betrafen, wie es das **Geleit** allmählich geworden war ⁵).

---

von hier durch Erbschaft an Württemberg. Herrschaft Obermagenheim mit Bönnigheim, 1320 von Löwenstein erkauft, 1338 an die Sachsenheim verkauft; Untermagenheim gehörte seit 1321 Württemberg. Über die Bestrebungen Badens: R. Fester, Markgraf Bernhard I. und die Anfänge des badischen Territorialstaates, Badische Neujahrsblätter VI, Karlsruhe 1896. Über die an Württemberg verkauften Orte: Beschreibung des OA. Brackenheim, Stuttgart 1873, S. 207 f., 384 f.

²) Chr. Fr. Stälin, Wirtembergische Geschichte, Band III (Stuttgart 1856) S. 276 Anm. 2.

³) Paulus, Die Cisterzienserabtei Maulbronn, 2. Auflage, Stuttgart 1882, S. 8.

⁴) Siehe oben S. 4 Anm. 12, 13.

⁵) Der erste derartige Zwist wurde im Jahre 1443 entschieden. Herzog Otto von Pfalz-Mosbach und Graf Ludwig von Württemberg urkundeten am 8. Mai (mittwoch nach des hl. cruces tage als es funden warde) „von des geleites wegen underm huchelberge also daß wir herzog Ott das gleit bi dem krummenbuchlin empfangen und von unserm lande biß an dasselbe ende geleitet hand, und wir grafe Ludwig das geleite zu Strichemberg (Streichenberg, BA. Eppingen) im bach empfangen und uß unserm lande auch bis an dasselbe ende geleitet hand. das sind wir beide gutlichen und fruntlichen übertragen durch die unsern und haben uns geeinet, daß ein cruze gesetzt werden solle gein Gemmingen vor dem Stettbacher tore an die zwerche straße, die von Gemmingen uß dem dorfe geet gein Stettbach, und solle davon uf die siten gein Riechen zu der schilt von Beiern und of die siten gein Brackenheim zu der schilt von Wirtemberg gehawen werden und beßglich solle man ein cruz setzen ob Stettbach zuschen den wegen, als die straße gein Eppingen ußen geet auch gehawen mit den wapen und bi den zweien cruzen solle furbaß hin ewiglich unser beider herren unser erben und nachkomen gleite an und ußgeen." Doch soll diese Vereinbarung dem Zoll H. Ottos zu Riechen „und an der zwerchstraßen, die da geet von Heilpronn gen dem Elsaß und widder gen Heilpronn" unschädlich sein. K. CB. 811 Fol. 146.

Diesem Vertrag gingen Erhebungen voraus, welche der Vogt zu Brackenheim, Gerlach, anstellte. „Die eltesten edelleute umbe mich gesessen ... hand mir geantwort sie wissent nit darumbe; wann so sie heben helfen geleiten, so sien sie als fern geritten, als sie geheißen wurden." Der Glatbach, der dem Grafen 50 Jahre gedient hat, und

Das wurde anders, als die Pfalz auch rechts des Neckars festen Fuß faßte, indem sie im Erwerb der Grafschaft Löwenstein dem Hause Baden zuvorkam[6]), Möckmühl und die Herrschaft Weinsberg mit Neuenstadt am Kocher und Weinsberg[7]) kaufte, durch den Sieg bei Seckenheim als badisches Pfand Besigheim erhielt und die Oberlehensherrlichkeit über das württembergische Marbach erzwang. Pfälzisches und württembergisches Geleit verzahnte sich von da ab der unregelmäßigen Grenze entlang auf fast unentwirrbare Weise, und die häufigen Mißgriffe übereifriger Amtleute trugen nicht dazu bei, die Lage klarer zu machen. Um das Geleitsrecht ganz kurzer Strecken wurde gezankt. Besonders im Kraichgau, wo sich zahlreiche Haupt- und Nebenrouten kreuzten[8]), waren die Veranlassungen zu Streitigkeiten häufig.

Dazu kamen Zwiste wegen des F o r s t r e c h t s. Württemberg hatte reichen Waldbesitz und verstand es, ihn durch energisches Zugreifen zu mehren. Anfängliche Beschränkung, spätere Ausschaltung fremden Nutzungsrechtes waren die Hauptmittel. Besonders ging es dem Jagdrecht der Ritterschaft zu Leibe, indem es überall ein Forstregal des Landesherrn präsumierte.

Der große Strombergwald ragte wie eine Bastion gegen pfälzisches Gebiet vor und war günstiger Ausgangspunkt für Vergröße-

---

der von Magenheim „der sagt, er heb geleit bis geen Riechen zu dem bronnen". Bis dahin gehe, wie er gehört, das Geleit des Grafen. „Doch sie alle zit da wider geredt von den herzogen, es solle nit als fern gan". St.A. St. Or. Pap. Ohne Datum. Außen von späterer Hand Inhaltsvermerk und: „mittwoch nach jubilate". Gerlach b. A. u. b. J. waren 1396—1451 Vögte in Brackenheim. Klunzinger, Zabergäu II S. 18.

[6]) Reichslehenbare Burgen Löwenstein und Wolfsölben mit Affaltrach, Mainhardt, Sulzbach, Murrhardt, Burg und Dorf Unterheinriet mit Dorf Oberheinriet. 1382 Erwerb der Hälfte als Pfandschaft, 1441 Erwerb des Ganzen durch Kauf. Stälin III, 682 f. Beschreibung des OA. Weinsberg, Stuttgart 1861, passim.

[7]) Möckmühl: 1415 von Hohenlohe. „Das Königreich Württemberg" I S. 533; Neuenstadt: 1450 von Weinsberg ebb. S. 534.

[8]) I. Alte Hauptrouten: a) Ostwestliche Richtung. 1. Nürnberg—Heilbronn—Speier mit der Gabelung Heilbronn—Wimpfen—Sinsheim—Hilsbach—Bruchsal, Heilbronn—Schwaigern—Eppingen—Bretten—Bruchsal. 2. Cannstatt—Speier; Gabelungen: Cannstatt—Vaihingen—Maulbronn—Bretten, Cannstatt—Besigheim—Brackenheim—Stetten—Eppingen—Bretten. b) Nordsüdliche Richtung. 1. Heidelberg—Besigheim; 2. Mosbach—Bruchsal.

II. Alte Nebenrouten: Mosbach—Wimpfen—Großgartach, Wimpfen—Schluchtern, Wimpfen—Schwaigern, Wimpfen—Kleingartach, Schluchtern—Brackenheim. Das Geleit war auf allen diesen Wegen pfälzisch. Ausführliche Nachrichten in „Beschreybung Moßbacher Amtsangehöriger Statt Flecken Dörffer Weyler und Höff rc." Archiv des fürstlichen Hauses Leiningen zu Amorbach 1602 Nr. XVI. Hier ein Geleitsverzeichnis von 1545, welches Erneuerung eines „älteren" ist.

rungen. Die Pfalz mit ihrem geringen Waldbesitz hatte bei dem Mangel großer Forsten im südlichen Kraichgau lebhaftes Interesse daran, daß seine einzige Möglichkeit, Wildbann und Forsthoheit zu erweitern, die Wälder um Eppingen und Maulbronn, ihm nicht von einem andern entzogen werde.

Auch die Erhaltung des Landfriedens gab Anlaß zu Schwierigkeiten. Ein Friedbrecher konnte leicht von einem Territorium in das andere wechseln, ohne daß eine Nacheile und Bestrafung möglich war, wenn der jenseitige Vogt oder Amtmann nicht wollte. Ein paar mutige Gesellen konnten ein ganzes Land ständig in Atem halten, solange sie die Möglichkeit hatten, den Rächern auf fremdes Gebiet auszuweichen.

Die Streitigkeiten beschränkten sich nicht auf die Fürstenhäuser und ihre Beamtenschaft. Die Schirmverwandten und die Untertanen nahmen lebhaften inneren Anteil daran. Gerade sie hatten ja oft auch am meisten unter den gegenseitigen Plackereien zu leiden. Es bildete sich allmählich hüben und drüben im Volk eine feindselige Stimmung heraus. Ihr Untergrund war der alte Stammesgegensatz zwischen Franken und Schwaben, der in unzähligen Neckereien, Schwänken und Geschichten zutage tritt[9]). Die Verschiebung der Landvogteigrenzen, welcher die Francia occidentalis[10]) zum Opfer fiel, das schroffe Vorgehen Württembergs, des zeitweiligen Inhabers der Landvogtei und seine Verdrängung aus diesem Paradies territorialer Wachstumsmöglichkeit hatte das feindliche Gefühl gewiß nicht gemildert. Besonders heftig mußte es werden, als es nicht mehr ins Allgemeine sich zu verlieren brauchte, sondern in dem Zwist der Pfalz und Württembergs die konkreten Vorgänge fand, an die es Tag um Tag anknüpfen konnte[11]).

---

[9]) Vgl. A. Keller, Die Schwaben in der Geschichte des Volkshumors, Freiburg 1907, S. 42 ff., 63 ff. Keller beachtet die Verschärfung des Stammesgegensatzes durch politische Vorgänge zu wenig.

[10]) S. o. S. 4 Anm. 13.

[11]) Es wäre schwer, für diese „Imponderabilien" den strikten Beweis zu erbringen, wenn nicht Ladislaus Suntheim von Ravensburg eine charakteristische Äußerung aufbewahrt hätte. „Und die von Haylprunn und Wympfen wellen nit Swaben sein. Aber Krächkeyer unnd die Krächkeyer sind Swaben. Darumb sind Hailpruner und Wympfer Swaben." Ladislaus Suntheims von Ravensburg Chroniken. St.A. St. Cod. hist. fol. nr. 258 p. 30 b; Abdruck der auf Württemberg bezüglichen Teile durch J. Hartmann in Württembergische Vierteljahrshefte VII, 125 ff. Wogegen diese beiden pfälzischen Schirmstädte sich wehren, und was der Oberschwabe triumphierend aufrecht erhält, ist der volkstümliche Ausdruck des territorialen Gegensatzes zwischen Württemberg und Pfalz.

b) **Die Fürsten und ihre „freundliche Einung" von 1485.**

Erfreulicher als mit dem Gegensatz der beiden Territorien sah es anfangs mit dem persönlichen Verhältnis zwischen Kurfürst Philipp und Eberhard d. Ä. aus, dem hervorragendsten unter den Württemberger Grafen. Schon im Reichskriege gegen Friedrich den Siegreichen hatte er sich zurückgehalten. Das gute Einvernehmen mit diesem seinem Oheim bekräftigte er am 7. April 1460 durch ein Bündnis, das später mehrmals erneuert wurde. Dessen Kern war die Bestimmung, daß Streitigkeiten jeweils durch Austräge beigelegt werden sollten[12]. Auch unter Philipp dauerte der Vertrag fort. Er wurde am 25. Mai 1480 sogar durch den Beitritt Eberhards d. J. erweitert[13], dessen Vater Ulrich seinen Angriff auf die Pfalz so hart hatte büßen müssen. Als Eberhard d. Ä. durch den Münsinger Vertrag vom 14. Dezember 1482[14] und den Stuttgarter vom 22. April 1485[15] Alleinherr in Württemberg geworden war, schloß er mit dem Pfalzgrafen und dem Herzog Jörg von Bayern am 14. Dezember 1485 eine „freundliche Einung"[16]. Die früheren Bündnisse waren für eine Anzahl Jahre gewesen. Dieses sollte auf Lebenszeit gelten. Die drei Teilnehmer versprachen sich, einander in ihrem Besitz nicht zu kränken und im Falle der Not sich mit 200 wohlgerüsteteten Mannen zu Hilfe zu kommen. Ausführliche Bestimmungen über den Austrag ermöglichten — den guten Willen der Beteiligten vorausgesetzt — die Erledigung aller Streitpunkte auf friedlichem Weg.

Die Einung sollte die guten Beziehungen aufrecht erhalten. Sie hatte aber gerade die entgegengesetzte Wirkung, wenigstens bei Pfalz und Württemberg, deren Differenzen eben zu zahlreich waren. Besonders nachdem einmal das Mißtrauen erwacht, rissen die Klagen der Einungsverwandten nicht mehr ab. Mit steigender Verbitterung wurde ein überaus lebhafter Schriftwechsel geführt[17], und die Einung schien

---

[12] Stälin III, S. 550.
[13] Ebd. S. 599.
[14] Ebd. S. 606 ff.
[15] Ebd. S. 609 f. Bei den voraufgehenden Streitigkeiten mit Eberhard d. J. hatten sich Pfalzgraf Philipp und Herzog Jörg um die Beilegung bemüht, Sattler, Graven III S. 177 ff.
[16] Steinhofer, Chronik III S. 433 f. Sattler, Graven III S. 181.
[17] Dieser ist zusammengefaßt im K. CB. 908, „Württembergische Händel de anno 1485", 319 + 2 Blätter; wenige Originalien, in der Hauptsache gleichzeitige Kopien. Eine Anzahl Originale in dem K. Pfalz, Generalia, Reichsritterschaft. Den Schwäbischen Bund betr. 1436—1494 Fasz. 5352.

Es erscheint mir bezeichnend, daß die Aufschrift des K. CB. 908 den Beginn der „Württembergischen Händel" vom Entstehungsjahr der Einung an rechnet.

schließlich nur noch den Zweck zu haben, die Parteien so nahe beieinander zu halten, daß gewiß keine Kränkung des einen Teils dem anderen entging.

Der Streit drehte sich ausschließlich um territoriale Dinge. Vielfach kamen dabei Interessen des Kraichgauer Adels in Frage. Sie machen sogar einen wesentlichen Teil der Verhandlungen aus. Mit seltener Schärfe und Klarheit treten deshalb seine politischen, rechtlichen und wirtschaftlichen Verhältnisse in dem reichlichen Urkundenmaterial zutage. Über keine Periode seiner Geschichte sind wir besser unterrichtet als über diese.

c) Der Streit um die Landesgrenze.

α) Zoll und Landwehr.

Der Gegensatz zwischen Pfalz und Württemberg trat zunächst durch des letzteren Zollpolitik hervor. So klein das Land war, besaß es doch alle Vorbedingungen einer solchen. Während die Pfalz eigentlich nur durch ihre Rheinzölle imstande war, selbständig vorzugehen, hatte Württemberg ein ziemlich geschlossenes Gebiet, durch welches zwei alte bedeutende Verkehrswege gingen [18]. Just in der Mitte des Landes, in Cannstatt, kreuzten sich die großen Routen, welche durch die Grafschaft hindurch eine ganze Anzahl von Gabelungen zur Verfügung standen. In der Landesteilung von 1442 [19] waren von den vorhandenen Zollstätten auf den „Neuffener Anteil" jene zu Cannstatt, Wangen, Zuffenhausen und Feuerbach gefallen, auf den „Uracher Anteil" jene zu Brackenheim und Vaihingen. Graf Eberhard der Ältere hatte also die Straßen von West nach Ost, Graf Ulrich die von Süd nach Nord inne. Im Jahre 1464 [20] gestattete Kaiser Friedrich seinem Schwager Ulrich die Errichtung einer neuen Zollstätte mit besonderen Zollsätzen bei der Mühle zu Berg bei Cannstatt. Er wollte ihn damit für die Verluste entschädigen, welche der Graf im Pfälzischen Krieg erlitten. Der Zweck wurde nicht erreicht, weil die betreffende Straße nicht stark genug befahren war. 1473 [21] erlaubte der Kaiser daher die Erhebung

---

[18] a) Venedig—Bodensee—Ulm—nach dem Norden. b) Augsburg—Fils= resp. Remstal—Pforzheim resp. Speier.

[19] Über diese vgl. Stälin III, 456 ff.

[20] Gratz, Jan. 21 (am pfintztag sant Agnesentag). Or. P. mit dem h. Siegel des Ausstellers. St.A. St. 124, 2, 1.

[21] Augsburg, Mai 25 (an sant Urbanstag). Or. P. mit h. Siegel d. A. Ebb. 124, 2, 1. Nun „sein wir durch denselben von Wirttemberg berichtet, daß sunst ander

des Berger Zolls an jedem Ort in der Herrschaft Ulrichs: „Es sey in stetten, dorfern oder andern befestigungen."

Die Geltung des Berger Zolls für das ganze Herrschaftsgebiet des Grafen Ulrich, die Schwierigkeit, ihn nun auch von den Waren auf jeder Straße zu erheben: beides schien besondere Maßnahmen zu fordern. Der Charakter der Straßen, welche hauptsächlich dem Verkehr von Süden nach Norden und umgekehrt dienten, legte die Lösung der Aufgabe nahe. Das Vorbild gaben die Grenzbefestigungen von Hall und Rothenburg a. T., welche schon um 1400 sich durch „Landwehren" ein einheitliches, geschlossenes Herrschafts- und Zollgebiet geschaffen hatten. Ulrich ließ die ganze Nordgrenze seines Gebiets durch einen haustiefen Graben [22]) mit vorliegendem Freilandstreifen abgrenzen. Ein Hag vervollständigte die Anlage, die keinem bewaffneten Einbruch wehren, wohl aber beladene Fuhrwerke zwingen konnte, die beiden Straßen zu benützen, die allein durch die Landwehr führten. Zwei Landtürme, bei Lauffen und Wüstenhausen, sperrten diese Durchlässe ab. Was von Heilbronn aus über Lauffen—Besigheim nach Cannstatt wollte oder die Straße Heilbronn—Beilstein—Marbach dorthin benützte, mußte hier den Berger Zoll bezahlen.

Diese Maßregel, welche aus dem mittelalterlichen Passierzoll einen Grenzzoll machte [23]), scheint sich

straffen durch sein herschaften und gebiete, da er bisher solichen zoll nit nemen lassen habe, mit kaufmanschaft und ander hantierung soviel gebraucht und gebawet werden, daß ime der vorgenant zolle zu Berge nit soviel ertragen oder erschießen möge".

Der Zoll darf von ein und derselben Ware nicht zweimal erhoben werden. Die eine Erhebung gilt für das ganze Gebiet Ulrichs.

Der Zollsatz betrug für jedes Roß, das „zentner gut zeuhet" 1 fl. Rh. und „einen alten tornuß". Sonst für das Pferd 6 Pf. der Landeswährung.

[22]) Die Beschreibung des Grabens in Beschreibung des OA. Heilbronn I. Teil (1901) S. 300 f., wo als Entstehungszeit 1344—1376 angegeben wird. Widerlegung dieser Annahme und Besprechung der Landwehr durch F. Hertlein in Blätter des Schwäbischen Albvereins, 14. Jahrgang (1902) S. 391. Auch er setzt die Errichtung der Landwehr noch zu früh: „nicht später als in die Mitte des 15. Jahrhunderts". Ebd. S. 394. Sein einziger Grund: die Zahl der Geweihenden in einem württembergischen Wappen am Wüstenhausener Landturm, welche „seit etwa Mitte des 15. Jahrhunderts" anders fixiert wurde, ist nicht zwingend. Wir gehen wohl nicht fehl, wenn wir unter den „anderen Befestigungen" der Kaiserurkunde von 1473 eben die Landwehr mit ihren Zolltürmen verstehen. — In der Nähe der Anlage befand sich — zwischen Heilbronn und Sontheim — schon seit 1439 ein „Landgraben". Beschr. des OA. Heilbronn II, S. 448. Er war städtische Befestigung.

[23]) Man sieht daraus, wie vorsichtig man sein muß, wenn man die eine oder die andere Zollart prinzipiell einer Periode zuteilen will. Prohibitivzoll schuf Ulrichs Einrichtung allerdings keinen.

bewährt zu haben. Sobald Eberhard d. Ä. im Jahre 1482 Regent des Neuffener Anteils geworden war, verriegelte er auch den Nord—Südweg links des Neckars, indem er 1483 auf dem Ostende des Heuchelbergs einen Wartturm errichtete und von diesem aus der Nordheimer Markungsgrenze entlang einen Landgraben zum Neckar zog [24]). Nun bildete die Landwehr ein einheitliches Werk von 22 Kilometer Länge, welches in drei Abteilungen — Heuchelberg—Neckar; Neckar zwischen Nordheim und Lauffen; Lauffen—Bohenlohe — die Nordgrenze des Landes abschloß. Rechten Nutzen konnte die mühevolle Arbeit aber nur dann bringen, wenn die Umgehung der Zollinie um Heuchelberg und Stromberg herum unmöglich gemacht wurde, d. h. wenn das Territorium gegen die Pfalz hin gleichfalls einen Grenzschutz erhielt.

Dies scheint 1483 schon beabsichtigt gewesen zu sein, als der Wartturm auf der Ostseite des Heuchelbergs gebaut wurde. Denn für die nächste Fortführung des Landgrabens, dessen Zug durch Weinberge und Äcker nicht geringe Kosten und Schwierigkeiten gemacht hatte, mußte sich der lange, waldbedeckte Rücken des Heuchelbergs besonders empfehlen. Er war Markscheide für die Gemeinden des Zabergäus und Leintals und trug einen mit dem Grenzzug häufig zusammenfallenden Höhenweg. Mit Entschädigungen brauchte man unter diesen Umständen nicht hoch zu greifen. Die einzige Schwierigkeit konnten etwa vorhandene fremde Wildbänne sein.

β) *Forstrecht und Landwehr. Das Kloster Maulbronn und das Jagdrecht der Kraichgauer Ritterschaft.*

Über den Heuchelberg hinaus war dem Landgraben der Weg durch Anteile gewiesen, welche die württembergischen Dörfer Michelbach, Ochsenburg und Leonbronn an einem südwestlichen Ausläufer des Gebirges, dem Bergwald Hart, besaßen. In Sternenfels hätte die Landwehr das Westende des Strombergs berührt.

Entlang dieser projektierten Linie beginnen nun gleich nach Vollendung der Strecke Nordheim—Heuchelberger Warte die Bemühungen Württembergs, seine Forsthoheit auch dort durchzusetzen, wo es sie noch nicht besaß. Es lieferte dabei ein klassisches Beispiel dafür, wie so etwas vom Fürstentum des ausgehenden Mittelalters angefaßt wurde. Zunächst ging es an Maulbronn. Es gelang zwar nicht, das Kloster ganz zu verdrängen; 1485 aber erreichte es wenig-

---

[24]) S. die o. Anm. 22 angezogenen Bücher. Dazu Hertlein in „Blättern des Schwäbischen Albvereins", 15. Jahrgang S. 90.

stens gleichen Anteil mit Maulbronn an der Jagdgerechtigkeit im Bezirk
„die Kraich" ²⁵). In dem Vertrag, den Württemberg und Maulbronn
hierüber schlossen, wurde mit keinem Worte erwähnt, daß die um=
wohnende Ritterschaft ein Recht auf die Jagd im
genannten Bezirk hatte. Auch seines Schirmherrn des
Pfalzgrafen hatte der Abt von Maulbronn nicht gedacht. Württem=
berg glaubte sich jedenfalls durch die Wahl des Schiedsrichters, des
pfälzisch gesinnten Deutschmeisters Reinhard von Neipperg, und durch
die Beiziehung des Vogtes von Bretten, Jörg Gölers von Ravensburg,
gedeckt.

Es tat nach Abschluß des Vertrags sofort, als ob es ein Allein=
recht auf den Forst erlangt hätte, und verwehrte der Ritterschaft sowie
dem pfälzischen Faut zu Bretten das Jagen. Der erhob zwar beim
württembergischen Forstmeister am Stromberg dagegen Protest ²⁶),
erreichte damit aber ebensowenig als auf einem Tag in Eßlingen und
durch seine Briefe an Graf Eberhard ²⁷).

Der Streit ging nun an die Fürsten selber und hat auf den Tag=
satzungen und im Schriftwechsel der folgenden Zeit eine Rolle ohne
Ende gespielt — und dies, obgleich sie bald die Angelegenheit einem
besonderen Schiedsgericht mit Wilhelm von Urbach an der Spitze über=
geben hatten. Auch der Vogt und der Forstmeister führten den Kampf

---

²⁵) Zwischen Sternenfels, Diefenbach, Freudenstein und Derdingen. 1485 Sep=
tember 28 (mitwoch nach sant Maurizen tag). K. CB. 908 unfol. Blatt. Der Deutsch=
meister Reinhard von Neipperg ist Schiedsrichter. Der Bezirk wurde gemeinsam
versteint.

²⁶) 1486 Mai 26 (fritag nach Urbani). K. CB. 908 Fol. 243. Das Jagdrecht
wird für die Pfalz beansprucht, weil der Forst in ihrem Land und Geleit liege.

²⁷) 1486 Oktober 11 (mitwoch nach Dionysi areopag.). Ebd. Fol. 245; beruft sich
auf die seitherige Jagdausübung durch die Ritterschaft und die pfälzischen Beamten.
Göler jagt auch weiter trotz der Beschwerde Graf Eberhards von 1486 Oktober 29
(sonntag nach Simon und Judä). Ebd. Fol. 246. 1486 Dezember 31 (sonntag vor
dem heiligen jars tag 1487), ebb. Fol. 247, frug Graf Eberhard an, ob Göler für
seine Person oder von Amts wegen jage, und erhielt zur Antwort (ebb. Fol. 247):
„Nu ist nit minder, ich hette das von mir selber nach altem herkomen miner eltern
und min zutun, dan es dick also von inen und mir, auch andern rittern und
knechten, die das haben mogen erlangen, herbracht und bejagt worden ist, als ein
gemein birsch. Ich kan aber wol versten, daß uwer gnad meinung ist, ein wil=
pand da zu machen, den mit gewalt hanthaben. Nu bin ich ein armer gesell; ist
meiner meinung und gelegenheit nit, mich allein gegen u. g. des wilpands halb in=
zulegen und han also uß pflichten mins ampts und eids an den enden und gezirk,
die in mins gnedigsten herrn furstentum und gleit straßen liegen, gejagt."

auf eigene Fauſt weiter ²⁸); der Forſtmeiſter ging ſo ſcharf ins Zeug, daß nach wenigen Jahren kein Adeliger mehr in dem neuen Bannwald zu jagen wagte ²⁹). Doch zog ſich der Zwiſt noch manches Jahr hin ³⁰). Das Hinauszögern der Entſcheidung hatte die Wirkung, daß Graf Eberhard lite pendente nicht daran denken konnte, in jener Gegend einen Landgraben zu ziehen. So ſprach er vorerſt nur davon, die Strecke Heuchelberger Warte—Sternenfels mit dem Grenzſchutz zu verſehen. Aber auch hier ſollte er keinen Erfolg haben.

γ) **Forſtrecht und Landwehr. Fortſetzung. Die Neipperger und ihr Beſitz.**

Quer über die Mitte des Heuchelbergs lag das Gebiet der Herren von Neipperg. Nördlich des Höhenzugs lag ihr ummauerter Flecken Schwaigern mit ſeinem feſten Schloß und ſeiner bedeutenden Gemarkung. An den Südhängen des Heuchelbergs waren die großen Weinberge der Herrſchaft und ihrer Untertanen. Sie befanden ſich zwar größtenteils auf Neipperger und Nordheimer Gemarkung, bildeten aber einen räumlich faſt geſchloſſenen Verband, der unmittelbar an die Schwaigerner Mark grenzte. Über dem Weindorf Neipperg erhob ſich die namengebende Burg des Geſchlechtes ³¹). Ein Saumpfad ³²) und ein Fahrweg ³³) verbanden die beiden Orte.

---

²⁸) So ließ Jörg Göler im Kraichwald Häge machen, welche der Sternenfelſer Forſtwart wieder zerhieb. Göler an den Pfalzgrafen 1488 April 30 (mitwoch nechſt nach jubilate). Ebd. Fol. 252 b f. und Bartholomäus Lutz, Forſtmeiſter, an Göler 1488 Mai 7 (mitwoch nach ſontag cantate). Ebd. Fol. 248 b f.

²⁹) Göler an den Pfalzgrafen, 1491 März 26 (ſamſtag palmabent). Ebd. Fol. 250. „ſuſt weiß ich itzt nit irrung an mim ampt mit Wirtemberg dan an der Kreich und die holtzer die dan daran ſtoſſen, das dan je und je langer dan menſchen gedechtniß ein gemein birſch geweſt und alle ritter und knecht in der art, die es haben mogen erlangen, daran gejagt; aber ich ſehe ir keinen mer darzu tun, dan ſie ſint alle von mim herrn grave Eberharten daruß getrungen. Er will das auch ſtrax von keinem mehr liden da in zu jagen."

³⁰) Er iſt 1495 noch nicht zu Ende. S. u. S. 135.

³¹) Schwaigern war württembergiſches, Neipperg würzburgiſches Lehen. In Neipperg hatte Württemberg Anteile an Burg und Beſitz als Pfand von den Weinsberg (1321 April 4, Albrecht, Weinsbergiſches Urkundenbuch I, S. 95 f. Mſc. K. Landesbibliothek Stuttgart) und durch Kauf von Reimboto v. Neipperg (1331 April 3. St.A. St. Brackenheim W.). Abgetrennt lagen ſüdlich vom Heuchelberg Burg und Dorf Klingenberg und die Stadt Bönnigheim.

³²) Die „Eſelsſteig", welche die grundherrl. Bannmühle in Schwaigern mit Neipperg verbindet.

³³) Auf Neipperger Seite „der Kärcher" genannt.

In Schwaigern übten die von Neipperg seit 1432[34]) den Blutbann aus. Sie gaben ihm dadurch Ausdehnung auf ihr ganzes Gebiet, daß sie die sonstwo gefangenen Übeltäter nach Schwaigern brachten und dort richteten[35]).

1486 erhielten die Neipperger von Kaiser Friedrich[36]) das Recht, zwei Jahrmärkte und einen Wochenmarkt in Schwaigern abzuhalten. Dort befanden sich auch die großen Keller und Fruchtkästen der Herrschaft, nach denen die Jahresergebnisse aus den kleineren Ortschaften abgeführt wurden.

Für Kriegszeiten war Schwaigern, das seit der Neuanlage am Anfang des 15. Jahrhunderts[37]) große Sicherheit bot, Zufluchtsort für die ganze Umgegend geworden.

Ein Landgraben auf dem Heuchelberg mußte dieses politisch, jurisdiktionell und wirtschaftlich geschlossene Gebiet entzweischneiden und damit als selbständiges Wesen vernichten.

Auch hier versuchte Württemberg durch Aneignung des Jagdrechts dem Landgraben vorzuarbeiten. Auf der Markung Schwaigern sowohl wie auf der von Neipperg gehörte früher aller Waldbesitz der Herrschaft[38]). Von Reimboto von Neipperg[39]) hatte Württemberg später drei Waldgewanne[40]) erworben. Hier war die Jagd von Württemberg und Neipperg gemeinsam ausgeübt worden. Am übrigen Heuchelberg, zwischen Großgartacher Warte und dem Weg Kleingartach—Pfaffenhofen, hatten die Neipperg allein das Jagdrecht. Ebenso war es an der Leinburg bis zum Weg von Kleingartach auf den Ottilienberg. Im Wald von Stetten, der an die Eppinger Hart grenzte, jagte der Adel mit Ausschluß Württembergs. Die Lauffener Halde am Neckar

---

[34]) Juni 30. Verleihung durch Kaiser Sigismund. W. Altmann, Die Urkunden Kaiser Sigismunds. Regesta Imperii XI, Bd. II Nr. 8657.

[35]) „und die von Niperg es also herbracht lenger dan menschen gedechtniß, daß sie ein übeltetter, den sie zu Niperg fahen, heruber uber den Huchelberg gein Swaigern furen und da berechtigen mechten." „Handlung zůschen minem gnedigsten hern pfalzgraven kurfürsten etc. und grave Eberhart von Wirtenberg dem eltern uf dem kuniglichen dag zu Mulbron uf monbag nach Margrete ao etc. XLII." K. E.B. 908 Fol. 75.

[36]) Febr. 12. S. o. S. 5 Anm. 23.

[37]) Aus dem langgestreckten Straßendorf war eine geschlossene Siedelung auf quadratischem Grundriß geworden.

[38]) Die Schwaigerner „Fürhölzer" sind zu Wald angeflogener Ackerbesitz der Bauern. Das kleine Stück Neipperger Gemeindewald gehörte noch im 17. Jahrhundert der Herrschaft.

[39]) S. o. Anm. 31. R. verkaufte damals auch seinen Schwaigerner Besitz.

[40]) „Zimmerer Berg", „Warmuts hölzlin", „Lochwald".

gegen Klingenberg war Neipperg und Württemberg wieder gemeinsam [41]). Besonders jagdlustige Glieder der Familie, wie der Deutschmeister und sein Vetter Wendel von Neipperg, hatten sich die Birsch auch auf dem württembergischen Teil des Heuchelbergs vom Grafen erbeten.

Der Jagdbezirk war nicht bedeutend — wie der ganze Neippergische Besitz; aber beides sprang in das Brackenheimer Amt weit vor und ließ Württemberg nicht zur Abrundung dieses wichtigen Gebietsteiles kommen. Schon einmal [42]) hatte die Grafschaft mit den Neippergern einen heißen Kampf darum geführt, welcher durch pfälzische Hilfe mit einem Sieg des Rittergeschlechtes geendet hatte. Auch in diesem neuen Kampf sollte der Schirm des Pfalzgrafen die Rettung bringen.

Die zwei tüchtigsten Glieder der Neippergschen Familie waren damals Engelhard II. und Reinhard IV. Engelhard II. war der Sohn Reinhards III., der in der Armagnakenzeit Unterlandvogt im Elsaß war. Er war früh in den Dienst der Pfalz getreten, war 1460 Vogt zu Heidelberg, 1473 Marschall geworden [43]). An allen großen politischen und militärischen Ereignissen unter Friedrich dem Siegreichen hatte er Anteil gehabt [44]). 1477 war er Amtmann zu Bacherach [45]). Auch noch in höherem Alter wurde er zu den Geschäften der Pfalz zugezogen [46]). Sowohl beim Kurfürsten als bei der Ritterschaft muß er in hohem Ansehen gestanden sein.

---

[41]) Verzeichnis der Orte, an denen die Neipperger das Jagen beanspruchen, und der Zeugen, welche darüber befragt werden sollen. K. CB. 908 unfol. Blatt zwischen 167 u. 168.

[42]) 1429—37.

[43]) K. CB. 812 Fol. 204. Als Sitz erhielt er Schloß Winzingen bei Neustadt a. d. H.

[44]) Zeuge der Arrogation und der Zustimmung Philipps 1463 März 12, Kremer S. 285, 289. Teilnehmer an den Kämpfen bei Wüstenhausen (OA. Weinsb.), 1460 April 30 (Eikhart, Arzt, Chronik von Weissenburg Fol. 29. Hrsg. von C. Hofmann, Quellen und Erörterungen Bd. II, 176 f.), Pfedersheim 1460 Juli 4 (Kremer S. 199 f.), Seckenheim 1462 Juni 30, wo er zum Ritter geschlagen wurde (Kremer S. 299 Anm. 2), Wachenheim 1471 Juni 5 (Michel Beheims Reimchronik. Hrsg. von C. Hofmann in Quellen und Erörterungen Bd. III, 217 ff.).

[45]) Franck, Geschichte der ehemaligen Reichsstadt Oppenheim, Urkundenbuch Nr. 203. 1482 war E. Bürgermeister in Oppenheim. Ebd. S. 223.

[46]) 1488 von Pfalzgraf Philipp beauftragt, die Mannen der Grafschaft Löwenstein ihrer Lehenspflicht gegen Pfalz ledig zu sagen. K. CB. 1006 Fol. 374. 1490 bei der Teidigung zwischen Graf Heinrich von Württemberg und Jac. von Kaisamhausen als pfälz. Rat zugegen; Steinhofer, N. Wirt. Chronik III, 501 f.

Sein Besitz war verhältnismäßig groß⁴⁷), und er verstand es, ihn auch noch auf andere Weise als die herkömmliche des Lehenerwerbs zu vermehren⁴⁸). Engelhard hatte einen lebhaften Familiensinn, den er auch unter persönlichen Opfern betätigte⁴⁹).

Reinhard von Neipperg trat in den Deutschorden. 1470 war er Kommentur zu Blumental⁵⁰); 1483 wurde er Deutschmeister⁵¹). Als solcher stärkte er die Stellung des Ordens am unteren Neckar⁵²) ganz wesentlich, indem er durch Tausch das Schloß Scheuerberg mit der Stadt Neckarsulm und den Dörfern Erlenbach, Binzwangen, Kochertürn, Gelmersbach, Ödheim und Lautenbach von Mainz erwarb⁵³). Der Deutschorden wurde dadurch für die Pfalz und Württemberg zum achtunggebietenden Nachbar.

Reinhard folgte dem Beispiel, das ihm sein Vorgänger aus dem kraichgauischen Adel, der pfälzische Rat⁵⁴) und Deutschmeister Jost

---

⁴⁷) Ein Viertel an der Stadt Bönnigheim, Lehenbrief von 1460 Nov. 11, St.A. St. Lehenleute; Anteil an Neipperg, Lehenbrief von 1465 April 21, Gräfl. Arch. Schwaigern XI, K. 12; an Schwaigern, Lehenbrief von 1483 Juni 6, Revers im St.A. St. Lehenleute; das Dorf Adelshofen, f. u. Anm. 49; Zehntenanteil und einen Hof zu Schabhausen, sowie Anteil an Michelfeld, Lehenbrief von 1489 August 8, St.A. Darmstadt, Hessen-Katzenellenbogen, Lehenbuch I, 2 Fol. 35; Besitz in Altwiesloch, 1494 Juli 4, Würdtwein, Chronicon diplom. Monasterii Schönau Nr. 91; und Anteil an der Burg Grevenstein, dem Burgstadel Obergrevenstein und dem Dorf Erstal, Lehenbrief der Grafschaft Leiningen 1482 Mai 29, Gräfl. Arch. Schwaigern XXVI, B. 5 a. Dazu kam von seiner Frau Elisabeth von Hohenstein Oberorßweiler (bei Schlettstadt), 1467 Dezember 22. K. CB. 812 Fol. 125 f.

⁴⁸) An der starken montanen Bewegung der Pfalz beteiligte er sich durch Erwerb von Grubenanteilen; Bergwerk in Oberorßweiler bis 1467, f. o. Anm. 47, Anteil am Bergwerk Kollenberg zu Hohensachsen (bei Weinheim), 1474 November 19. K. CB. 812 Fol. 282 ff.

⁴⁹) Nachdem Kurfürst Philipp ihm die Windeck über Weinheim mit reichen Einkünften und besonderen Vergünstigungen als eine Art Ruhesitz angewiesen hatte (1491 Januar 20, K. CB. 818 Fol. 92 ff. und 1491 November 22. Ebd. Fol. 158), setzte er „uß sunderlicher neigung und fruntschaft, die ich han zu den vesten Eberharten und Wilhelmen von Nipperg, gebrudern, minen lieben vettern, und iren kindern und unser aller namen und stammen zu nutz und uffgang" die genannten in den Besitz seiner Anteile an Schwaigern, Neipperg, Bönnigheim und des ganzen Dorfes Adelshofen ein; 1491 April 4, Gräfl. Arch. Schwaigern XIII, G. 4. Engelhard starb 1495.

⁵⁰) 1470 Juli 4. St.A. St. Lehenleute.

⁵¹) 1483 April 9, Zeitschr. des Hist. Vereins f. d. Wirtemb. Franken V, S. 352.

⁵²) Kommende Heilbronn mit Sontheim, Burg Horneck mit der Stadt Gundelsheim und den Dörfern der deutschen Ebene, Burg und Dorf Kirchhausen, Burg Stocksberg mit dem Dorf Stockheim.

⁵³) 1483 April 9 f. Anm. 51.

⁵⁴) 1450 Juni 22, K. Menzel, Regesten zur Geschichte Friedrichs des Siegreichen, Quellen und Erörterungen Bd. II 216 ff.

von Venningen gegeben: er stand in engem Verhältnis zur Pfalz und war als Schiedsrichter in pfälzischen Streitigkeiten, besonders solchen mit Württemberg⁵⁵), beliebt. Auch er hielt eng mit seiner Familie zusammen. Sein Bruder Eberhard war eine Zeitlang sein Hofmeister⁵⁶). Bei Zwistigkeiten der Verwandten riefen sie sein Urteil an⁵⁷).

Zu dem starken Rückhalt, welchen die enge Verbindung zweier einflußreicher Männer von lebhaftem Familiengefühl mit dem Kurfürsten und Pfalzgrafen geben mußte, kam noch das Ansehen, welches Wilhelm von Neipperg, der vorzügliche Landhofmeister der Markgrafschaft Baden, genoß⁵⁸). Wenn Graf Eberhard von Württemberg Neippergsche Forstrechte verletzte, so war das keine quantité négligeable.

δ) Forstrecht und Landwehr. Schluß. Württembergs Angriffe.

Im Jahre 1486, vielleicht auch schon 1485, begannen die Schikanen der württembergischen Beamten gegen die Neipperger⁵⁹). Persönliche Vorstellungen bei dem Grafen hatten keinen Erfolg. Sie erhielten überhaupt erst eine Antwort, als Engelhard und Eberhard von Neipperg sich vor dem Pfalzgrafen zu Recht erboten⁶⁰) und dessen Schirm

---

⁵⁵) 1483 April 23. Schiedsrichter zwischen Pfalz, Maulbronn einerseits, Württemberg andererseits, K. Klunzinger, Urkundl. Geschichte der vormaligen Cistercienserabtei Maulbronn 1854. Beilagen S. 58. Ebenso 1485 September 28. K. CB. 908 unfol. Blatt. 1484 Januar 22. Kaiserl. Kommissar in einer Heilbronner Sache, J. H. Harpprecht, Staatsarchiv des Kaiserl. ... Kammergerichts ꝛc. Bd. I (1757) S. 308. 1486 Februar 4 reitet er mit Pfalzgraf Philipp zur Wahl Maximilians in Frankfurt ein. Priebatsch, Korresp. des Kurf. Albrecht Achilles III, 518. Cf. auch Zeitschr. Oberrhein 36, S. 335.

⁵⁶) K. CB. 908 Fol. 167.

⁵⁷) Z. B. 1470 Juli 4 bei einem Streit über die Waldungen auf dem Heuchelberg. St.A. St., Neipperg.

⁵⁸) Vgl. O. Gierke, Badische Stadtrechte und Reformpläne des 15. Jahrhunderts, Zeitschrift Oberrhein N. F. III.

⁵⁹) Der württembergische Teil des Heuchelbergs gehörte in das Forstamt Stromberg (St.A. St. Forstlagerbuch de ao 1556, das auf älterer Vorlage beruht) und die Vogtei Brackenheim.

⁶⁰) 1487 Januar 20 (uf sant Sebastians tag) Engelhard und Eberhard von N. an Graf Eberhard. K. CB. 908 Fol. 160. In seiner Antwort vom 19. Februar (es ist montag vor mathie zu lesen anstatt m. v. matthei. Ebd. Fol. 160 b) rechtfertigt der Graf das Vorgehen seiner Beamten mit der Behauptung, der Wildbann auf dem Heuchelberg sei sein. Die beiden Vettern widersprechen dem am 7. März (uf mitwoch nach dem sontag invocavit. Ebb. Fol. 160 b f.) und erbieten sich von neuem zu Recht.

anriefen. Damit machte aber die Angelegenheit keinen Schritt vorwärts. Ein Hag, den die Neipperger um ihren Wald errichtet hatten, wurde von württembergischer Seite kurzerhand zerstört. Erst im September hatte ein energisches Schreiben des Pfalzgrafen mit ausdrücklicher Berufung auf die Einung⁶¹) den Erfolg, daß Graf Eberhard in den rechtlichen Austrag willigte⁶²). Man muß sagen, daß Philipp sich seiner Schirmverwandten mit Nachdruck annahm. Er kam im Herbst in Person, um den strittigen Bezirk in Augenschein zu nehmen, und sprach dem Württemberger nochmals brieflich seine Überzeugung aus, daß die Neipperger im Recht seien⁶³). Ein durch Hans Spät von Estetten vermittelter gütlicher Tag⁶⁴) scheint resultatlos verlaufen zu sein. **Inzwischen bereiteten sich andere Ereignisse vor, welche die Aufmerksamkeit der Fürsten ablenkten.** Vergessen wurde die Jagdangelegenheit trotzdem nicht. Immer wieder taucht sie in der Folgezeit auf. Als ein Punkt unter vielen erscheint sie freilich erst dann, als der mehrfach gescheiterte Versuch der beiden Fürsten, den Zwist durch persönliche

---

— Im Laufe des Sommers kam Graf Eberhard nach Heidelberg, wo er den Jagdstreit so darzustellen suchte, daß die Neipperger zur Zeit, da sie das obere Zabergäu als Pfandbesitz innegehabt — vor 1429 —, die Jagd auf dem Heuchelberg als württembergisches Pfand ausgeübt, später aber nicht mehr besessen hätten. Zum Beweis legte er den Revers Wendels von Neipperg und des Deutschmeisters vor, den sie über die Jagderlaubnis auf württembergischem Gebiet ausgestellt hatten. St.A. St. Pfalz, C 1 Blatt 8 „Verzeichnus der werbung so min. gnediger Herr an den pfalzgraven getan hat zu Heidelberg. s. d. Die Datierung ergibt sich aus Graf Eberhards Schreiben vom 2. November, s. Anm. 63.

⁶¹) 1487 September 5 (uf mitwoch nach Egibii). K. CB. 908 Fol. 163.

⁶²) 1487 September 20 (an sant Mattheus abent apli). Ebb. Fol. 213 f. Da Graf Eberhard hier von dem Wildbann als seinem väterlichen Erbe spricht, aus welchem ihn die Neipperger verdrängen wollten, bemerkten diese mit guter Ironie in einem Schreiben an den Pfalzgrafen vom 28. September 1487 (fritag nach fronfasten. Die Beziehung auf Graf Eberhards Brief ergibt, daß Herbstquatember gemeint ist. Ebb. Fol. 164): „Wir weren auch vil zuclein, sin gnaden sin vetterlich erb zunemen."

⁶³) Die Antwort Graf Eberhards vom 5. November (montag nach allerheiligen tag. Ebba. Fol. 166 ff.) zeigt, wie kräftig Philipp muß gesprochen haben. Zwar beruft auch sie sich nochmals auf die Reverse des Deutschmeisters und seines † Vetters Wendel, deren allgemein gehaltene termini wie „jagen am huchelberg" auf das äußerste gepreßt werden, aber am Schluß wird doch wenigstens die Möglichkeit zugegeben, „daß die von Nipperg etwas gerechtigkeit haben" könnten. Graf Eberhard hebt noch der Neipperger altes Rats-, Dienst- und Lehensverhältnis zu Württemberg hervor und drängt selber auf beschleunigten rechtlichen Austrag.

⁶⁴) Graf Eberhard an den Pfalzgrafen, 1487 November 25 (an sant Katherinen tag), K. CB. 908 unfoliiertes Blatt zwischen Fol. 167 und 168.

Verhandlungen zu erledigen⁶⁵), aufgegeben wurde und man auf Vorschlag des Grafen Eberhard die Räte damit betraute⁶⁶).

§ 2. Die Pfalz und der Schwäbische Bund.

a) Von der Gründung des Bundes bis zum Spezialmandat des Kaisers an die Kraichgauer.

Im Reich war es zu einer wichtigen Verschiebung der Machtverhältnisse gekommen. Nach einer Periode tiefster Erniedrigung, in welcher Kaiser Friedrich III., aus seinen Erblanden vertrieben, bei den schwäbischen Reichsstädten „herumgeatzt" wurde, gaben ihm zwei Geschehnisse Ansehen und Einfluß, wie er sie vorher nie besessen. 1486 war sein Sohn Maximilian zum römischen König gewählt¹) worden, und im folgenden Jahr gelang es dem Kaiser in Nürnberg, den Grund zum Schwäbischen Bund zu legen²). Die Anfänge dieses wichtigsten Land-

---

⁶⁵) Der Pfalzgraf an G. Eberhard 1488 August 10 (uf sant Laurenz tag). Ebd. Fol. 159; schlägt als Termin für den „jüngst zu Heilbronn" verabredeten „Augenschein" am Heuchelberg den 25. August (montag nach sant Bartholomeus tag schierst) vor. Am 22. August (fritag nach assumptionis Marie, ebd. Fol. 158 b) bittet Philipp, den angesagten Tag auf den 9. September („uf dinstag zunacht nach nativitatem Marie nechstkompt zu Sweigern") zu verlegen, was dem Grafen wieder nicht paßte. Er schlug einen Tag nach dem 16. Oktober (St. Gallus) vor; 1488 August 24 (Brackenheim, uf sontag sant Bartholomeustag apli). Ebd. Fol. 168 f. Der Pfalzgraf stimmte zwar zu und machte den 20. Oktober (montag nach st. G.) namhaft (1488 September 1, uf Egidi ebd. 169), aber auch dieser Termin wurde - diesmal durch Schuld des Grafen Eberhard, f. Anm. 66 — nicht eingehalten.

⁶⁶) Graf Eberhard an Philipp 1489 Januar 26 (montag nach Pauli conversionis). Ebd. Fol. 169 f. Graf Eberhard war durch die Versammlung des Schwäbischen Bundes in Gmünd am Erscheinen (f. Anm. 65) verhindert. Den Termin für einen Augenschein durch die Räte soll Philipp bestimmen. Philipp an Graf Eberhard, 1489 Februar 1 (uf sontag Brigide), ebd. Fol. 158, stimmt zu. Graf Eberhard an Philipp, 1489 Februar 5 (an sant Agtentag), ebd. Fol. 170; bittet Philipp um Festsetzung des Termins für den Augenschein und gütliche Verhandlungen. Philipp an Graf Eberhard, 1489 Februar 10 (uf dinstag nach Appolonia), ebd. Fol. 159; gibt als Termin für den Augenschein den 24. März (dinstag nach dem sontag oculi).

¹) Über die Auffassung von Maximilians Königswahl: Ulmann in „Forschungen zur deutschen Geschichte" XXII, S. 133 und in f. „Kaiser Maximilian I.", Bd. I S. 6. Wenn auch Friedrich III. die Wahl seines Sohnes nicht betrieben und nur zögernd eingewilligt hat, so behält doch das Ereignis seine glückliche Bedeutung für die Stellung des Kaisers.

²) Über den Bund: K. Klüpfel, Urkunden zur Geschichte des Schwäbischen Bundes, Bibl. des Lit. Vereins in Stuttgart XIV (1846). In der Einleitung V ff. Darstellung und ältere Literatur. Ch. Fr. Stälin, Wirt. Geschichte III, 615 ff. K. Klüpfel, Der

friedensschutzes sind bekannt. Uns interessieren hier im Zusammenhang nur drei Momente.

Einmal war es für die Kraichgauer Ritterschaft von größtem Interesse, daß der Kaiser mit seinem Bunde die Idee Sigismunds verwirklichen und die kleineren Reichsstände zu einem Gegengewicht gegen die Fürsten vereinigen wollte. An die Prälaten, Grafen, Herren, Ritterschaft, Adel und Städte Schwabens wandte sich das Ausschreiben des Kaisers vom 4. Oktober 1487[3]). Es beschränkte den Bund auf Schwaben just aus dem Grunde, **weil es dem Kaiser und dem Reich „ohne alle Mittel" unterworfen war und „keinen eigenen Fürsten noch sonst jemand besaß, welcher ein gemein Aufsehen darauf gehabt hätte"**[4]). Wenn es sich auch nicht verhindern ließ, daß schon sehr bald Reichsfürsten in den Bund eintraten und damit sein Charakter verschoben wurde, so ändert das doch nichts an der ursprünglichen Tendenz.

Ein zweites hervorstechendes Merkmal war die vom Kaiser angestrebte Ausschließlichkeit des Bundes. Alle andern Bündnisse und Einungen sollten damit aufgehoben, alle eingegangenen Verpflichtungen gelöst sein. Die Städte setzten es durch, daß nur jene Bündnisse verboten und abgetan sein sollten, welche dem neuen Bund entgegenstünden. Der Kaiser wußte diesem Passus der Bundesakte noch einen Zusatz anzufügen, der auch ihn ausnahm und seine Obrigkeit vorbehielt.

Zum dritten brachten es die Zeitumstände mit sich, daß dem Bunde

---

Schwäbische Bund, Historisches Taschenbuch 1883, 1884. P. F. Stälin, Geschichte Württembergs Bd. I, 2 (1887) S. 690 ff. S. Riezler, Geschichte Bayerns Bd. III (1889) S. 495 ff.; Ofann, Zur Geschichte des Schwäbischen Bundes, Gießen 1861; P. Schweizer, Vorgeschichte und Gründung des Schwäbischen Bundes, Zürich 1876.

[3]) Datt, De pace i. publica, S. 272 f.

[4]) Chr. F. Stälin, S. 618. Über den ursprünglichen Charakter des Bundes: Roth v. Schreckenstein, Gesch. der Reichsritterfch. II, S. 95. — Wenn unter den ersten Mitgliedern des Schwäb. Bundes Herzog Sigmund von Österreich und Graf Eberhard von Württemberg erscheint, so ist das kein Gegengrund. Sigmund war Bundesmitglied nicht als Herzog von Österreich, sondern als Landvogt in Schwaben, und Eberhard war nominell kein Reichsfürst, mochte er sich auch einen „Fürstenmäßigen" nennen und fürstliche Macht besitzen (das Verzeichnis der ersten Mitglieder: Chr. F. Stälin, S. 621 f.). Die beiden wurden erst aufgenommen, als Adel und Städte sich schon in der Hauptsache geeinigt hatten. Die Urkunde der Gesellschaft vom St. Georgen Schild (1463 März 10) hat dem zweiten Teil der Bundesverfassung als Vorlage gedient. Das Abzeichen dieser Rittergesellschaft wurde Bundeswappen. Das zeigt deutlich den vorwiegenden Einfluß des Adels. Auch beim Eintritt Herzog Sigmunds hat er sich geltend gemacht; dieser scheint „wesentlich unter dem Druck der Ritterschaft gehandelt zu haben". P. F. Stälin, S. 694 f..

von vornherein eine Tendenz gegen das Haus Wittelsbach innewohnte. Der Bund war eine kaiserliche Gründung⁵) und damit schon als Vormauer gegen das Fürstenhaus gedacht, welches in seiner pfälzischen Linie dem Kaiser durch die ständige Opposition der Kurfürsten Friedrich und Philipp mehr als unbequem und in seinem bayrischen Zweig ein gefährlicher Nachbar des österreichischen Hausbesitzes war⁶). Indem die Herzöge Albrecht und Georg ihre Hände nach den österreichischen Vorlanden und der Landvogtei in Schwaben ausstreckten, wurden sie aber auch für die schwäbische Ritterschaft und die schwäbischen Städte eine drohende Gefahr. Aus der Interessengemeinschaft mußte notwendig eine Kampfstellung gegen Bayern und seinen Hauptrückhalt, die kaiserfeindliche Pfalz, hervorgehen.

Diese Tendenz des Bundes blieb dem Hause Wittelsbach nicht verborgen. Schon im Juni 1487 schlossen Kurfürst Philipp, Herzog Albrecht und Herzog Georg zu Ingolstadt⁷) einen Vertrag, wonach dem Angegriffenen mit der gesamten Macht zu Hilfe zu kommen war und kein Teil ohne die beiden andern Friedensverhandlungen anstellen durfte.

Am 14. Februar 1488⁸) konstituierte sich der Schwäbische Bund. Noch fehlten aber einige schwäbische Stände, die mit ihrem Beitritt zögerten. Der Kaiser erließ deshalb am 16. April von Köln aus ein Gebot an Prälaten, Grafen, freie Herren, Ritter und Knechte der Gesellschaft St. Jörgen Schilds, an die Reichsstädte, gemeinen Hauptleute „und sust allen andern unsern und des heiligen richs undertanen und getruwen, so in dem land zu Schwaben gesessen, in was wirden, stats oder wesens die sint"⁹). Binnen 15 Tagen sollten die Zurückgebliebenen bei einer Strafe von 100 Mark Goldes ihren Beitritt vollziehen. Aller entgegenstehenden Bündnisse und Verpflichtungen werden sie ledig gesprochen¹⁰).

---

⁵) P. F. Stälin, S. 691 f.
⁶) H. Ulmann, Kaiser Maximilian I., Bd. I, S. 54. Riezler, Gesch. Bayerns III, S. 524 ff.
⁷) Riezler a. a. O., S. 520. Herzog Albrecht suchte der Gefahr zuerst durch Anschluß an den Bund zu entgehen. Ebd.
⁸) Chr. Fr. Stälin III, 621.
⁹) Das Schreiben ist inseriert dem u. Anm. 14 angeführten Brief des Bundeshauptmanns Jörg von Ehingen an Ruprecht Münch zu Massenbach von 1488 Mai 22. Wenn nicht ein Fehler in der Tageszahl vorliegt, ist Friedrich III. in 4 Tagen von Oppenheim (Chmel, Regesta Friderici III., Bd. II Nr. 8276) nach Köln geritten.
¹⁰) „und ob ir gegen jemant mit buntniß oder in ander wiß verschriben, verhaft oder verpflicht weren, das uch an diser vereinung und buntnuß verhindern möcht, wollen wir, daß solchs alles kraftloß zu nicht und untuglich si".

Das kaiserliche Mandat kam auf einem Reutlinger Tag[11]) zur Verlesung, und die Bundesversammlung — Adel und Städte — hatten nun die Verpflichtung, des Kaisers Gebot jenen mitzuteilen, die es anging. Es fragte sich nur, wer diese waren. **Welchen Umfang hatte dieses Schwaben, das dem Kaiser „ohne alle Mittel" unterstand?** Konnte es noch den beiden Landvogteien Ober- und Niederschwaben gleichgesetzt werden, von denen die letztere auch die Landvogtei Wimpfen[12]) mit Heilbronn und dem Kraichgau in sich aufgenommen hatte? Was auch andere davon halten mochten, jedenfalls war dies die Meinung auf seiten des Kaisers und des Schwäbischen Bundes[13]).

Der Hauptmann des Neckarviertels, Jörg von Ehingen, brachte das Mandat zur Kenntnis einzelner Kraichgauer Ritter, die sich natürlich an den Pfalzgrafen wandten[14]). Ihre wohl von der Heidel-

---

[11]) Nach Ehingens Schreiben an Ruprecht Münch (s. Anm. 14). — Es kann nur jener Reutlinger Tag gemeint sein, dessen Abschiede Klüpfel S. 25 ff. und 29 ff. unter dem 18. und 27. Mai bringt.

[12]) S. o. S. 3 f.

[13]) Möglich, daß dem Mandat des Kaisers eine Liste derjenigen beilag, denen es mitzuteilen war. Friedrich hatte im März auf dem Zug nach den Niederlanden seinen Weg über den Kraichgau genommen. Er urkundete am 5. in Stuttgart, am 8. in Speier (Chmel, Reg. Frid. II, Nr. 8271 und 8273). Unterwegs hatte er Gelegenheit, sich über die Verhältnisse auf dem Kraichgau zu erkundigen. Auch die Veranlassung fehlte nicht: Am 1. April hatte Kurfürst Philipp den Kaiser gebeten, er wolle den Abt von Maulbronn, der bisher in des Reiches Geschäften dem Pfalzgrafen als seinem Schirmherrn gedient, auch in der Hilfe mit inbegriffen sein lassen, welche die Pfalz für den Krieg in den Niederlanden zu leisten habe (Chmel, ebb. Nr. 8268). Von Stuttgart aus hatte Friedrich bejahend geantwortet (ebb. Nr. 8272). Es mag ihm in seiner bedrängten Lage nicht leicht geworden sein. Um so eifriger mußte er bedacht sein, dem Reiche zu erhalten, was irgendwie dazu Aussicht bot. — Es ist wahrscheinlicher, daß die Ladung der Kraichgauer Ritterschaft von dem Kaiser ausging, als daß die Reutlinger Versammlung sie auf eigene Faust sollte unternommen haben. Die Hartnäckigkeit, welche der Kaiser später in dieser Frage zeigte und die er zuerst in dem Spezialmandat an die Kraichgauer vom 12. September (s. u. S. 51 f.) bekundete, weist ebenfalls darauf hin.

[14]) Das Schreiben Ehingens an Ruprecht Münch zu Massenbach mit inserierter Urkunde des Kaisers 1488 Mai 22 (dornstag vor dem hl. Pfingsttag). K. CB. 908 Fol. 195 b f. — In den „Histor. Notizen über die kurpfälz. Ämter und deren Ortschaften als Alzey etc.", K. CB. 1084 Fol. 212 (Handschrift des 18. Jahrhunderts), wird ein Schreiben Albrechts von Venningen an „Statthalter und Räte zu Heidelberg" vom Jahre 1488 (ohne Monat und Tag) erwähnt. Danach ist Venningen von „Jörg von Thüngen", als „Ritterhauptmann aufm Kraichgau", zum Eintritt in den Bund aufgefordert worden. Er verspricht, diesem Verlangen nicht nachzugeben. — „Thüngens" — gewiß aus „Ehingen" verdorben — Aufforderung fällt in unsere Zeit, Venningens

berger Kanzlei inspirierten Antworten protestierten gegen die Aufforderung, in den Bund zu kommen, da sie zum Pfalzgrafen gehörten. Das wollte der Bund natürlich nicht gelten lassen ¹⁵). Doch war er ob des Widerstandes wohl stutzig geworden. Auch scheint er davon gehört zu haben, wie man am Pfälzer Hof über den Bund und seine Ziele dachte. In einem Schreiben vom 14. August suchten die Hauptleute den Kurfürsten zu überzeugen, daß der Bund nur die Erhaltung und Durchführung des Landfriedens, nicht aber unbilligen und unziemlichen Bedrang gegen irgendwen bezwecke ¹⁶).

Philipp hatte leicht antworten. Sein Germersheimer Vogt Johann von Morsheim ¹⁷) war unterdessen beim Kaiser gewesen, hatte gegen das Vorgehen des Bundes protestiert und zur Antwort erhalten, es liege dem Kaiser fern, dem Pfalzgrafen oder jemand anderem die Seinen abzuziehen ¹⁸). Die allgemein gehaltene Versicherung genügte vorläufig; es schien nun Zeit, mit dem Kraichgauer Adel als Gesamtheit Fühlung zu nehmen, nachdem man bisher nur mit den einzelnen gesprochen. Bei der Zusammensetzung des Rates und der Beamtenschaft, die ja zum großen Teil aus Kraichgauern bestanden, war man gut damit ausgekommen.

Mit Hans von Gemmingen und anderen beriet sich Pfalzgraf Philipp über das Schreiben des Schwäbischen Bundes und die nötige Antwort. Hans von Gemmingen erhielt den Auftrag, eine Versammlung des Kraichgauer Adels einzuberufen, ihr die beiden Schriftstücke, Zuschrift und Antwort, mitzuteilen und im Namen des Pfalzgrafen fernere kräftige Unterstützung in Aussicht zu stellen. Der Verlauf der Versammlung ist unbekannt. Wenn die Anwesenden den Wortlaut des pfälzischen Antwortschreibens billigten, haben sie damit ein wichtiges Präzedens für die ganze folgende Entwicklung geschaffen. In knapper Form enthält dasselbe alle Gesichtspunkte, welche die Pfalz in den späteren Verhandlungen mit dem Kaiser und dem Schwäbischen Bund geltend machte. Besonders stellte es der Einreihung der Kraichgauer

---

Schreiben an die Räte in die Tage der Heidelberger Versammlung (s. u. S. 52 ff.). — Der Urkundenauszug, den die Notizen geben, ist unzuverlässig. Aus dem Passus „Ritterhauptmann aufm Kraichgau" kann deshalb keinerlei Schluß gezogen werden.

¹⁵) S. u. Anm. 19.

¹⁶) 1488 August 14 (uf unser lieben frawen abent assumptionis). K. CB. 908 Fol. 193 f. Der Bund, so betont das Schreiben ferner, ist auf Befehl des Kaisers geschlossen, dem Schwaben unmittelbar untersteht.

¹⁷) Nach der Werbung des Kurfürsten Philipp an den Kaiser von 1491 Febr. 13—16. K. CB. 908 Fol. 218.

¹⁸) S. u. Anm. 19.

unter die Schwaben die Behauptung entgegen, daß sie Philipp und seinem Fürstentum der Pfalz ohne Mittel zugehörten [19]).

b) Das Spezialmandat des Kaisers und seine Wirkung vor der Publikation.

Wenn der Pfalzgraf sich geschmeichelt hatte, durch seine kräftige Antwort sich und dem Kraichgau Ruhe verschafft zu haben, so sollte er bald eines anderen belehrt werden. Der Kaiser griff am 12. September 1488 von Antwerpen aus mit einem Spezialmandat ein [20]). An 28 namentlich aufgeführte Kraichgauer Adelige [21]) und „alle andern

---

[19]) 1488 September 3 (uf mitwoch nach Egibi). K. CB. 908 Fol. 194 f. Philipp erklärt zunächst das Schreiben des Bundes für unnötig, da er niemand geschädigt, also auch keine Bundesaktion zu fürchten habe, überdies an der Aufrichtung des Landfriedens zu Frankfurt selbst Anteil genommen habe; er schließt folgendermaßen: „Wann aber ir bißher dem gemeinen adel uf dem Kreichgau der allwegen zu uns und dem furstentum der Pfaltz gehörig geweßt und noch ist zu uch in den bundt zu komen angesucht han, die uch als wir bericht, wie sie zu uns gehorig, in schriften zu versten geben, haben wir vermerkt und daß ir gegen inen darauf in rug und ansuchung gestanden seit unßrem schriben und entschuldigen glich heltende gern vernomen und daß sie die unsern zu uns und unserm furstentum der Pfaltz on mittel gehorig sint, haben wir auch glicher form unserm gnedigsten herrn dem romischen kaiser durch unser werbende botschaft fürgehalten und antwort empfangen under andern, daß sin maiestat uns oder jemant andern gar ungern die sinen abziehen wolt; das alles wir also gutlich annemen und uch wol entschuldigt haben."

1488 September 3 (wie oben), der Kurfürst an Hans von Gemmingen, ebd. Fol. 211. Anweisung, „unser ritterschaft uf dem Kraichgau" zu versammeln und ihr die Zuschrift des Schwäb. Bundes und die heute mit Hans und „andern unsern reten geratschlagte" Antwort mitzuteilen.

[20]) Das Original war nicht aufzufinden, gleichzeitige Kopie K. CB. 908 Fol. 198 f. Drucke bei Datt, De pace i. publica S. 287 f.; Burgermeister, Codex diplom. equestris I S. 74; Dumont, Corps diplom. III, p. 210; vgl. Acta Acad. Theod.-Palatin. V, 477, 495, 497. Chmel, Reg. Fried. III, Bd. II Nr. 8314.

[21]) Es sind: der Deutschmeister Reinhard von Neipperg, „auch allen und iglichen rittern und knechten in dem Kraichgau gesessen und die in das land zu Schwaben gehorig", nämlich Engelhart von Neipperg zu Wiesloch, Peter Lämlin zu Horkheim, Philipp von Erenberg zu Erenberg, Jörg von Massenbach zu M., Hans von Gemmingen d. Ä. zu G., Konrad von Helmstatt zu Grausneck, Hans von Venningen zu Zutzenhausen, Philipp Sturmfeder zu Schadhausen, Konrad von Talheim zu Wiesloch, Dietrich von Angeloch zu A., Jörg Göler von Ravensburg, Eberhard von Sternenfels zu Kürnbach, Eitel von Sickingen, Konrad von Lomersheim zu Obereiseßheim, Reithart Horneck zu Hochhausen, Mathis Ramung zu Daisbach, Hans von Rippenburg zu Mauer, Philipp von Bettendorf zu Gau-Angeloch, Hans von Gemmingens Witwe und sein Sohn zu Michelfeld, Hans Utzinger zu Hilsbach, Hans von Osthoven zu Riechen, Eitel Schelm von Bergen zu Neibsheim, Ulrich von Flehingen zu Flehingen, Hans Talacker zu Bruchsal, Hans von Berwangen, Hans Hofwart zu Münzesheim und Peter Flamm zu Sinsheim.

ires namens und geslechts" wandte sich der Kaiser. Er erinnert an den Zweck des Schwäbischen Bundes: Handhabung des Landfriedens und Erhaltung der Mitglieder bei ihren Rechten, Freiheiten und Gütern, besonders ihrer Reichsunmittelbarkeit [22]). Die Mehrzahl des Kraichgauer Adels sei von dem Bevollmächtigten des Kaisers, dem Hauptmann des Teils am Neckar, zum Beitritt aufgefordert worden, habe aber nicht gehorcht. Deshalb gebietet der Kaiser „bi den pflichten damit ir all und uwer jeder uns und dem heiligen rich verbunden sint", binnen 15 Tagen nach der Aufforderung durch Graf Hugo von Werdenberg, dem Bund sich anzuschließen. Säumige verfallen der Acht. Alle dem Bund entgegenstehenden Bündnisse, Gelübde, Eide und Verschreibungen sind aufgehoben.

α) Die erste Heidelberger Versammlung.

Wie eine Kriegserklärung mußte das kaiserliche Mandat auf den Pfalzgrafen wirken, sobald es ihm bekannt wurde. Vor dem 22. Oktober [23]) brachte Ludwig von Emershofen die kaiserlichen Gebote an die Säumigen nach Ulm, darunter auch jenes an die Kraichgauer. Man zögerte, die Urkunde an ihre Adressaten abgehen zu lassen [24]). Daß sie vorhanden war und was darin stand, wurde jedoch am pfälzischen Hof auch so bald bekannt. Der Kurfürst verlor keine Zeit, sich gegen den drohenden Schlag zu rüsten. Vielleicht mochte er sich noch besonders gedrängt fühlen durch das Herannahen des Kaisers, welcher nach dem unglücklichen Reichskrieg in den Niederlanden seit Mitte Oktober den Rhein heraufreiste. Am 17. November war das Reichsoberhaupt in Coblenz [25]) und mußte somit in den folgenden Tagen pfälzisches Gebiet durchziehen.

So berief Philipp auf den 21. November eine Versammlung von Kraichgauern nach Heidelberg.

Ihr ging am selben Tag eine vorbereitende Sitzung des kurfürst-

---

[22]) Der Wortlaut ist ungefähr derselbe wie in dem Nürnberger Mandat von 1487 Oktober 4; Datt, a. a. O. S. 272 f.; Burgermeister, a. a. O. I, 70 ff.

[23]) Wilhelm Besserer an Eßlingen 1488 Oktober 22; Klüpfel I, 42.

[24]) Erst am 22. Januar 1489 (dornstag nach sant Sebastians tag) beauftragte Graf Haug von Werdenberg, im Begriff, an den kaiserlichen Hof zu reiten, den Ritterhauptmann Jörg von Ehingen mit der Ausführung des kaiserlichen Mandats. Datt, S. 289; f. u. Anm. 69.

[25]) Chmel, Regesta Friderici III., Bd. II Nr. 8334.

lichen Rates voraus ²⁶). Sie hatte das Programm für die Verhandlungen mit dem Adel festzustellen und über die Schritte schlüssig zu werden, welche man beim Kaiser während seiner Durchreise durch die Pfalz tun wollte. Der Kurfürst präsidierte in Person. Der Deutschmeister Reinhard von Neipperg, der Hofmeister Eitel von Sickingen, der Marschall Hans von Dratt, Otto vom Hirschhorn, Engelhard von Neipperg, Dietrich von Pleningen, Hans von Venningen, ein Gültlingen, Albrecht Göler von Ravensburg und Johann von Morßheim waren die Beisitzer ²⁷). Es wurde beschlossen, die Versammelten auf das alte Treuverhältnis ²⁸) zwischen der Ritterschaft und der Pfalz hinzuweisen, ihnen des Kurfürsten tatkräftigen Schirm zu versprechen ²⁹), der auch seither nicht gefeiert, sondern mit seinen Freunden sich besprochen habe ³⁰), und ihnen besonders die Besetzung einiger gefährdeter Flecken in Aussicht zu stellen ³¹). Auch wollte man sie auffordern, einen Hauptmann zu wählen, der sie im Namen des Pfalzgrafen zusammenberufen sollte und von diesem besoldet werde ³²).

Überaus bezeichnend für das Verhältnis zwischen dem Kaiser und dem Pfalzgrafen sind die weiteren Maßnahmen. Friedrich III. hatte offenbar Veranlassung, sich über den mangelhaften Empfang im pfälzischen Territorium zu beklagen. Bischof Dalberg von Worms und der

---

²⁶) „In der sach berurend die Kraichgauwer und das furnemen des swebischen bunds": Protokoll der Sitzung, K. SB. 908 Fol. 207 ff. Dieses wie das Protokoll der Verhandlungen mit der Ritterschaft sind ohne Jahresangabe; nur der Tag — „uf hut samstag nach Elizabeth" — ist genannt. Über die Einreihung kann aber kein Zweifel sein bei der Bezugnahme auf die Reise des Kaisers.

²⁷) Also unter 10 Anwesenden 6 Kraichgauer.

²⁸) „Item daß sie selber auch bedencken ir eltern und ir alt herkommen bi der Pfalz getrulich gehalten als fromme ritter und knecht, des sich min gnad noch zuversehen."

²⁹) „Item daß min gnaden sie getruwlich schutzen schirmen und hanthaben wollen, nach all siner gnaden vermögen."

³⁰) „Unser g. h. hat, sit der zit sin gnad von me mit ine geredt, nit gefihert, sundern mit sinen guten frunden da von gehandelt und besprochen." Ebd. Fol. 207. Gemeint ist eine Zusammenkunft pfälzischer Räte mit württembergischen zu Mainz unbekannten Datums, wo über die Erforderung der Kraichgauer in den Schwäbischen Bund gesprochen wurde; die württembergischen verpflichteten sich, der Pfalz von weiteren Schritten des Schwäbischen Bundes Mitteilung zu machen. Graf Eberhard an den Pfalzgrafen 1489 Januar 26 (uf montag nach conversionis Pauli); K. SB. 908 Fol. 196 b, berichtet darüber s. u. S. 66.

³¹) „Item daß min g. etlich flecken, da man sorg hat, icht furgenomen wurd, besetzt und versorgt." Ebd.

³²) „Item sich zuvereinigen eins hauptmans halb under inen, der von unsers g. herrn wegen sie besameln mocht in mins g. h. cost." Ebd.

Faut von Germersheim sollten als Gesandte den Kurfürsten damit entschuldigen, daß er von der Ankunft des Kaisers in seinem Lande in Unkenntnis gewesen sei. Ferner sollten sie dringend[33]) die Ausfolgung der elsässischen Städtesteuer verlangen, auf ausdrücklichen Wunsch des Pfalzgrafen jedoch, der sich in diesem Punkt an die gegenteilige Ansicht seiner Räte nicht kehrte, dem Kaiser nur bis Speier folgen, weil sonst keine endgültige Antwort zu erhalten sei. Ein geringeres Maß kalter Höflichkeit konnte dem Herrscher des Reichs wohl nicht entgegengebracht werden.

Ob die Gesandten auch die Angelegenheit der Kraichgauer und der pfälzischen Schirmstädte Heilbronn und Wimpfen[34]) vorzubringen hatten, wird nicht ausdrücklich gesagt, ist aber sehr wahrscheinlich[35]). Auch das wissen wir nicht, wie lange der Kaiser auf pfälzischem Boden weilte[36]), und was bei ihm ausgerichtet wurde.

Die Kraichgauer waren dem Ruf des Kurfürsten in großer Anzahl gefolgt[37]). Leider haben wir kein Protokoll über ihre Verhandlungen. Wir kennen nur das Resultat. Danach sind Bedenken staatsrechtlicher Natur, wenn anders sie zu Wort kamen, auf die Seite geschoben worden. Schon daß Engelhard von Neipperg zum Sprecher der Versammlung gewählt wurde, zeigt, daß in ihr nicht die Gesinnungen des späteren Ritterkantons, sondern jene des pfälzischen Beamtentums maßgebend waren. Niemand war wie

---

[33]) „Item daß die selb botschaft durch trefflich rette bapferlich geret wurd." Ebd.

[34]) Auch für diese hatte der Kaiser Mandate ausgestellt. Chmel, a. a. O. Nr. 8315.

[35]) „Ob gut wer, mit der K. Mt. der stet stumer im elsas reden zu lassen und auch der Kraichgawer und bondshalb nach Heilpronn und Wimpfen", Protokoll der vorbereitenden Sitzung.

[36]) Die Chmelschen Regesten sind an dieser Stelle besonders dürftig.

[37]) Aufgeführt werden: Otto vom Hirschhorn, Engelhard von Neipperg, Hans vom Hirschhorn, Hans und Carius von Venningen, Erhart und Reinhart von Helmstatt, Peter Volmar der Ä., Volmar der J., Lämlin, Jörg von Massenbach, Ruprecht Mönch, Matthis Ramung, Hans Eberhard und Sigmund von Remchingen, Eitel Schelm von Bergen, Pleikart und Philipp von Gemmingen, Philipp von Bettendorf, Hans von Rippenburg, Philipp von Mentzingen, Thomas von Sickingen, Pleikart Landschad von Steinach, Hans von Gültlingen, Diether Prem, Philipp von Erenberg, Hans von Massenbach gen. Talacker, Konrad von Somersheim, Ulrich von Flehingen, Diether und Wilhelm von Angeloch, Philipp Sturmfeder. In das Protokoll der vorber. Sitzung eingeschobenes Verzeichnis, Fol. 207. Ein zweites Verzeichnis nennt ferner: Hans von Sickingen, Albrecht von Erenberg, Eberhart von Neipperg, Wiprecht und Hans von Helmstatt, Hans von Venningen-Neidenstein und Reithart Horneck von Hochhausen. K. CB. 908 unfol. Blatt zwischen Fol. 207 und 208. Es sind im ganzen 38 Namen. Fehlt: Berwangen.

Engelhard durch persönliche und Familiengründe genötigt, für die Pfalz einzustehen. Um so schwerer wiegen jene Wendungen seiner Rede, denen man die vorherige Debatte und das Eigenbewußtsein der Ritterschaft anzufühlen meint. Die Ungeniertheit, mit welcher nachher einzelne Glieder des Adels ihre Zustimmung zu der pfälzischen Proposition aus politischen und persönlichen Gründen verklausulieren, ist ganz dazu angetan, die Stellung der Kraichgauer zur Pfalz nicht als übermäßig devot erscheinen zu lassen. Man muß sich ja immer vorhalten, daß wir die Vorgänge nur aus den Protokollen der pfälzischen Kanzlei kennen. Eine gewisse Färbung der Berichte ist nicht unwahrscheinlich. Wenn deshalb auch der Pfalzgraf und seine Räte noch so fest von der Loyalität der Ritterschaft überzeugt sein wollen[38]), wenn aus dem vorhandenen Bericht nur indirekt und vermutungsweise die Wahrheit erschlossen werden kann: aus zwei Fällen, dem des Eitel Schelm von Bergen und jenem des Ulrich von Flehingen, deren persönliche Bedenken im Protokoll so glatt abgewickelt erscheinen, wird sich später ergeben, daß die Verhältnisse nicht so einfach lagen, als sie die gefällige Feder zu Papier gebracht hat.

Und nun zur Antwort selber[39]). Herr Engelhard erklärte im Namen der Versammlung: Wenn der Pfalzgraf, wie er verheißen, sie zu handhaben und zu schirmen gedenke, so wolle die Ritterschaft Leib und Gut zu ihm setzen und nicht in den Bund eintreten. Keiner von ihnen habe bis jetzt ein Schreiben erhalten[40]); geschehe das, so würden sie zusammenkommen und handeln, wie es der Kurfürst vorgeschlagen. Mit der Besetzung der festen Plätze seien sie einverstanden. Das Nähere solle dem Pfalzgrafen überlassen bleiben[41]).

Für nicht gebunden an diese Beschlüsse erklären sich offen Sigmund und Hans Eberhard von Remchingen[42]). Sie sitzen mit all ihrem Gut in der Markgrafschaft Baden und müssen sich infolgedessen nach dem Markgrafen richten.

---

[38]) S. u. Anm. 104.
[39]) K. CB. 908 Fol. 208. Ohne Datum. Über die Zusammengehörigkeit mit dem Protokoll der vorbereitenden Sitzung kann kein Zweifel sein. Damit ist die Datierung gegeben.
[40]) „Jr keiner ist noch geschrieben." Ebd. Gemeint ist, daß noch keinem Kraichgauer das kaiserliche Pönalmandat vom 12. September mitgeteilt wurde. S. o. Anm. 24.
[41]) „Das besetzen der slos wie das sin gnad zum besten furnemen, mogen si wole liden, unser gnaden darzu helfen." Ebd.
[42]) „Sigmond und Hans Eberhart: uwer gnad wiß, daß sie sitzen in der markgrafschaft und haben das ir da hinder demselben furstentum, und wo dan der marggraf den kopf hinwend, muffen sie auch tun." Ebd.

In geheimer [43]) Unterredung mit dem Pfalzgrafen verlangt Hans von Maſſenbach, genannt Talacker [44]), daß die Pfalz den ihr ſchirmverwandten Prieſter Wendel nicht in Schutz nimmt, welcher gegen den Willen Talackers, ſeines Patronatsherrn, ſeine Pfründe vertauſchen will. Das wird ihm zugeſagt, wenn der Pfaffe erſt nach Beginn des Zwiſtes in den Schirm kam. Diether von Angeloch, der mit ſeinem Bruder als Hauptteil ihres Vermögens 4000 fl. „uf gult uf graf Eberharten" hatte, ſprach ſeine Beſorgnis wegen dieſes Beſitzes aus. Eitel Schelm von Bergen verwies darauf, daß er württembergiſcher Diener mit dem Amtsſitz auf Achalm ſei; er könne zum Pfalzgrafen nur halten, wenn das nicht gegen ſeinen Dienſt gehe. Dieſe bedingte Antwort ließ man nicht gelten. Aus ſeinem Dienſtverhältnis folge nicht, daß er mit ſeinem Herrn in den Bund treten müſſe. Seinen Beſitz habe er hinter dem Pfalzgrafen [45]); er ſolle ſich wohl halten und nicht gegen Philipp handeln. Auch Ulrich von Flehingen [46]) machte ſeine Eigenſchaft als württembergiſcher Diener geltend, erhielt aber den Beſcheid, daß Graf Eberhard und der Pfalzgraf ja in Frieden lebten; v. Flehingen ſei zum Beiſtand verpflichtet, wenn jemand den Pfalzgrafen angreife.

---

[43]) „Dar zu ſint etlich, die haben etwas mit ſiner gnaden zu reden allein." Ebb.
[44]) So die gewöhnliche Schreibweiſe; im Protokoll heißt er „Deilacker". Seit 1475 iſt T. Feind Württembergs. Über dieſe „ſcharf ausgeprägte, über das Gewöhnliche ſich erhebende Perſönlichkeit", in der zähes Rechtsbewußtſein, ſtarke Fehdeluſt und Ehrfurcht vor der Perſon K. Maximilians I. die hervorſtechenden Züge bilden, vgl. K. Klunzinger, Thaten und Schickſale des Hans von Maſſenbach, genannt Thalacker, in Württemb. Jahrbücher 1855, S. 158—175 und Hermann Freiherr von Maſſenbach, Geſchichte d. reichsunmittelbaren Herren und des kurpfälziſchen Lehens von Maſſenbach. Als Manuſkript gedruckt. Stuttgart 1891, S. 50 ff. S. auch unten S. 131. Der Name „Dalacker" wurde noch vor wenigen Jahren in einigen Strichen des Kraichgaus als Schimpfwort gebraucht.
[45]) Eitel Schelm hatte erſt 1485 Burg und Dorf Reibsheim nebſt Büchig von Simon von Balshofen gekauft und war damit Speierer Lehnsmann geworden. (Remling, Geſch. d. Biſch. von Speier, Bd. II S. 199 Anm. 675). Dieſe Objekte lagen nicht im pfälziſchen, ſondern im ſpeieriſchen Territorium. Der Ausdruck „er hab das ſin hinder m. g. herrn" enthält alſo eine ſtarke Übertreibung des Schirmverhältniſſes zu Speier.
[46]) Er war Hofmeiſter Graf Eberhards d. J. 1484 Nov. 8, Graf Eberhard d. J. verſpricht, ſ. Hofmeiſter U. v. Fl. Schloß und Dorf Sternenfels mit Kürnbach zu leihen, wenn Eberhard d. Ä. vor ihm ſterbe. Steinhofer III, S. 411. Als Hofmeiſter wieder 1485 erwähnt, ebb. S. 429. 1487 geriet er in Streit mit ſ. Herrn, der ihn der Untreue bezichtigt. Ebb. S. 447, 542 f. Es ſcheint ſpäter zur Verſöhnung gekommen zu ſein. Ebb. S. 543. — Auch Wolf und Erpf Ulrich von Flehingen ritten zeitweiſe im Gefolge des Grafen Eberhard d. J. Ebb. S. 445. — Ulrich von Flehingen war Lehensmann der Pfalz, und ſein Sitz Flehingen lag im pfälziſchen Territorium.

Die Versammlung schloß nach dem Protokoll harmonisch. Der Kurfürst nahm die Antwort der Ritterschaft gnädig auf und gab ihr noch einmal die Versicherung seines fürstlichen Schirms.

β) Das Resultat.

In der Ritterschaft müssen die Verhandlungen gemischte Gefühle zurückgelassen haben. Wenn sie in den letzten Jahren Friedrichs des Siegreichen und seither unter Philipp dahingelebt hatte, ohne sich viele Gedanken über ihre staatsrechtliche Stellung zu machen, jeder einzelne nur bemüht, den Weg zu gehen, der ihm und seiner Familie am meisten Vorteil verschaffte: so lag in den Ereignissen des letzten Jahres doch ein gewaltiger Zwang zur Selbstbesinnung.

Die Kraichgauer mußten gemerkt haben, daß der Kurfürst sie brauchte, daß für die Pfalz die ruhigen, sicheren Zeiten vorbei seien, bei denen sie im Anschluß an das Territorium ihren behaglichen Nutzen gezogen. Das Gefühl der Unsicherheit mußte noch vermehrt werden durch die Mandate des Kaisers; sie wurden plötzlich vor Entscheidungen gestellt, deren Tragweite einer im Amt geschulten Einsicht nicht entgehen konnte. Auf der einen Seite der Kaiser und der mächtige Schwäbische Bund, auf der andern der selbst bedrohte Pfalzgraf: die Wahl war nicht leicht. Dazu kam der Mangel einer geeigneten Organisation. In der Turniergesellschaft zum Esel waren die Kraichgauer mit Odenwäldern und Bergsträßern zusammen, und wenn sie auch die Mehrzahl bildeten, so konnten sie doch in dem bestimmten vorliegenden Fall nicht erwarten, daß die andern für sie einstehen würden. Überdies diente der Esel ja nur Sports- und Standesinteressen. Politische Betätigung war ausgeschlossen. Und dieser unbrauchbare Verein stand auch noch unmittelbar vor seiner gänzlichen Auflösung [47]).

Der Ausweg aus der Unsicherheit, dem Zwiespalt wurde der Kraichgauer Ritterschaft gerade von denen gewiesen, welche davon die Urheber waren: Vom Kaiser und vom Pfalzgrafen.

Mochten die vom kaiserlichen Spezialmandat betroffenen Adeligen sich entscheiden, wie sie wollten, auf jeden Fall lernten sie durch das Vorgehen des Reichsoberhauptes und des Schwäbischen Bundes, sich wieder als Kraichgauer zu fühlen und sich von den Standesgenossen anderer Landschaften zu unterscheiden, mit denen sie in der Turniergesellschaft zur fast gleichmäßigen Menge der „pfälzischen Ritterschaft" zusammengeflossen waren. Die zwei Versammlungen, welche der Pfalz-

---

[47]) Siehe u. S. 81 ff.

graf veranstaltete, und auf welchen zum erstenmal wieder nach langer Zeit nur den Kraichgau betreffende, politische Angelegenheiten von Kraichgauern behandelt wurden, konnten den Prozeß nur fördern. Vollendet wurde er durch Philipps Aufforderung, sich zusammenzutun und einen Hauptmann zu wählen. Mochte dieser Hauptmann auch noch so sehr als Mittelsperson zwischen der Pfalz und der Ritterschaft gedacht sein, mochte er selbst im pfälzischen Sold stehen: der Anstoß zu einer politischen Organisation war gegeben und wurde befolgt.

Freilich in anderer Weise, als der Kurfürst es sich gedacht hatte.

γ) **Die Speierer Vereinigung des Adels und der Protest des Kurfürsten.**

In den letzten Dezembertagen des Jahres 1488[48]), einen Monat nach der Heidelberger Versammlung, kamen die Kraichgauer in der Stadt Speier zusammen. Schon die Wahl des Tagungsortes ist bemerkenswert. Der höfische „Esel" hatte statutengemäß immer sein Kapitel in Heidelberg abgehalten. War Speier auch eine pfälzische Schirmstadt, so lag sie doch entfernt vom Hof und dem Rat des Kurfürsten. Beratungen, welche dort stattfanden, waren seinem unmittelbaren Einfluß entrückt. Man hatte offenbar auch gar nicht beabsichtigt, von Philipp oder seiner Regierung sich leiten zu lassen. Erst von dritter Seite erfuhr der Pfalzgraf, daß die Versammlung tage[49]). Beides hat er mit Unwillen aufgenommen[50]), aber auch mit Sorge. Obgleich die Ritterschaft am

---

[48]) Wir sind über diese Versammlung fast nur durch das Schreiben unterrichtet, welches Philipp „Unsern lieben getruwen der ritterschaft uf dem Kraichgauwe, so itzi zu Spier versamelt sin sollen", zugeschickt hat. Das Konzept findet sich K. CB. 908 Fol. 209 ff. Nachlässiger Abdruck bei F. K. v. Günter, Etwas von dem Verhältnisse des Adels im Kraichgau, Mannheim 1782, S. 21—25 (Nr. 2). Nachdruck in Acta Theod.-Palat. V, 482. Beide Male wird das Schreiben, wie schon im „Liber II, Die Churpfälz. privilegierte jurisdiktion betr.", K. H. Nr. 382 a Fol. 19, in das Jahr 1489 verlegt. Schon Roth, Reichsritterschaft., Bd. II S. 93 Anm. 3, vermutete als Jahr 1488, ließ aber die Frage, ob 1489 Druckfehler oder Weihnachtsstil sei, offen. Das Datum in CB. 908 Fol. 210 lautet: „Versam, uf dinstag nach dem heiligen cristag a⁰ ꝛc. LXXXIX." Da nach Grotefend, Zeitrechnung d. b. Mittelalters und der Neuzeit (1891) Bd. I S. 205, in der Diözese Worms der Weihnachtsanfang in Geltung war, ist das Datum also 1488 Dezember 30 zu lesen.

[49]) „Langt uns doch glauplichen an, daß ir uch itzunt zu Spier versammelt." Der Kurfürst an die Ritterversammlung zu Speier a. a. O. Fol. 209.

[50]) „Das uns als dem landßfursten, bi des voreltern loblicher gedechtnus und uwern eltern nit in der wyß und maß, bevorab an solichen ungepurlichen malstetten, beschehen ist, uns beschwern und befremden muß." Ebb.

28. Dezember [51]) Hans von Sickingen zu ihm nach Heidelberg schickte, um ihn zu überzeugen, daß ihr Vorhaben gar gut und nicht gegen ihn gerichtet sei, so duldete es ihn doch nicht in seiner Hauptstadt. Er begab sich in die Nähe Speiers nach seiner Burg Werfau [52]).

Was die Ritterschaft in Speier beschloß, konnte der Kurfürst durch Späher oder Verräter leicht erfahren. Am 30. Dezember hielt er den Augenblick für gekommen, wo er durch persönliches Eingreifen Schlimmes verhüten müsse. Hofgericht und Schirmverhältnis schienen ihren Wert verloren zu haben durch das Vorhaben der Kraichgauer, rechtliche Austräge unter sich aufzurichten und sich selbst zu handhaben. Und damit schien alles auf dem Spiele zu stehen, was die Pfalz in jahrzehntelanger Entwicklung auf dem Kraichgau gewonnen hatte. Schwere Sorge spricht deshalb aus dem Schreiben, welches der Kurfürst an den Adel zu Speier richtete [53]). Der eindringliche Ton, der zwischen Anklage, Bitte, Warnung, Verheißung und Drohung hin und her schwankt [54]), zeigt, wie es Philipp zumute war. In beweglichen Worten erinnert er die Versammelten daran, daß sie nie Mangel an ordentlichem und austräglichem Recht vor seinem Hofgericht gehabt hätten. Die Richter seien ja ihre Vorfahren und sie selber gewesen. Die großen Kosten habe die Pfalz getragen [55]). So unnötig als die Errichtung besonderer Austräge sei es, daß die Ritterschaft sich selbst handhaben wolle. Die Pfalz habe sie nie verlassen und werde es auch künftig nicht tun. Mehrmals sei ihr zu erkennen gegeben worden, daß der Kurfürst sich von ihr nicht scheiden, sondern Land und Leute, Leib und Vermögen zu ihr setzen und vor unbilligen Dingen sie schützen und schirmen wolle. Die Selbständigkeit der Ritterschaft könne nur die Folge haben, daß die Pfalz ohne ihre Schuld in übeln Ruf komme [56]), die Ritterschaft aber sich unnötige Mühe

---

[51]) „Und besonders so du, Hans von Sickingen, ritter, uns nechst sontags zu Heidelberg solich unwer furnemen als gar gut und nit wider uns gelobt hast" ... Ebd. unf. Blatt zwischen Fol. 209 und 210 von anderer Hand.

[52]) Jetzt Werfauerhof bei Reilingen B.A. Schwetzingen, ca. 10 km von Speier. Der Kurfürst stand so in der Rheinebene zwischen den Adeligen und dem Kraichgau. — S. o. Anm. 48 das Datum des kurfürstlichen Schreibens.

[53]) S. o. Anm. 48.

[54]) Günter, dessen Voreingenommenheit für die Pfalz keinem Zweifel unterliegt, ist dieser Ton natürlich auch aufgefallen; er fand, daß hier „mehr die Sprache eines Freundes gegen andere als des Herren gegen Untergebene" vorliegt; a. a. O. S 11.

[55]) Es sei also ganz unnötig, sich „zusampt der ungeburniß mit solicher muhe zu beladen und costen uszurichten". Der Pfalzgraf an die Ritterversammlung zu Speier. Fol. 209.

[56]) „in verwißlich verdencken", ebd.; gemeint ist, man werde der Pfalz den Vorwurf machen, daß die Kraichgauer mangelhaften Gerichts und Schutzes wegen sich vereinigen.

und Koſten mache und gerade das herbeiziehe, was ſie bisher mit Hilfe des Kurfürſten vermieden habe, den zwangsweiſen Eintritt in den Schwäbiſchen Bund. Der werde ſich mit größerem Ernſt als ſeither an ſie machen, wenn er höre, daß ſie „zu buntnis und ſunderlichen verträgen geneigt ſeien". **Verluſt von Freiheit und Herkommen, Dienſtbarkeit und Zinsbarkeit** werde ihr Los ſein. Dringend bittet der Pfalzgraf, ſich „die geſchwinden leuf diſer zit nit anwiſen zu laſſen", keine Vereinigung unter ſich und mit andern abzuſchließen, ſondern zu ihm als ihrem rechten Landesfürſten, wie ihre Voreltern länger denn Menſchengedenken getan, ſich zu halten. Beſchwerden — auch ſolche gegen ihn — ſei er bereit abzuſtellen. Und nochmals: an ausgiebigem Schirm in jeder Gefahr ſolle es nicht mangeln. Werde nun doch eine Geſellſchaft errichtet, ſo geſchehe das ihm zur Verachtung, was er nicht wohl dulden könne. Einen beſonderen Nachdruck legt der Pfalzgraf auf die Feſtſtellung, daß die Kraichgauer im Hof- und Beamtendienſt der Pfalz vor anderer Ritterſchaft bevorzugt worden ſeien [57]).

Der Kurfürſt hielt es für angebracht, ſeinem Schreiben an die Verſammlung einen beſonderen Paſſus für Hans von Sickingen anzuſchließen [58]). Anders geartet als die ſeitherigen Ausführungen, gibt er

---

[57]) „Nachdem wir uch allen mit allen gnaden und nut ſam abber! geweſt, uch, uwer ſon und kindern zu hofgeſind, reten, bienern, amptluten zu nechſt für anber unſer ritterſchaft gebrucht, zu uns gezogen." ... Ebd. Fol. 209.

[58]) K. CB. 908, unfol. Blatt zwiſchen Fol. 209 und 210 von anderer Hand als das ſeitherige Konzept. Bei Günter nicht abgedruckt. Hier der Wortlaut: „Und beſonder ſo du Hans von Sickingen, ritter, uns nechſt ſontags zu Heidelberg ſolich uwer furnemen als gar gut und nit wider uns gelobt haſt (können wir nit ußgeraten alſo gſin mogen uß der urſach nachdem) ſo dan eins jeden ritter und rittermeßigen eigenſchaft art und furnemen gruntlich und endlich ſin ſoll, und auch iſt: ſtreng und ſtetigkeit in ordenlichen guten wolherkomenben weſenlichen bingen zu gut gemeinem nutz und von gotlicher ordenung dhein ungeordent oder jach wolgeordent bing, das uß ſiner ordenung ſicht, unzerſtort und unzertrent bliben mag, wan dan das rom. rich mit ſinen glibern (der wir nit der mindeſten eins ſind) in uns gemeiner nutz geacht iſt, von den ir rechtens glicheit und billicheit nie verlaſſen ſint, beſunder uwer eltern und ir uber menſchen gedechtnis ſich zu der Pfaltz und uns gar gutwillig gehalten, ſie und auch ir dagegen recht und gnad jederzit befunden, alſo geſchirmt und gehanthabt, daß ir glich wol unbenot da uwer eltern loblich und erlich geſeſſen, noch ſitzen (und) lenger ſitzen (mogen), recht, glichs, billichs und gnaden wol gehaben mogen, ſo ir ban da wider trachten und ſuchen uch ſelbs hantzuhaben und zu beheupten, ob uch die kaiſerlich maieſtat ſolich ſelbs gebotten, als hievor geſcheen, das ir uch loblich durch unſer furbern und uwer ſelbs zu tun erweret, konnen wir bannacht nit gedenken, daß es einichen guten grundt uf ime haben, angeſehen daß es wider ſin maieſtat ſelbs, die gulden bull als der ro. richs glider und ordenung, und ſin maieſtat an uns und anber unſer mit-

in ruhigem Ton eine theoretische Erörterung. Aus dem Wesen des Adels heraus, das in Stetigkeit und Ordnung gesehen wird, verneint der Verfasser — es setzt mit diesem Passus eine andere Hand ein — die Frage, ob die Kraichgauer berechtigt sind, der Aufforderung des Kaisers zur Selbsthandhabung Folge zu leisten. Aus staatsrechtlichem Grunde wird diesem die Befugnis abgesprochen, eine solche Aufforderung zu erlassen. Er habe dazu nach der goldenen Bulle die Mitwirkung der Kurfürsten nötig.

Wir wissen nicht, ob die Ausfertigung des Schreibens vom 30. Dezember diese Stelle enthielt. Auch wenn sie im Konzept geblieben ist, behält sie ihren großen Wert für uns. Wir kennen von den Teilnehmern der Versammlung nur den einen Hans von Sickingen. Er muß allem nach, was von ihm gesagt wurde, eine bedeutende, vielleicht führende Rolle gespielt haben. Daß seine Genossen ihn nach Heidelberg schickten, spricht für sein Ansehen bei ihnen und beim Kurfürsten [59]). Daß besondere Erörterungen in das Schreiben des Kurfürsten eingeschoben wurden, welche an Sickingen allein gerichtet zu sein scheinen, kann seine Bedeutung in unsern Augen nur erhöhen. Und die Art dieser Erörterungen zeigt, von welchen Gründen man sich eine Wirkung auf ihn versprach. Wendet sich der Pfalzgraf sonst an das Gefühl und das Nützlichkeitsbedürfnis der Ritter, hier versucht er feinere Mittel.

Dürfen wir in Hans von Sickingen vielleicht den Antipoden Engelhards von Neipperg sehen? Und wenn, ist dann nicht schon durch seinen Namen der Vergleich mit jenem späteren rheinischen Rittertag gegeben, auf dem **ein anderer Sickingen, der berühmte Franz, der Führer war**? Nicht nur die leitenden Persönlichkeiten, auch die sachliche Übereinstimmung legt einen Vergleich mit Landau nahe. Hier wie dort war die Errichtung rechtlicher Austräge und die Selbsthandhabung das Ergebnis der Beratungen, und hier wie dort sah der Pfalzgraf darin eine wesentliche Beeinträchtigung seiner Rechte. In einem war man freilich in Landau weitergekommen. Dort war es die ganze rheinische Ritterschaft, welche ihre „Brüderliche Vereinigung"

---

kurfürsten nicht zu tun hat merglich, und also weder gemeinen nutz und ritterlich eigenschaft, als ir, so ir uch recht bedunken, wol brufen werden großlichen und endlichen also anders nicht ban zertrennung und störung uwer aller zusampt bem, daß es uns als uwerm heupt und landßfursten verachtlich und schmelich von uch furzunemen, das ir je, wo ir also verfarn, wir boch mit gewunnen wollen dhein ursach hetten und uns unlibelichen wer." Über Hans von Sickingen vgl. o. S. 29 u. b. S. Anm. 59.

[59]) Er ist wohl identisch mit jenem H. v. S., Ritter, welcher 1489 Juni und Juli die Stadt Straßburg auf dem kaiserl. und königl. Tag zu Frankfurt vertritt. Janssen, Frankfurts Reichskorrespondenz, Bd. II, S. 521, 532, 533. S. auch u. S. 149 Anm. 5.

aufrichtete. In Speier stand der Kraichgauer Adel, obgleich der Kurfürst das Gegenteil befürchtete⁶⁰), für sich allein.

Dennoch sind die beiden Tage in der Geschichte des Kraichgauer Adels nicht voneinander zu trennen. Auf beiden waltete derselbe Geist der Unabhängigkeit, und ohne die Speierer Versammlung wäre jene von Landau überhaupt nicht zu denken.

Man ist gewohnt, in der Landauer Tagung eine Art Ritterverschwörung zu sehen, deren geheime Abmachungen durch die im Druck veröffentlichten Beschlüsse nur maskiert werden sollten. Man tut ihr darin ebenso Unrecht, als wenn man in dem, was zu Speier geschah, nur einen kleinen Seitensprung sieht, von welchem die Kraichgauer auf die väterlichen Ermahnungen des Pfalzgrafen hin bald wieder zurückgekommen seien. Die Auffassung Philipps war das jedenfalls nicht. Obgleich er doch selber zur Vereinigung, mit einem Hauptmann an der Spitze, geraten hatte, schien ihm die rasche Verwirklichung seiner Idee eine Gefahr zu sein. Sie war es auch; wenigstens für das Maß von Rechten, das er gegenüber der Ritterschaft zu besitzen glaubte. Das wird bestätigt durch die Haltung, welche die Kraichgauer auf das Schreiben Philipps hin einnahmen.

b) Die Verantwortung der Kraichgauer in Heidelberg.

Am 1. Januar 1489 erschienen die Mitglieder der Speierer Versammlung in Heidelberg, um sich zu verantworten⁶¹). Sie übergaben

---

⁶⁰) „Langt uns doch glauplichen an, daß ir uch itzunt zu Spier versammelt, villicht der meynung uch selbst zu samen zu tun, rechtlich uftrag unber uch ufzurichten mit selblicher hanthab ꝛc. auch ander ritterschaft zu uch zu ziehen." Ebd. Fol. 209.

⁶¹) Unsere einzige Quelle ist der „Liber secundus die Churpfälzische privilegierte jurisdiction betr." K. Handschr. Nr. 382 a. Seine Abfassung ist durch ein Dekret des Administrators Johann Kasimir von 1598 Oktober 8 veranlaßt, der eine auf urkundlichem Material beruhende, zuverlässige Abhandlung über das Verhältnis des Kraichgauer Adels zur Pfalz wünschte, eine Art Nachschlagewerk, welches im Streit zwischen Kraichgau und Pfalz gute Dienste leisten sollte. Ebd. Fol. 1. Danach kann die Tendenz des Folianten nicht zweifelhaft sein. Was aus Urkunden und Akten produziert wird, ist zuverlässig, will es wenigstens sein. Auch der Pfalz ungünstige Texte werden gebracht, nur wird versucht, sie durch eine knifflische, gequälte Interpretation zurechtzurücken. — Fehler kommen natürlich vor. — Im Anschluß an den Speierer Tag erzählt die Handschrift Fol. 19 ff. folgende Vorgänge: „Diese erinnerung (des Pfalzgrafen Philipp Schreiben ist gemeint) und warnung haben ermelte vom adel uf dem Craichgaw nit in wind geschlagen noch veracht, gleich als wenn sie von einem herrn herkeme, der ihnen nicht zu gebieten noch einzureden hette, sondern sein o nlengst hernacher, nemblich anno 1490 uf circumcisionis barauf alhie zu Heidelberg erschienen, und bei höchsternendter fr. churf. gn. sich beßwegen zum

ein Schriftstück, in welchem sie „alles, was inen beschwerlichs im selbigen schreiben⁶²) fürgehalten, entweder verleugnet, oder sonsten abgelehnet und dargegen ir alt herkommen und freiheit allegiert und vermeldet" haben⁶³). Sie stellten in Abrede, unter sich besondere rechtliche Austräge oder einen Gerichtszwang aufgerichtet zu haben. Auch die Absicht dazu hätten sie nicht gehabt. Die vorzügliche Tätigkeit des Hofgerichts erkennen sie an. Auf die ihnen zugesagten Tage zur Erledigung vorhandener Irrungen⁶⁴) wollen sie nicht verzichtet haben, bitten im Gegenteil um rasches Verfahren.

Daß sie sich vom Kurfürsten abzusondern gedächten, sei nicht wahr; wie ihre Vorfahren wollten sie sich zur Pfalz halten. Um jeden Verdacht zu widerlegen, unterbreiten sie dem Kurfürsten die Statuten ihrer Vereinigung. Eine solche Vereinigung aufzurichten seien sie berechtigt. Auf den Einwand Philipps, er wisse sie zu halten als Ritter und Knechte, verlange aber auch, daß sie sich nicht anders achteten als ihm „dienstlich", erklärten sie, „ungehindert der gemachten gesellschaft" würden sie sich gegen die Pfalz jederzeit halten, wie es sich für fromme Ritter und Knechte gezieme. Sie seien ja die „Mannen und Diener" der Pfalz. Es würde ihnen übel anstehen, einen Verein zu gründen, welcher gegen diese gerichtet wäre.

Da man ihnen vorhielt, die Gesellschaft sei unter Hintansetzung der kurfürstlichen Obrigkeit aufgerichtet worden, bezeichneten sie es als

vleißigsten entschuldigt, inmaßen ire verantwortung so in dem bündlin ⊃⊦⊂ signiert mit mehrem außweist..." Dieses „bündlin" war in Karlsruhe nicht aufzufinden. Die einzelnen Stücke scheinen bei einer Neuordnung des Archivs verteilt worden zu sein. Das ist in unserem Fall bedauerlich. Der Verfasser gibt nicht immer den Urkundentext, sondern häufig nur eine Inhaltsangabe. Er dehnt und preßt die Entschuldigung der Ritter in tendenziöser Weise, um seine These — Anerkennung der pfälzischen Landesherrlichkeit durch die Kraichgauer — zu erweisen. Doch ist es möglich, auch aus dieser Verzerrung den Inhalt in richtigen Linien zu lesen.

Zur Datierung ist folgendes zu sagen: Das Schreiben des Kurfürsten und die vom Liber II berichtete Heidelberger Verantwortung der Ritterschaft gehören inhaltlich zusammen. Die Verantwortung folgt dem Schreiben fast von Satz zu Satz. Sie müssen auch zeitlich nebeneinander stehen, nicht nur, weil es der Bericht des Liber II so will. Es ist ganz ausgeschlossen, daß die Ereignisse eines ganzen Jahres, und besonders jene des Jahres 1489, zwischen dem Schreiben und der Verantwortung liegen. Der Liber II setzt das erstere an das Ende des Jahres 1489, wie es nach ihm auch Günter getan hat. Folgerichtig mußte er als Jahr der Verantwortung 1490 angeben. Damit löst sich die Schwierigkeit.

⁶²) Gemeint ist das Schreiben des Kurfürsten an die Speierer Versammlung.
⁶³) A. a. O. Fol. 19 b.
⁶⁴) Die Zusage geschah auf der Heidelberger Versammlung vom 22. November und im Schreiben vom 30. Dezember 1488.

ihr altes Herkommen, sich zu vereinigen, ohne vorher die Erlaubnis der Pfalz einzuholen. Da sie nichts Feindseliges im Sinne gehabt, hätten sie es für unnötig gehalten, dem Pfalzgrafen von ihrer Absicht Mitteilung zu machen. Hätten sie denselben aber in dem Gesellschaftsbrief ausdrücklich ausgenommen, so würde ihnen daraus erst recht der Vorwurf entstanden sein, daß die Vereinigung pfalzfeindlich sei. Für sie als Mannen und Diener sei der Pfalzgraf immer ausgenommen[65]).

---

[65]) Die Kraichgauer haben „keineswegs gestehen wollen, daß sie unter sich sonderbare rechtliche austräge oder gericht zwang ufgerichtet, oder ufrichten wollen, und bekannt, daß sie in iren sachen und rechtfertigungen jeder zeit von fr. churf. gn. gnediglich gehoret, auch recht erlangt, wie auch, daß dieselbigen inen zugesagt, tag zu erledigung irer noch wehrenden irrungen anzusetzen, und daß solches zum furberlichsten geschehen möchte, angehalten" (Fol. 19 b). „Zum dritten haben sie sich beschwert, daß fr. churf. gn. wolte eingebildet werden, welcher gestalt sie sich derselbigen widersetzig zumachen, und von ir abzusondern gedechten, mit angehengter bit, demselben keinen glauben zugeben, auch erbieten, in irer eltern fußstapfen zutreten, und sich an Pfalz auch unerinnert zuhalten" (Fol. 20). „Damit aller verdacht, als ob sie sich von der Pfalz absondern, oder etwas zu dero fürfang und nachteil (Fol. 20) beratschlagen, fürnemen oder beschließen wolten, oder solches schon ins werk gerichtet hetten, ufgehaben würde, haben sie alle artickel irer vereinigung bona fide erzehlet (Fol. 20 b). am funften als sie sich auf ire freiheit, craft dessen sie solche vereinigung zu machen befugt sein solten, berufen, haben f. churf. gn. inen antworten lassen, dieselbigen müßten sie zu halten, als ritter und knechte, da sie sich aber andres achteten, dan fr. churf. gn. dienstlich, das wollen sie sich mit inen mit nichten versehen, darauf sie sich ercleret, sie wolten sich gegen Pfalz jeder zeit wie frommen rittern und knechten wol auch anstünde, ungehindert der gemachten gesellschaft, verhalten" (Fol. 20 b). „Für das sechste haben sie zu ihrer entschuldigung und zu behauptung ihrer zusammenkunft und gemachten vertrags, daß nemblich darinnen nichts wider churf. Pfalz vürgenommen oder gehandelt worden, gesetzt, weilen sie sich müsten höchstermelter churf. Pfalz manne und diener, würde inen übel gezimen, echtzit ufzurichten, das wider dieselbige were" (Fol. 20 b). „Zum siebenden, da inen inter replicandum fürgehalten worden, daß sie fr. churf. gn. obrigkeit hindan gesetzt diese geselschaft ufgerichtet, were fr. churf. gn. (Fol. 21) nicht zu dulden, haben sie die obrigkeit gar nicht disputiert, sondern zu ihrer verantwortung eingewendet, welcher gestalt sie es für unnötig geachtet ir furhaben an fr. churf. gn. gelangen zu lassen, weilen nichts wider sie noch derselbigen zu verachtung geschehen, und von alters herkommen, daß sie auch der churf. Pfalz unersucht solcher maßen sich mit einander vereinigen möchten, sie sich auch als fromme ritter und knechte zu fr. churf. gn. zu halten gedechten" (Fol. 20 b). „Also auch zum letzten, als man inen gesagt, sie dennoch f. churf. gn. in solcher vereinigung ausnehmen sollen, ist hinwiderumb von inen diese antwort geben worden: da sie basselbig tuen sollen, hette es inen nachred geberet, als ob sie verträg wider f. churf. gn. ufrichten wolten, so were es auch one not, dieselbige auszunemen, weilen sie allweg gegen inen ausgenomen, in fernerer betrachtung sie f. churf. gn. man und diener weren" (Fol. 21). — Auch die Kniffe des Tendenzschreibers bringen es nicht fertig, den Inhalt der ritterschaftlichen Verantwortung zu verschleiern. Gerade das, was jener vermißt, der Protest gegen die

Das ist eine andere Sprache, als man sie auf der ersten Heidelberger Versammlung hatte zu hören bekommen. Die Unterschiede sind so wesentlich, daß man für die beiden Tage, den Heidelberger und den Speierer, das Vorwalten entgegengesetzter Einflüsse annehmen muß. Dort dominiert eine „Beamtenpartei", welche sich der Pfalz gegenüber jeder Selbständigkeit begibt, hier dringen die „Unabhängigen" durch, welche den Kurfürsten als Lehns- und Dienstherrn, nicht aber als Landesherrn anerkennen wollen. Hierin liegt die Bedeutung der Speierer Versammlung und ihrer Verantwortung zu Heidelberg.

Wie der Kurfürst und die Ritterschaft auseinandergegangen sind, wird uns nicht berichtet. Das entschiedene Auftreten beider Teile läßt vermuten, daß die Stimmung auf beiden Seiten nicht die freundlichste war. Die Gefühle des Adels werden zwiespältig gewesen sein. In jeder größeren Gemeinschaft gibt es eine Anzahl ängstlicher Gemüter, die bei jedem Widerstand zurückweichen möchten. Und nun gar der Einspruch des mächtigen Pfalzgrafen! Auch aufrichtige Parteigänger der Pfalz werden vorhanden gewesen sein, denen Hofdienst und Versorgungsaussicht wichtiger waren als eine imaginäre Freiheit. Das schroffe Vorgehen des Fürsten mußte aber auch die Folge haben, daß selbständige Elemente die Abhängigkeit von der Pfalz unangenehm zu empfinden begannen, daß eine Scheidung der Gemüter sich vollzog, Parteiungen klar sich aussprachen und der Gedanke der Reichsunmittelbarkeit neben dem Schirmverhältnis zur Pfalz nicht mehr so fremdartig erschien.

c) **Die Verkündigung des kaiserlichen Spezialmandats und die Appellation der Kraichgauer.**

Die Versammlung zu Heidelberg, der Rittertag zu Speier, die Auseinandersetzung zwischen den Kraichgauern und dem Kurfürsten: diese drei wichtigen Ereignisse waren eingetreten, bevor noch das Spezialmandat des Kaisers den Kraichgauern mitgeteilt war. Am 20. Januar 1489 fand eine Bundesversammlung zu Gmünd statt[66]). Dem Grafen Eberhard von Württemberg wurde dort auf seine Anfrage der Bescheid zuteil, man werde das kaiserliche Mandat vom 12. September

---

prätendierte Landesherrlichkeit des Pfalzgrafen, liegt zwar nicht in einem besonderen Satz, aber im Ganzen der Beantwortung. Der Pfalzgraf behauptet in seinem Schreiben, die neue Vereinigung sei der Landeshoheit abträglich; die Ritter berufen sich dagegen auf ihre Freiheit und das alte Herkommen — und siehe, auch der Pfalzgraf braucht nicht das Wort „untertänig", sondern „dienstlich"..

[66]) Klüpfel, S. 54 f.

im Gehorsam gegen den Kaiser nun dem Kraichgauer Adel verkünden. Am 26. Januar machte der Graf seinem pfälzischen Einungsverwandten hiervon Mitteilung [67]). In der Tat wurden jetzt den einzelnen Adeligen durch Jörg von Ehingen [68]) Abschriften des kaiserlichen Gebotsbriefes zugesandt [69]).

α) Die zweite Heidelberger Versammlung.

Der Pfalzgraf versuchte es dagegen mit einer Aktion großen Stils. Auf den 12. Februar berief er eine neue Versammlung von Kraichgauern nach Heidelberg [70]). Bei der Wichtigkeit der Sache, und da es galt, einen Protest der ganzen Ritterschaft zustande zu bringen, sind wohl alle ihre Mitglieder geladen worden. Um so erstaunlicher ist, daß nur folgende als erschienen aufgeführt werden: Engelhard von Neipperg, Hans von Venningen, Volmar Lemlin, Neithart Horneck, Philipp von Gemmingen, Hans von Gemmingen, Philipp von Bettendorf, Matthis Ramung, Conrad von Talheim, Jörg von Venningen, Carius von Venningen, Conrad von Sickingen, Jörg von Massenbach, Hans Talacker, Philipp von Erenberg, Hans von Osthofen, Albrecht von Erenberg und Rupprecht Mönch [71]).

Von den Teilnehmern an der ersten Versammlung fehlte jetzt Hans von Sickingen; kein Helmstat, kein Mentzingen, kein Göler war erschienen. Und wo blieben die Flehingen, die Remchingen, die Hirschhorn, die Landschad, die Lomersheim und Angeloch? Auch Eitel Schelm von Bergen war ausgeblieben.

Es ist wahr, die Zeit zwischen der Ladung und dem Termin der Versammlung war nur kurz [72]). Aber das allein erklärt nicht das Fehlen so zahlreicher Kraichgauer. Es liegt nahe, an die Vorgänge zu denken, die vor sechs Wochen gespielt hatten. Was auch der Grund

---

[67]) Montag nach conversionis pauli, K. CB. 908 Fol. 196 b, f. o. Anm. 30.

[68]) S. o. Anm. 24.

[69]) 1489 Januar 30 (fritag nach conversionis pauli), K. CB. 908 Fol. 200. Mitteilung an Ruprecht Münch zu Massenbach und Konrad von Lomersheim zu Obereisesheim.

[70]) borstag nach Dorothee; ohne Jahrszahl. K. CB. 908 Fol. 205. Protokoll der Versammlung. Die Einreihung ergibt sich aus dem Datum der Appellation an den Kaiser, welche hier beschlossen wird.

[71]) Also 18 Namen gegen 38 der ersten Versammlung.

[72]) Zwischen dem Tag, an welchem das kaiserliche Mandat an die Kraichgauer abgesandt wurde, und dem Datum des Ausschreibens müssen immerhin einige Tage verstrichen sein.

gewesen sein mag⁷³), jedenfalls hatte das Häuflein pfalztreuer Ritter, das am 12. Februar in Heidelberg tagte, nicht das Recht, im Namen des gesamten Kraichgauer Adels zu reden.

Eine der ersten Handlungen der Anwesenden wird die Wahl ihrer beiden Vertreter gewesen sein. Sie fiel auf Engelhard von Neipperg und Hans von Venningen⁷⁴). Auf die Proposition des Kurfürsten, welche die Anwesenden mahnte, bei der Pfalz zu bleiben, antworteten sie zusagend, doch verlangten sie Schutz und Schirm für den Fall, daß der Bund gegen sie vorgehe. Ferner drangen sie — nun schon zum zweitenmal — darauf, daß einige persönliche Anliegen und Gebrechen unter ihnen selber und zwischen ihnen und pfälzischen Amtleuten abgestellt würden. Der Pfalzgraf ließ beides zusagen und schlug vor, daß er von dem Kaiser und dem Bunde, der Adel aber von dem Kaiser Aufhebung der Mandate verlange. Das einzige Bedenken der Versammlung wurde durch die Erklärung des Kurfürsten behoben, daß er die Kosten der Gesandtschaften, auch jener des Adels, übernehme⁷⁵).

---

⁷³) Nur von den zu Hilsbach wohnenden Adeligen kennen wir ihn. Sie hatten mit Ausnahme Prems sowohl das kaiserliche Mandat als auch das Einladungsschreiben des Pfalzgrafen erhalten („mins hern schrift"). Da sie aber hinter Herzog Otto von Mosbach saßen, hatten sie das Bedenken, ob sie nicht diesen um Schirm anzugehen hätten.

⁷⁴) „Hern Engelhart von Niperg riters und Hansen von Venningen anwelt dieser ritterschaft insigeln"; unfol. Blatt zwischen Fol. 205 und 206, 213 und 214. K. CB. 908. S. u. Anm. 87. Die beiden stehen am Anfang der Präsenzliste. Ebd. Fol. 205.

⁷⁵) Die Anwesenden „haben uf begern mins gnedigen hern sich verwilt und gesagt, daß ir meinung anders nit si, dan in den sufftapfen irer eltern zu breten und bi der Pfalz zu bliben, doch das unser gn. her sie versehe, ob jemand us dem bund darumb gen in furnemen, daß sin gnad sie darfur schutz und schirme als die sinen und auch etlich ir anligen und gebrechen zu verhorung und ustrag komen laß, die sie under einander auch gen den amptluten mins hern haben.

„Min h. pf. hat in lassen sagen, er woll ir gn. her sin und sich halten als sin eltern sich auch gein iren eltern getan han, und ob sin not geschee, sie truwlich und furstlich schirmen und hanthaben bi der Pfalz und sin vermogen zu ine setzen, und hab ir einer gebrechen, der soll zu gelegen ziten die an sin gnad bringen, die woll er gnediglich horen und geburlich ufrichtung widerfaren lassen; wolle auch von sin selbswegen zum kaiser sin botschaft schicken, desglichen zu den bunthauptluten fliß furkeren, die mandat abzulegen, daß sie auch us inen ordnen mit solicher botschaft von iren wegen auch werbung zutun.

Das alles nemen sie uf, doch daß die botschaft durch min hern verlegt werd, dan sie mochten das nit wole geegnen (?); darzulegen den costen wer in auch zu swer.

Min her will den costen auch uber sich nemen." A. a. O. Fol. 205.

ʒ) Die Appellation an den Kaiser.

Am 13. Februar begaben sich Engelhard von Neipperg, Hans von Venningen und Neithart Horneck „als sindici procuratores und vollmechtig anwelt" der Kraichgauer Ritterschaft in die obere Ratsstube zu Heidelberg und gaben vor den Notaren Heinrich Schellenberger und Johann Sibolt in Gegenwart des Wimpfener Propstes Götz von Adelsheim und Dr. iur. Jakob Wernher, als erbetenen Zeugen, sowie einer „mengklich zal" des Kraichgauer Adels die bekannte Appellation gegen das kaiserliche Mandat zu Protokoll [76]). Darin erklären sie, durch das kaiserliche Mandat „merklich beschwert" zu sein: Als Schwaben und Angehörige des St. Jörgen-Schildes seien sie in den Bund gefordert worden. Zu beiden aber gehörten sie nicht und hätten sie nie gehört. Weder „zu schimpf" noch „zu ernst" seien sie je zu ihnen geteilt worden [77]). Seit den Zeiten Kaiser Ludwigs gehörten sie zur Pfalz, unter deren Banner sie gestritten, vor deren Hofgericht sie Recht gesucht und gegeben, in deren Geleit, Obrigkeit und Fürstentum sie säßen, und welcher die meisten von ihnen als Räte, Diener und Lehenleute verpflichtet seien.

Der Vorwurf des Ungehorsams gegen das erste Mandat sei ungerecht. Sie selber hätten damals an die Hauptleute des Bundes, der Pfalzgraf an den Kaiser sich gewandt und zur Antwort erhalten, man wolle dem Pfalzgrafen die Seinen nicht abziehen.

Ihr Eintritt in den Bund, der einen besonderen Gerichtszwang besitze, würde den Pfalzgrafen seines eigenen Gerichtszwangs berauben. Ihnen selber aber wäre der Umstand beschwerlich, daß das neue Gericht so weit entlegen sei.

Es sei unnötig, sie zum Schutz des Landfriedens in den neuen Bund zu berufen, da ihr Landesfürst denselben mit aufgerichtet, verkündet und mit ihnen seither gehalten habe.

Das Mandat enthalte keine clausula justificatoria. Der Ritterschaft sei zu ihrer größten Beschwerde die Rechtfertigung abgeschnitten, da sie ohne weiteres binnen 15 Tagen bei Acht und Bann in den Bund gefordert sei.

Gegen all das protestieren und appellieren sie für sich und die

---

[76]) K. CB. 908 Fol. 221 ff. Abdruck bei Günter, a. a. O. S. 26 ff. Acta Ac. Theodoro-Palatina V, 484 ff.; F. J. Wreden, Gemma Juris Palatini, Heidelberg 1740.

[77]) Dieser Einwand war berechtigt; in der Zeit des organisierten Turniers wird die Eselsgesellschaft stets zur Ritterschaft am Rheinstrom gezählt. Vgl. Rüxners Turnierbuch.

gesamte Kraichgauritterschaft. Die Appellation geschieht rechtzeitig, da es noch nicht 10 Tage her sind, daß sie das kaiserliche Mandat erhalten haben.

Die Appellationsschrift wurde am 22. Februar von Reithart Horneck dem Ritterhauptmann Jörg von Ehingen, als dem subdelegierten kaiserlichen Kommissär, zu Tübingen überreicht [78]).

Deutlicher, als es in der Appellation geschah, konnte die Landsässigkeit des Kraichgauer Adels nicht wohl ausgesprochen werden.

Sätze wie: „wir erkennen auch sunst beheinen andern landsfürsten und ordentlichen richter dan unsern allergnedigsten herren den pfalzgraven, under den wir on mittel gehorend" — lassen keinen Zweifel zu. Welcher Gegensatz zu den Äußerungen der Ritterschaft am 1. Januar! Das Jetzt und das Damals lassen sich nicht vereinigen. Es sind zweierlei Leute, die sprechen. Auf die eigentümliche Zusammensetzung der Versammlung vom 12. Februar ist schon hingewiesen worden. Die Wahl Engelhards von Neipperg zum „Anwalt" zeigt, welche Einflüsse in ihr vorherrschten. Die Person der Zeugen beim Notariatsakt auf dem Rathaus, die alle beide pfälzische Räte sind [79]), verstärkt nur den Eindruck. Der Verlauf der Versammlung stimmt ebenfalls ganz dazu. Der Kurfürst ist nicht anwesend. Nur seine Räte verhandeln. Was die Ritterschaft verlangt, wird ihr ohne weiteres gewährt: ausgiebiger Schirm für den Fall eines Bundesangriffs, Erledigung ihrer Streitfälle mit den pfälzischen Beamten und besonders — die Kosten der Gesandtschaft an den Kaiser.

Dem Appellationsinstrument sieht man deutlich an, daß es unter dem Einfluß der pfälzischen Kanzlei entstanden ist. Es liegt ja auch so nahe, daß die Ritterschaft die schwierige, ungewohnte Arbeit Fachleuten überließ. Für die Kraichgauer hätte der Nachweis genügt, daß sie seit König Ruprechts Zeiten nie zu Schwaben gerechnet worden seien und deshalb auch nicht in den Bund gehörten. Daß ihre Zugehörigkeit zur Pfalz hervorgehoben und in immer neuen Wendungen beleuchtet und bekräftigt wurde, daran hatte nur der Kurfürst ein Interesse. Er hatte ja auch schon früher diesen Grund geltend gemacht [80]).

Die Art, wie das jetzt in der Kraichgauer Appellation geschieht, scheint mir bestimmt auf die kurfürstliche Kanzlei als Entstehungsort

---

[78]) Notariatsinstrument über diesen Vorgang vom selben Tag, K. CB. 908 Fol. 223 b f. Abdruck bei Günter, a. a. O. S. 39 ff.
[79]) Götz von Abelsheim war ein ganz besonders angesehenes Ratsmitglied.
[80]) S. o. Anm. 19.

hinzuzeigen. Der ritterlichen Denk- und Redeweise entspricht es, wenn die Zugehörigkeit zur Pfalz darin erkannt wird, daß die Ritterschaft in Turnier und Krieg zu ihr geteilt worden sei und oft unter der Pfalz Banner der Ritterschaft in Schwaben zu Hilfe gestritten habe. Ein Grundsatz des territorialen Staatsrechts aber ist es, daß Landesherrschaft durch Gerichtshoheit begründet werde. Nur in der kurfürstlichen Kanzlei konnte man wissen, daß die Pfalz unter Kaiser Ludwig die zwei Centen im alten Elsenzgau erwarb und dadurch Landesherr in einem kleinen Teil des Kraichgaus wurde [81]). Nur die Kanzlei konnte dem Hofgericht so breiten Raum widmen und dem Nachweis, daß durch es alle andern Gerichte, jenes des Kaisers, das westfälische und das Landgericht zu Rottweil, ausgeschlossen gewesen seien. Auch der Satz war gewiß in keines Kraichgauers Kopf gewachsen, daß der Gerichtszwang des Schwäbischen Bundes dem des Pfalzgrafen schädlich sei. Und vollends der Nachweis, daß es unnötig sei, des gemeinen Landfriedens halber dem Bunde sich anzuschließen, weil der Pfalzgraf jenen habe mit aufrichten helfen und der Fürst und seine Ritterschaft ihn bisher gehalten hätten! Das konnte wieder nur jemand hervorheben, in dessen Interesse es lag, den Landfrieden selbst zu handhaben und auswärtigen Einfluß abzuhalten.

Wie besorgt überhaupt diese Kraichgauer Adeligen sind, daß dem Pfalzgrafen nur ja in keiner Weise Abbruch geschehe! Man sagt nicht zu viel, wenn man behauptet, die Appellation beschäftige sich mehr mit seinen Rechten als jenen der Ritterschaft.

Bei aller juristischen Schärfe macht sich in der Argumentation doch eine gewisse Unsicherheit bemerklich. Es genügt den Verfassern der Appellation nicht, die Landsäßigkeit der Kraichgauer aus der Gerichtshoheit des Pfalzgrafen zu beweisen, sie müssen auch noch die „Gelübde, Eide, Rats- und Mannespflichten" hervorheben, mit welchen die Ritterschaft in ihrer Mehrheit dem Fürsten verwandt ist. Wir werden ein ähnliches Beispiel der Unsicherheit bei der Heidelberger Kanzlei später finden [82]).

Es ist nichts von einem Protest bekannt, der etwa aus der Ritterschaft heraus gegen den Inhalt der Appellation wäre erhoben worden. Es fehlte der Masse des Adels an der Einsicht, die nötig ist, um die Tragweite eines solchen Instruments zu erkennen. Auch war sie vollkommen einverstanden mit dem, was für sie die Hauptsache war: mit der Weigerung, in den Schwäbischen Bund einzutreten. Der schon

---

[81]) Diese Tatsache dürfte mit der Berufung auf Kaiser Ludwig gemeint sein.
[82]) S. u. S. 120 ff. über die Tage zu Vaihingen und Maulbronn.

oben ⁸³) erwähnte Stammesgegensatz, die Abneigung gegen jegliche Art
von Anlage und Steuer ⁸⁴), allerlei unbestimmte Befürchtungen für
ihre Freiheit, wie sie der Pfalzgraf ihr einzureden versucht hatte ⁸⁵),
endlich das auffällige Festhalten am Herkommen, die Ängstlichkeit dem
Neuen gegenüber mögen dabei zusammengewirkt haben. Soviel steht
jedenfalls fest, man muß die Haltung der Kraichgauer Ritterschaft gegen
den Schwäbischen Bund und jene gegen die Ansprüche des Pfalzgrafen
auf die Landesherrlichkeit scharf trennen, wenn man zu einem gerechten
Urteil kommen will. Man kann nicht einfach, wie es die Hofjuristen
in den späteren Streitigkeiten um die Landsässigkeit taten ⁸⁶), das
Appellationsinstrument, so wie es uns fertig vorliegt, als Beweisstück
gegen die Kraichgauer anführen. Die Art, wie es entstanden ist, zeigt
deutlich genug, wie wenig Beweis k r a f t ihm innewohnt.

γ) Die Gesandtschaft des Adels an den Kaiser.

Wohl gleichzeitig mit Neithart von Horneck, welcher die Appellation
nach Tübingen brachte, schied Hans von Sickingen ⁸⁷) aus Heidelberg;
ihn hatte man damit betraut, die Botschaft des Adels dem Kaiser zu
überbringen ⁸⁸). Das Schriftstück ist fast in allem von der Appellation
abhängig. Es wehrt zunächst den Vorwurf des Ungehorsams ab. Das
erste Mandat des Kaisers ⁸⁹) sei dem Adel gar nicht verkündet worden
— mit Recht, denn die Kraichgauer seien pfälzische Landsassen und keine
Schwaben. In dem zweiten ⁹⁰), das sie allerdings erhalten hätten, sei
keiner von ihnen mit Namen aufgeführt, dagegen die Ritterschaft zum
St. Jörgen-Schild genannt, zu welcher sie nicht gehörten. Gegen das
dritte Mandat ⁹¹) machen sie in fast denselben Ausdrücken wie in der

---

⁸³) S. o. S. 34.
⁸⁴) S. o. S. 21.
⁸⁵) S. o. S. 60.
⁸⁶) Das geschah zuerst unter dem Administrator Johann Kasimir (1583—1592),
s. o. Anm. 61. Auf den von ihm befohlenen Zusammenstellungen von Urkunden und
Urkundenauszügen fußen alle, die später das Wort zu unserer Frage ergreifen.
⁸⁷) Krebenzbrief von 1489 Februar 16 (montag nach valentini, Grotefend II
S. 179), K. CB. 908, zwischen Fol. 205—206 und 213—214 eingeheftet. Beachte die
Note: „similiter Hern Jorgen von Ehingen mutatis mutandis uf Rithart Horneck".
— Ob es sich um denselben Hans von Sickingen handelt, der auf der Speierer Tagung
hervortrat? Wenn ja, so wäre das allerdings auffällig, aber nicht unerklärlich. S. o.
S. 70 f.
⁸⁸) Ebd. Fol. 206, ohne Datum. Einreihung auf Grund des Inhaltes.
⁸⁹) Von 1487 Oktober 4.
⁹⁰) 1488 April 16.
⁹¹) 1488 September 12.

Appellation ihre Landsässigkeit in der Pfalz geltend. Wieder spielt das Hofgericht seine große Rolle. Der Pfalzgraf hat auf dem Kraichgau alle fürstliche Obrigkeit, als „Geleit, Zölle, Münze, Centen, hohe Gerichte". Das persönliche Verhältnis zum Fürsten wird ebenfalls hervorgehoben [92]). Aber auch scharfe Töne werden angeschlagen. Wenn dem Pfalzgrafen der Krieg gemacht werde, wollen sie auf seiner Seite stehen [93]). Sie vertrauen aber, daß der Kaiser die Appellation prüfen und ihr stattgeben werde.

b) Die „Werbungen" des Pfalzgrafen an den Kaiser, an Württemberg, den Deutschorden und Herzog Georg von Bayern-Landshut.

Die „Werbung", durch welche Kurfürst Philipp diesen Schritt beim Kaiser unterstützte [94]), wiederholt — begreiflicherweise — nur die Gesichtspunkte, welche in der Appellation und der Botschaft der Kraichgauer aufgestellt sind. Die nämlichen Gründe werden in wenig variierter Sprache vorgetragen: die Landesherrlichkeit der Pfalz, deren Anerkennung durch die Ritterschaft seit Kaiser Ludwig, das besondere Verhältnis des Adels zum Fürsten durch Beamtung, Dienst und Lehen. Das einzige neue Moment, das geltend gemacht wird, ist **das Steuerrecht des Schwäbischen Bundes**. Ohne Einwilligung der **Lehensherren** dürfe dieses auf den Lehensbesitz der Kraichgauer nicht angewendet werden [95]). Die Erwartung, der Kaiser werde die Ritterschaft nicht ohne Verhör verurteilen und sie ihrer Verpflichtungen gegen die Pfalz ledig sprechen, sowie der Hinweis auf einen möglichen Krieg zwischen Schwaben und den Kraichgauern machen [96]) den Beschluß.

Weitere „Werbungen" sandte der Kurfürst an den Grafen Eber-

---

[92]) „Der uns nie leids bewisen hat, und dem wir von unsern eltern so hoch verwant sint."

[93]) „So wollen wir uns zu der ritterschaft zu Swaben guts versehen, als die jenen, der eltern und uf diesen tag wir noch mit ine und sie mit uns sich alweg in fruntschaft und sipschaft vermischet und in gutem willen miteinander herkomen sint und teglich me gescheen mag, das sie uns niemen zu lieb und unschulden mit ufrur anfechten. Dan wir gedenken uns mit unserm gnedigsten hern pfalzgraven zu volstreckung des lantfridens, den sin gnade für sich und uns angenomen hat, so not geschee, zu halten nach aller geburc." Ebd. 206 b.

[94]) Ebd. Fol. 218 f., ohne Datum. Abdruck bei Günter, S. 47 ff. Auch hier ergibt sich die Datierung aus dem Inhalt.

[95]) In der Zeit der Ritterordnung — um 1560 — wurde dieses Argument auch der Selbstbesteuerung der Ritterschaft gegenüber geltend gemacht.

[96]) Ganz wie in der Botschaft der Kraichgauer!

hard von Württemberg und den Schwäbischen Bund⁹⁷). Beiden ist die sattsam bekannte Argumentation der vorausgehenden Schreiben gemeinsam. Der einzige Unterschied ist der, daß Philipp seinem Einungsverwandten gegenüber sich auf ihr Bündnis und die Abmachungen zu Mainz berief und sich der Form der Bitte bediente, während er vom Bund nicht erbat, sondern begehrte⁹⁸).

Am 23. Februar 1489⁹⁹) überreichten die pfälzischen Räte Hans von Walborn und Dr. Jacob Ramung in Stuttgart die „Werbung" Philipps. Sie erhielten folgende Antwort: An der Einung und den Mainzer Abmachungen gedenke der Graf festzuhalten, wie er sich des gleichen von Kurfürst Philipp versehe.

In der Sache des Kraichgauer Adels sei durch die kaiserlichen Mandate ein besonderer Fall geschaffen, auf welchen die Einung nicht Anwendung finde. Dort sei der Kaiser ausgenommen. Gegen ihn könne also der Graf nicht handeln. Dem Pönalmandat habe er selber folgen müssen.

Da seine Räte zu gleicher Zeit mit denen des Pfalzgrafen am kaiserlichen Hoflager sind, will er durch sie Bericht einholen lassen und dann weitere Antwort geben.

Damit war Philipp freilich nicht geholfen. Nur insofern war etwas gewonnen, als sich in diesem Bescheid deutlich zeigte, auf welcher Seite Graf Eberhard stand und wie weit er die Einung gelten lassen wollte.

Auch dem Deutschorden machte der Pfalzgraf Mitteilung von dem kaiserlichen Mandat an die Kraichgauer und deren Appellation. Bei diesem wichtigen Nachbar und Freund der Pfalz war eine bedeutsame Änderung eingetreten. Reinhard von Neipperg hatte das Meisteramt niedergelegt. Alles hatte er versucht, um den Orden „als des Adels Spital" vor Eintritt in den Schwäbischen Bund zu bewahren. Weder Belehrung noch Bitte half etwas. Der Bund bestand unter Drohungen auf der Durchführung des kaiserlichen Gebotsbriefes. Endlich kam er so weit entgegen, daß er die Person des Deutschmeisters samt Horneck und Gundelsheim, seiner Residenz, nicht erfordern wollte, obgleich gerade diese im Mandat ausdrücklich genannt waren. Dafür mußten aber die

---

⁹⁷) K. CB. 908 Fol. 215, ohne Datum, abgedruckt bei Günter S. 53; und K. CB. 908 Fol. 216 „uf die vorgerickt maß ist auch zuwerben an die hauptlut und rat des bunds aber die begerung soll für das bitten steen".

⁹⁸) S. Anm. 97.

⁹⁹) Am montag sant Matthis aubent apli. Bericht der Gesandten. Ebd. Fol. 217. Zur Datierung Grotefond I, S. 120. Der 20. September ist ein Sonntag.

Häuser des Ordens zu Heilbronn, Stocksberg (über Stockheim, OA. Brackenheim), Scheuerberg und Neckarsulm Mitglieder werden.

Reinhard von Neipperg wollte in einer so wichtigen Ordensangelegenheit nicht entscheiden und stellte das Urteil den Ordensgebietigern anheim. In Anbetracht der bedrohten Lage des Ordens, dessen Häuser in großer Anzahl ohnehin in der Gewalt des Bundes waren, und dem des Reiches Acht und Aberacht bevorstand, wenn er nicht gehorchte, gaben die Gebietiger schweren Herzens nach. Der Deutschmeister aber, welcher wohl eine andere Entscheidung erwartet hatte, wollte unter diesen Umständen sein Amt nicht weiterführen. Er dankte am 30. Januar 1489 ab. An seine Stelle trat, zunächst als Verweser, Andreas von Grumbach.

Als Kurfürst Philipp an ihn die Frage richtete, wie er zu dem Bund stehe, und wessen sich die Kraichgauer von ihm zu versehen hätten, berichtete er die Verhandlungen mit dem Bund, deren Ergebnissen er sich leider fügen müsse. Für seine Person werde er dem Beispiel seiner Vorgänger folgen, die immer pfalzfreundlich gewesen seien. Dem „Adel und der Ritterschaft" auf dem Kraichgau gönne er alles Gute [100]).

---

[100]) Über diese Vorgänge unterrichtet uns der Brief Grumbachs an den Pfalzgrafen von 1489 Februar 22 (sontag kathedra Petri), Horneck, K. Pfalz, Generalia, Reichsritterschaft Fasz. 5852 Nr. 60. Or. Pap. Stark beschädigt. . . . „Der bund ist stracks darauf bestanden, so ferre man zu den andern des ordens heusern, die onmittel im lande zu Swaben ligen, des ordens heuser zu Heilpron, Storzberg, Schurberg und Sulme in einer kurtzbenanten zeit nit auch in den bund begebe, so sei das kaiserlich mandat vor augen, als es denn an ime selbst geweft ist, darinne min vorfare her Reinhart von Nipperg in eigener persone zusamt Horneck und Gundelsheim in bund gefordert werde bei verliesung aller des ordens heuser, auch bei vermidung der kaiserlichen acht und aberacht 2c. laß man aber die gedachten des ordens heuser und sloß in der benanten zeit in bund und schreibe das zu, so soll ein teutschermeister mitsamt Horneck und Gundelsheim des bunds vertragen bleiben. Als nun der gemelt mein vorfare in den bingen nichts hat wollen tun oder lassen, sunder seinen gepitigern heimgeben zu ermessen, was des gemeinen orben wegs darinne sei, haben sie bewegen die zerstreuung des ordens und sunderlich das, das der orden hat unter dem itzigen gewalt des bunds auch in andern richstetten, und wo die kaiserlich acht und aberacht also gegangen sein soll, was es dem orben an den berurten enden verdurblich und one widerbringlichs schadens hette mögen geberen, und denselben sweren schaden und anfalle zuvorkommen, haben dieselben gepitiger und furware mit beschwertem gemute, dem bunde zugeschrieben, die gedachten heusere und sloß in den bund komen zu lassen, damit eins meisters persone zusamt Horneck und Gundelsheim des vertragen blieben, das sunst nit hat wollen sein. Nachdem nun, gnediger Herre, der gemelt min vorfare in (bie)sen bingen, uß ursachen . . . des meisterambts abgetreten . . . die gott (?) (um) mins herren willen . . . geweßt und noch ist, und aber ich nach (en)tlicher seiner wilkürlichen abtrettung zu eim statt-

So freundlich der Bescheid gehalten war, er konnte die Tatsache nicht verschleiern, daß die Stellung der Pfalz im Osten stark erschüttert war. Was zur Landvogtei Wimpfen gezählt hatte, die Reichsstädte, der Deutschordensbesitz, gehörte jetzt in den Schwäbischen Bund. Nur die Kraichgauer und das Kloster Maulbronn leisteten noch Widerstand.

Fast noch größer als der Verlust an territorialem Machtbereich war die moralische Einbuße, welche die Pfalz durch den Rücktritt des Deutschmeisters erlitt. Hier lag ein großer Erfolg des Bundes vor. Hinter einem einflußreichen, pfalztreuen Mann stand auf einmal keine Macht mehr. Er konnte nur noch raten, nicht mehr helfen. Auch als Führer des Kraichgauer Adels wog er leichter. Er wird im Zusammenhang mit ihm kaum mehr genannt.

Um so dringender war es unter diesen Umständen, daß Philipps Vorgehen beim Kaiser Erfolg hatte. Bei seinem Vetter Herzog Jörg von Bayern hoffte der Pfalzgraf die notwendige Unterstützung zu finden. Eine Zeitlang hatte auch Jörg mit dem Kaiser und dem Schwäbischen Bund übel gestanden[101]). Nun war er wenigstens mit dem Reichsoberhaupt wieder in ein besseres Verhältnis gekommen. Die Ursache lag in der politischen Situation des Hauses Österreich. Friedrich III. mußte alles tun, um ein Bündnis zwischen den bayrischen Herzögen und dem ungarischen König Matthias Corvinus zu verhindern, wie es eben drohte. Andererseits brauchte der römische König Maximilian, der jetzt im März wieder ins Reich kam, Hilfe für seinen Rachekrieg gegen Frankreich und die Flamänder. So war der Kaiser zum Entgegenkommen geneigt. Zu Innsbruck fand die Aussöhnung

---

halter desselben meisteramts fürgenommen bin, muß ich mit dem, das in den bund, wie vorsteht, bewilliget ist, geschehen lassen, was sich deshalben gepuren wirdet, und kann das leider nit geweigern, als ich gern bete." Da er wohl weiß, „daß min vorfarn meister mit der löblichen und erlichen Pfalz langzeit und jare dermaß herkomen seint, daß sie und der orden an unsern gnaden und unsern voreltern sunderlich gnebig hern gehabt haben, soll sich uwer gnade zu mir anders nicht versehen, wan daß ich mich nach mim hochsten vermogen, und mit allen treuen auch vleißen will, den selben uwern gnaden in aller mins ordens gepur zu dienen und zutun, was ich weiß den selben uwern gnaden lieb und gefellig ist ... So gonn ich dem adel und der ritterschaft uf dem Kreuchgawe eren und guts."

Man darf über den Ergebenheitsversicherungen des Deutschmeisters Grumbach nicht die Klausel „in aller mins ordens gepur" vergessen. Sie macht seine Versprechungen fast zur leeren Höflichkeit. Das Interesse des Ordens ging nun einmal nicht mehr mit jenem der Pfalz zusammen.

Reinhard von Neipperg starb schon 1496. Beschreibung des OA. Brackenheim S. 842.

[101]) Vgl. darüber und das Folgende Riezler III, S. 524 ff.

statt, und der Kaiser verbot dem Schwäbischen Bunde, gegen Herzog Georg loszuschlagen [102]).

Pfalzgraf Philipp benützte diese günstige Wendung. Er konnte es um so zuversichtlicher tun, als die Momente, welche für seinen Vetter gesprochen hatten, ja auch ihm zugute kamen. In einem Schreiben [103]) an den noch zu Innsbruck vermuteten Herzog berichtete er diesem ausführlich über die bisherigen Verhandlungen und Schritte. Er sei entschlossen, die Kraichgauer bei der Pfalz zu erhalten. Auch die Ritterschaft stehe treu zu ihm [104]). Die Werbung für den Bund werde bei allen Nachbarn der Pfalz betrieben. Schon seien Mainz, Brandenburg und Baden [105]) gewonnen. Mit Würzburg, Straßburg und der Ritterschaft in Franken werde verhandelt.

Um gesetzlich vorzugehen, habe seine Ritterschaft gegen das kaiserliche Mandat appelliert. Sollte der Bund gegen ihn und die Seinen vorgehen, so müsse er eben mit Hilfe seiner guten Freunde sich wehren.

---

[102]) 1489 April 11, Klüpfel I, S. 63. Schon am 18. Februar befahl der Kaiser dem Bund, er solle die Georgs Amtmann, dem Ritter Ludwig von Habsberg, entrissenen Schlösser ihrem Eigentümer wieder zustellen.

[103]) Werbung an unsern vetter und schwager herzog Jorgen, ohne Datum. K. CB. 908 Fol. 295. Das Schriftstück fällt zwischen den 19. (Tag von Amberg; s. u. S. 103 f.) und den 28. März. Siehe S. 77 die Antwort des Herzogs Jörg vom 28. März.

[104]) „Nun hetten wir in rat und unsselbs nit funden, der ritterschaft, die soviel manich jar und zit der Pfalz in schimpf und ernst anhengig und unberthenig geweft, in unsern geleiten und furstentum gesessen, von uns tringen zu lassen. Wir hetten auch die ritterschaft gemeinlich zu uns beschrieben und auch so unbertenig und gehorsam funden, daß sie sich weder mit lieb noch leidt von uns und unserm furstentum trennen lassen, sunder als getruw undertan landsassen und from ritter und knecht sich erbotten, alles irs vermogens bargegen zu strecken." Ebb. Auch hier also diese „rosige" Auffassung von der Haltung der Ritterschaft.

[105]) Doch hatte der Pfalzgraf Baden noch nicht ganz aufgegeben. Um diese Zeit wenigstens muß es gewesen sein, daß er an den Landhofmeister Markgraf Christophs von Baden, an Wilhelm von Neipperg, schrieb: „Die Sache des Bundes seye aufs Höchste gestiegen, werde bald abnehmen; darumb wolle er, Hofmeister, seinem Herrn Marggraf rathen, daß er sich nicht übereyle in den Bund zu bretten, oder sich darzu bringen lassen, sondern vielmehr mit der Pfalz zusammenhalten, sie werden je allem widrigen Zumuthen begegnen können und ihren feynden gewachsen seyn." K. CB. 1084 Histor. Notizen über . . . der Pfalz gerechtsame über den Adel im Craichgau, Fol. 85. Diese Zusammenstellung von Urkundenauszügen ꝛc. gibt nur das Jahr 1489, nicht aber den Tag an. Das Orig. oder das Konzept habe ich nicht auffinden können. — Markgraf Christoph trat im April in den Bund ein, wobei er Pfalzgraf Philipp ausnahm. Stälin III, 627.

Wie mit den Kraichgauern stehe es mit den Mortenauern, die auch in den Bund erfordert würden ¹⁰⁶).

Der Pfalzgraf bittet den Herzog, sich für ihn und die Kraichgauer zu verwenden und dadurch die Bemühungen seiner Gesandten am kaiserlichen Hof zu unterstützen.

Herzog Jörg machte sich mit Eifer an seine Aufgabe. Schon am 28. März ¹⁰⁷) kann er Philipp das Versprechen des Kaisers mitteilen, „bi den heuptluten des swebischen punts zuverfugen und zubestellen, daß die selb ritterschaft in den gemelten punt zukomen nit ferrer ersucht, noch darin getrungen werden sollen". Der Kaiser werde, nach seiner Ansicht, auch in Zukunft keine neuen Mandate in dieser Sache ausgehen lassen ¹⁰⁸).

s) Das Ergebnis.

Damit war für den Kurfürsten viel erreicht, aber nicht alles. Indem der Kaiser darauf verzichtete, die Kraichgauer zum Anschluß

---

¹⁰⁶) „ußgescheiden allein, daß bo nit so lang jar ziel bi unsern eltern als die Kraichgawer anhengig gewest sin und daß die noch nit wie die Kraichgawer appellirt han". K. CB. 908 Fol. 295.

1405 löste K. Ruprecht die Hälfte der verpfändeten Reichslandvogtei Ortenau ein, aber nicht für das Reich, sondern für die Pfalz. Von da an waren der Pfalzgraf und der Bischof von Straßburg gemeinsame Pfandherren. Die Einkünfte wurden ungeteilt erhoben, Beamte und Untertanen gemeinsam in Pflicht genommen (Gothein, Wirtschaftsgeschichte des Schwarzwalds I, S. 214). Das engere Verhältnis der Ortenauer Ritterschaft zur Pfalz datiert seit 1446. Am 22. April (fritag vor sant Georgen tag) nahm Pfalzgraf Ludwig IV. Reimbolt, Reinhold, Peter und Kaspar von Windek, Friedrich, Heinrich und Dietrich Röder, Jörg Wilhelm und Dietrich Röder, Jörg von Bach, Heinrich Held von Diefenau, Adam von Roßweiler, Jörg und Reinhard von Schauenburg, Siegfried und Kaspar Pfau von Rüppur zu pfälzischen Lehenmannen und in erblichen Schirm auf. Jedoch hat der Pfalzgraf keine Schadenersatzpflicht. K. CB. 814 Fol. 85. — Das Schirmverhältnis war bei den Ortenauern noch jünger als bei den Kraichgauern, auch war es weniger eng, denn es fehlte die Gerichtsklausel, und ein Vertrag gegen eine Gesamtheit ist an sich weniger bindend. Auch die starken Fesseln des Hofdienstes und der Beamtung waren bei den Ortenauern nicht vorhanden. So war das Verhältnis der Ortenau zur Pfalz lockerer als jenes der Kraichgauer; aber bereits erhob Pfalz den Anspruch der Landesherrlichkeit über die Ortenauer Ritterschaft.

¹⁰⁷) Landshut, samstag nacht vor sondag letare. K. CB. 908 Fol. 299. Abdruck bei Günter S. 52 f., s. Anm. 108.

¹⁰⁸) „achten es auch dafur, daß sein keiserlich maiestat hie fur sich selbs mit newen geboten der sachen halb auch nit bekomern werde." Ebd. Der Dank Philipps ist vom 3. April (Heidelberg, uf fritag nach letare). Ebd. Fol. 299 b. „Also sint wir von unsern reten, zu Innsbruck gewest, bericht, daß uwer lieb by der kaiserlichen maiestat vil fliß, als wir uß uwer lieb schrift itzt auch versten, gehabt zu ableinen der beschwerung." Ebd.

an den Schwäbischen Bund zu zwingen, hatte er noch lange nicht ihre Landsässigkeit in der Pfalz anerkannt. In Herzog Jörgs Verhandlungen zu Innsbruck spielte schon eine Angelegenheit herein [109]), die wir später werden im Zusammenhang zu betrachten haben. In ihrem Verlauf kommt es zu prinzipiellen Auseinandersetzungen zwischen Kaiser und Pfalzgraf, welche zeigen, daß Friedrich III. an der Reichsunmittelbarkeit des Kraichgauer Adels festhielt.

Wenn wir nun die Aktion gegen das kaiserliche Spezialmandat im ganzen übersehen, verstärkt sich der Eindruck, welchen schon die Appellation allein gemacht hat. Nicht nur die Anregung geht vom Pfalzgrafen aus, die Bewegung ist in jedem Stadium von ihm und seiner Kanzlei geleitet. Die Schriftstücke, welche abgehen, sind so ähnlich in Beweisführung und Sprache, als ob sie von einer Hand stammten. Die Kraichgauer, welche in zweien davon im Namen der gesamten Ritterschaft sprechen, sind fast alle pfälzische Räte und Beamte. Man sagt nicht zu viel, **wenn man das ganze Vorgehen als ein pfälzisches, nicht ein kraichgauisches betrachtet.** Es ist gut, gerade auch bei manchen geschichtlichen Dingen nach dem cui bono zu fragen: sie werden durchsichtiger und verständlicher dadurch. In unserem Fall kann es nicht zweifelhaft sein, wem das Ergebnis der gemeinsamen Bemühungen zugute kam. Für die Pfalz war es damals **eine Frage der Existenz**, ob es die Kraichgauer Ritterschaft behielt oder nicht. Das wußte man in Heidelberg genau, und danach handelte man.

d) Die Folgen der veränderten Lage.

α) Für den Gegensatz zwischen Pfalz und Württemberg im allgemeinen und jenen zwischen Württemberg und Neipperg im besonderen.

Zu den bedenklichsten Folgen, welche die Gründung des Schwäbischen Bundes für die Pfalz hatte, gehörte der Umstand, daß alle territorialen Streitigkeiten zwischen dem Kurfürsten und einem Bundesglied an Bedeutung ungeheuer wuchsen. Es handelte sich jetzt nicht mehr um Meinungsverschiedenheiten von Nachbar zu Nachbar. Hinter der einen Partei stand gleich die militärisch stärkste Macht des römischen Reiches und zwang die andere zur höchsten Anspannung ihrer Kräfte. So wurde jede Streitfrage zu einer Gefahr für den Frieden Süddeutschlands.

---

[109]) Der Streit der bayrischen Rittergesellschaft vom Löwen gegen Herzog Albrecht, Herzog Jörg und Pfalzgraf Philipp, s. u. S. 101 ff.

Auch die Späne zwischen den Neippergern und Württemberg, die ohnedies nicht sehr harmlos gewesen, bekamen dieses unheimliche Gesicht. Sie hatten von nun an nicht nur innerpolitische Folgen, wie sie oben zutage traten, sie wurden ein schwerwiegender Faktor in der äußeren Politik der Pfalz.

Württemberg hatte wohl die Überzeugung gewonnen, daß die beabsichtigte Schließung der Westgrenze genügend vorbereitet und die gänzliche Verschiebung der Machtverhältnisse in Süddeutschland der Durchführung günstig sei. So begann es im Frühjahr 1489 den Bau des Landgrabens auf dem Heuchelberg. Von seiner Absicht, „die lantwehr von der wardt an biß gein Sternenfels" auszuführen, machte es im März den pfälzischen Räten Mitteilung, welche eines Augenscheins in dem Neippergischen Jagdstreit halber am Heuchelberg gewesen waren. Die Versicherung, es gelte nur der Umfriedigung des Landes, fand wenig Glauben. Der Pfalzgraf protestierte sofort gegen das Vorhaben, da etliche der Seinen und er selber in jener Gegend begütert seien [110]). Zunächst begannen wieder Verhandlungen, zu denen Philipp den Propst zu Wimpfen, Götz von Adelsheim, bevollmächtigte [111]). Aber schon waren die württembergischen Amtleute mit den Schwaigerner Bauern in Besprechungen eingetreten. Diese mußten fürchten, von ihren am Südhang des Heuchelbergs liegenden Weinbergen entweder ganz abgeschnitten zu werden oder auf wenige Stege angewiesen zu sein. Auch Weggeld und Zoll drohten. Und was dann, wenn es Württemberg nun durchsetzte, daß aller Wein auf Nordheimer Gemarkung in seiner Bannkelter gepreßt werden mußte [112])?

Die Bauern wandten sich an ihre Herrschaft, und Eberhard von Neipperg rief am 6. Mai 1489 seinen Schirmherrn an [113]). Die Einung zwischen Württemberg und der Pfalz müsse doch mehr als ein Graben „fur sorgfeltikeit schuren". Dieser Argumentation schloß sich Kurfürst

---

[110]) Pfalzgraf Philipp an den Grafen Eberhard. Heidelberg, 1489 März 30 (uf montag nach letare). K. CB. 908 Fol. 69. „Wo du ferer furnemest, kanst du selbs wole versteen, daß es uns und den unsern zuverdulden unlibelich were."

[111]) 1489 Mai 6 (mittwoch nach misericordias dmi). Ebb. zwischen Blatt 204 und 205. Orig. „Als der wolgeboren unser lieber oheim Eberhart grave zu Wirtenberg und zu Mumpelgarten der elter in willen ist, als uns anlangt, ein graben oder lantwere am Huchelberg durch unser und der Pfalz oberkeit und herlickeit auch etlich der unsern guter machen zu lassen, das uns und inen unsiblich auch beswerlich ist und meinen das mit recht nit zutun haben..."

[112]) Die Schwaigerner waren bisher davon frei. Versuche, dies zu ändern, waren im 14. und 15. Jahrhundert vorgekommen.

[113]) mittwoch nach des hailigen cruz tag inventionis. Ebb. Fol. 191.

Philipp an, als er am nächsten Tag[114]) den Württemberger noch einmal aufforderte, den gänzlich unnötigen Landgraben zu unterlassen, der eine bis jetzt nicht dagewesene Neuerung und obendrein eine schwere Schädigung der Allgemeinheit wie der einzelnen sei. Graf Eberhard weilte damals in Wildbad und hatte seine Räte nicht bei sich. Er verschob seine eigentliche Antwort deshalb auf die Zeit nach seiner Heimkehr[115]).

So wurde es für die nächste Zeit ruhig in der Angelegenheit. Dafür griff der Pfalzgraf nach einer anderen Möglichkeit, Graf Eberhard zu kränken. Graf Heinrich von Württemberg[116]), welcher in seiner elsässischen Herrschaft Reichenweiler übel hauste, ließ sich herbei, wegen Verwundung und Gefangennahme eines pfälzischen Dieners, Jacobs von Ratsamhausen, vor dem Heidelberger Hofgericht zu Recht zu stehen. Das war schon ein schwerer Schlag für die Ehre und das Ansehen des Hauses Württemberg. Endlich wollte er gar seine Herrschaft Reichenweiher an die Pfalz verkaufen. Jetzt ließ ihn Graf Eberhard d. Ä. mit Zustimmung der Freunde nach Stuttgart einladen und gefangennehmen[117]). Das Verhalten Philipps konnte Graf Eberhard nur als das empfinden, was es tatsächlich war: eine große Unfreundlichkeit.

Durch den Streit um den Landgraben, der selber vorläufig ruhte[118]), war inzwischen auch die Frage des Jagdrechts wieder aufgetaucht. Zunächst handelte es sich um die Zusammensetzung des Schiedsgerichts, dessen Obmann nach langem Suchen in Ludwig von Nippenburg gefunden wurde[119]). Dann stritt man sich um prozessuale Dinge,

---

[114]) Welsau, uf dornstag nach invencionem crucis. Ebd. Fol. 79 b.

[115]) Graf Eberhard an den Pfalzgrafen. Wildbad, am selben Tag. Ebd. Fol. 69 b.

[116]) Der Sohn Ulrichs des Vielgeliebten und Bruder Eberhards d. J. Vgl. Stälin III, S. 599 ff.

[117]) Die Tat Graf Heinrichs fällt auf den 29. März 1489, der Rechtstag vor dem pfälzischen Hofgericht auf den 21. Februar 1490, die Gefangennahme auf den 25. August 1490. Sattler, Graven IV, S. 8 f.

[118]) „... in (den Grafen Eberhard) darumb ersucht, auch gebeten des (vom Landgraben) abzuften, das auch ein zit also beruwet". K. CB. 908 Fol. 56 b.

[119]) Die Verhandlungen darüber zogen sich bis in den Dezember hinein. 1489 Nov. 25 (uf sant Kathrinen tag) schreibt Pfalzgraf Philipp zum erstenmal in dieser Angelegenheit und erhält eine vom 26. Dezember (an sant Steffens tag in heiligen wihenechten) batierte Zuschrift Graf Eberhards als letzte. Ebd. Fol. 171 b und 162. Erst am 6. Februar 1490 (uf samstag sant Dorotheen tag) war der Gewählte imstande, einen Termin auf Sonntag Lätare nach Vaihingen anzusetzen; L. v. Nippenburg an Graf Eberhard. Ebd. Fol. 161 b.

welchen zwar eine gewisse prinzipielle Bedeutung zukam; doch zeigt die Leidenschaft, mit welcher man diese mehr formalen Dinge behandelte, daß es beiden Teilen nicht mehr um die Sache, sondern um ihre Feindschaft zu tun war.

Aus diesem Grunde ist es nicht mehr möglich, die Neippergische Angelegenheit in der weiteren Darstellung gesondert zu betrachten. Sie ist in das Ganze der Begebenheiten so unlösbar verwebt, ist für Farbe und Muster von so großer Bedeutung, daß es die Einheit zerstören hieße, wollte man sie herausnehmen. Das gilt vor allem von jenen Geschehnissen, welche den Kraichgauer Adel berühren. Zu ihnen gilt es zunächst zurückzukehren.

β) Die Folgen der veränderten Lage für die Kraichgauer Ritterschaft im allgemeinen.

In der Kraichgauer Ritterschaft war seit dem 1. Januar 1489 manches reif geworden, was vor diesem Tag erst angesetzt hatte. Anderes, das sich überlebt, stand seinem wohlverdienten Ende nah. Das war mit jener Organisation der Fall, welche bisher den Kraichgauer Adel am innigsten mit dem Heidelberger Hof verbunden hatte: der Turniergesellschaft zum Esel.

Nach der kurzen Periode erneuten Glanzes[120] begann das Turnierwesen abzusterben. Das Turnier zu Worms[121] war das letzte nach Rüxners Zählung[122]. Der geforderte Aufwand war zu groß, die Gegnerschaft, welche die Standesbestrebungen des Adels fanden, zu heftig. Auch war die Kluft zu weit zwischen der Fechtweise des Turniers und jener des wirklichen Krieges[123]. Die romantische Stimmung aber, aus der ihre Pflege Nahrung gesogen, war von den

---

[120] S. o. S. 14 ff.
[121] 1487.
[122] „Mit diesem abendtantz endet sich das löblich Ritterspiel und der Turniershove. Also hat man seither keinen Turnier mehr gehalten, sonder solich Ritterspiel mit diesem erfessen." Rüxner, Fol. 213 b.
[123] Schon um die Mitte des 15. Jahrhunderts kamen neben den Turnieren die Schützenfeste auf. Ihre Waffe, Armbrust und Büchse, ist das bezeichnendste Sinnbild der militärischen Umwälzung. Anfangs des 16. Jahrhunderts sind sie ganz an Stelle der Turniere getreten; auch als Mittel der Politik. Vgl. K. Waffmannsdorff, Des Pritschenmeisters Lienhard Flexels Reimspruch über das Heidelberger Armbrustschießen des Jahres 1554, Heidelberg 1886, S. XIII über das Heidelberger Armbrustschießen von 1524: Es „sollte das erste einer Reihe solcher Festlichkeiten sein, die zur Erhaltung der Freundschaft von den damals den Reichstag zu Nürnberg besuchenden Fürsten in Aussicht genommen waren".

harten Forderungen des Tages zerrieben worden[124]). So wurde der kostspielige, anstrengende Sport bei dem erlahmenden Interesse der Fürsten und des Adels allmählich aufgegeben.

Auch in der Eselsgesellschaft zeigt sich diese allgemeine Erscheinung. Schon 1488[125]) wird der Besuch der Kapitelstage wesentlich erleichtert, und es ist bezeichnend, daß nur 18 Mitglieder diesen Beschluß fassen. Am 11. Januar 1490[126]) hatte sich die Gesellschaft noch einmal zusammengefunden. Die Beteiligung war außerordentlich gering. Nur 12 Anwesende werden genannt[127]). Die Odenwälder waren fast vollzählig, von den Kraichgauern nur 7 erschienen. Das ist deutlich. Die Zeit war vorbei, in welcher die Staatskunst der Landesfürsten den Adel mit ritterlichem Sport vollauf beschäftigen konnte und die Politik den Regierenden allein reservierte. Indem die wenigen Mitglieder den Jahresbeitrag herabsetzten, auf die jährliche Vollversammlung und die Wahl des Königs durch die Mitglieder verzichteten und dafür die Mitglieder zur gegenseitigen Hilfe beim Einlager· von Gesellschafts wegen verpflichten wollten, haben sie die Eselsgesellschaft vollends zu einem Scheinwesen heruntergedrückt. Die eigentliche Aufgabe, das Turnier, war nicht mehr vorhanden; die einzige Möglichkeit der Wiederbelebung, die Politik, war der pfälzischen Hofgesellschaft versagt, — so war es aus mit dem „Esel", wie es aus war mit dem „Ritter spielen", zu dem die Ritterspiele schließlich heruntergesunken[128]).

Der Mangel an Interesse für die alte Turniergesellschaft, welchen besonders die Kraichgauer bekunden, hat sicher seinen Grund darin, daß sie in ihrer Speierer Vereinigung jetzt eine Organisation besaßen, welche ihren besonderen Wünschen entsprach. Jetzt gingen sie daran,

---

[124]) Auch in der Literatur macht sich der Rückgang höfisch-ritterlicher, das Aufkommen politischer und religiöser Interessen bemerklich.

[125]) Februar 24 (uf monbag nach dem sontag invocavit). Transfix an der Urkunde von 1478, f. o. S. 14 Anm. 5.

[126]) uf monbag nach der hl. brier lönige tag, zweites Transfix der Urkunde von 1478.

[127]) Schenk Erasmus, Herr zu Erbach und zu Bickenbach, Erhart von Helmstatt, z. Zt. König der gesellschaft des Esels, Ott vom Hirschhorn, Hans von Sickingen, beide Ritter, Erkinger und Hans von Rodenstein, Blicker von Gemmingen, Johann von Helmstatt, Carius und Hans von Venningen, Conrad von Frankenstein und Conrad von Sickingen.

[128]) Es paßt gut zu der sterbenden Gesellschaft, daß die letzten von ihr vorhandenen Urkunden die Stiftung einer Seelenmesse für die Gestorbenen und noch Sterbenden betreffen, 1494 Januar 13 (montag octava epiphaniae) und 1496 Januar 25 (uf sant Pauls bekerungstage), K. 41/7.

durch eine Statutenerneuerung [129]) festen Untergrund zu schaffen. Es ist leicht möglich, daß die klägliche Versammlung des Esels den Anstoß dazu gegeben hat.

Vier Wochen nach dieser [130]) schloß „die Ritterschaft auf dem Kraichgau" auf 10 Jahre eine „Bruderschaft", welche sie ausdrücklich an eine langjährige ältere Vereinigung anknüpft [131]). Die Satzungen waren folgende:

1. Die Ritterschaft wählt jährlich einen Hauptmann [132]), welcher die Tage ansetzt. Von ihrem Besuch entschuldigt nur ehafte Not.

2. Die Mitglieder sollen in guten Treuen und Ehren miteinander leben, bei Beleidigungen Genugtuung geben, bei Teidungen einander Beistand leisten.

3. Wenn einer „niedergeworfen und zu gevencknis getrongen oder bracht" wird, sollen Hauptmann und Mitglieder ihn zu lösen suchen. Der Pfalzgraf soll dabei um seine Hilfe ersucht werden, ebenso „andere unser herren und frundt".

4. Bei Streitigkeiten mit Untertanen anderer Mitglieder soll der Kläger den Hauptmann um Ansetzen eines Tages und freundlichen Austrag bitten.

5. Zum Teidungsmann dürfen außer Mitgliedern der Gesellschaft nur Geschwister oder Geschwisterkinder des Mannes bezw. der Frau genommen werden.

6. „So soll die ritterschaft mit einander cleiden, im sommer rot, im winter grau rock, und rot kappen, und soll die farb sten in des hauptmanns gefallen, es wer den sach, daß unser gnedigster herr der pfalzgrave gehabt wolt haben, daß wir mit siner gnaden kleiden sollten, und uns sin hofkleid schickt, so sollent wir uns mit sin gnaden kleiden."

7. Im Fall einer Fehde soll einer dem andern auch mit seinen Knechten aushelfen.

8. Bei Streitigkeiten, in welchen die Parteien nicht den Hauptmann um Vermittlung angehen, soll dieser von sich aus einen Tag

---

[129]) Um eine solche, nicht um eine Neugründung handelt es sich. Wir wissen nicht, welche Abschnitte unserer Urkunde den Speierer Statuten entnommen sind. Von der Einleitung (f. Anm. 131) muß man es jedenfalls annehmen.

[130]) 1490 Februar 1 (an unser lieben frauen abat kerzenwi). Günter a. a. O. S. 57—66. Ich habe weder das Original noch eine Kopie auftreiben können.

[131]) Sie schließen „ein bruderschaft und gesellschaft als brüder, vettern und schweger, der voreltern gedechtnis, und auch sie bis alher lang zit und jar mit einander in gute gesellschaft und frundschaft herkommen sind".

[132]) Welcher Unterschied gegen die Turniergesellschaft zum Esel, deren Mitglieder gerade durch den Verzicht auf dieses wichtige Recht ihre Interesselosigkeit bekunden!

anseßen. Die Mitglieder haben dem Hauptmann Anzeige zu machen, sobald sie von einem derartigen Zwist hören.

9. Wenn der Kaiser ein Mandat erläßt an die Ritterschaft, soll der Hauptmann sofort den Pfalzgrafen um Rat und Hilfe angehen. Ferner soll er die Ritterschaft beschreiben und mit ihr beraten, wie man um das Mandat herumkommen kann [133]).

10. Jeder soll seine Behausung nach Vermögen und Gelegenheit mit Zäunen, Mauern, Böllern und Büchsen ausrüsten.

11. Ferner soll jeder nach Wunsch und Vermögen Knechte und Pferde halten.

12. Die Einung soll 10 Jahre währen.

Man sieht den Artikeln dieses Bundes an, daß sie das Werk verschieden gearteter Strebungen und Verhältnisse sind.

Die Einleitung knüpft bewußt an die Gesellschaft vom Esel an. An ähnliches in ihren Gesellschaftsbriefen erinnern die unter 2, 3 und 6 wiedergegebenen Bestimmungen. In 6 ist an die Stelle der ritterschaftlichen Abzeichen ganz die „Uniform" getreten [134]). In ihr kommt der Zusammenhalt der Gesellschaft zu ungemein starkem Ausdruck. Lebhafter konnte die Einheit nach außen nicht wohl betont werden.

---

[133]) „und desgleichen (soll der Hauptmann) uns auch beschriben und retig werden, wie wir uns desselben mit fog ufhalten megen".

[134]) Der Gesellschaftsbrief von 1478 kennt noch beides nebeneinander. Die Entwicklung vom Abzeichen zur Uniform ist überaus einfach. Sie ist gefördert worden durch die Einrichtung des „Hofkleides". Sehr früh schon enthalten Dienstverträge unter den Emolumenten der Diener auch ein oder mehrere Kleider, welche natürlich in den Farben des Herrn, angeborenen oder gewählten, gehalten waren. Das Auftreten der Fürsten mit ihrem uniformierten Gefolge wird gelegentlich erwähnt. Auch die Turniergesellschaften pflegten bei den feierlichen Gelegenheiten in gleichen Farben aufzutreten. —

In dem Umstand, daß die Uniform dann nicht getragen werden muß, wenn der Pfalzgraf sein Hofkleid schickt und wünscht, daß man „mit ihm kleide", hat Roth von Schreckenstein, Reichsritterschaft II, S. 74, einen Beweis für „den reinsten pfälzischen Localpatriotismus" gesehen, welchen die ganze Urkunde atme. Er folgte dabei wohl Häuffer, Gesch. der rhein. Pfalz I, S. 513 und Anm. 80. Beide haben unrecht. Die Kraichgauer waren nun einmal durchweg Lehenleute und Diener des Pfalzgrafen. In ihren Bestallungsurkunden werden ganz wie bei andern Dienern auch Hofkleider unter den Bezügen aufgeführt. Es hätte große Schwierigkeiten gemacht, bei dem Wert, welchen jene Zeit auf Symbolik legte, sogar die Stellung kosten können, hätte ein Kraichgauer darauf bestanden, die ritterschaftliche Uniform anstatt des Hofkleides zu tragen. Der Beschluß der Kraichgauer ist eine Selbstverständlichkeit, wenn man ihr Verhältnis zur Pfalz kennt.

Die Meinung Roths, mit der Übersendung des Hofkleides sei „vermutlich nur ein Muster desselben gemeint" (ebd.), erledigt sich nach dem oben Gesagten.

Dem entspricht die straffe Organisation. In die Hand des Hauptmanns ist eine große Machtfülle gelegt [135]), die besonders auch bei Streitigkeiten der Mitglieder zur Geltung kommt [136]). Ihrem Austrag ist eine ganze Anzahl von Bestimmungen gewidmet [137]). Aus ihnen ist zu sehen, daß die Pfalz die beanspruchte Ausschließlichkeit seines Hofgerichtes doch nicht aufrechtzuerhalten vermochte. Besonders durch die Anzeigepflicht der Mitglieder [138]) wird gesorgt, daß auch solche Fälle vor das Gericht des Hauptmanns kommen, in denen die streitenden Parteien dies vermeiden möchten. Damit sind eigentlich alle Streitigkeiten des Adels mit Untertanen von Mitgliedern dem pfälzischen Hofgericht entzogen. Wie sehr man bemüht war, fremde Hände von Kraichgauer Angelegenheiten fernzuhalten [139]), zeigt die Bestimmung, wonach zu Teidigungsmännern außer Mitgliedern nur die nächsten Verwandten genommen werden dürfen [140]).

Aus der drohenden Kriegsstimmung der Zeit heraus sind jene Beschlüsse geboren, welche die Befestigung der Behausungen, deren Besatzung und Ausrüstung, endlich den gegenseitigen Beistand im Fall der Fehde betreffen [141]). Man sieht auch, die Gesellschaft ist eifrig dabei, „sich selbst zu handhaben".

Die Bestimmung, daß die Bruderschaft 10 Jahre währen solle, scheint mir nicht unbeeinflußt zu sein von der Dauer des zehnjährigen Frankfurter Landfriedens, dessen Zeit auch der Schwäbische Bund angenommen hatte.

Dem Speierer Statut scheint der Abschnitt 9 entnommen zu sein. Er muß aus einer Zeit stammen, wo die Kraichgauer in unmittelbarer Erwartung eines kaiserlichen Mandats lebten und die Heidelberger Verhandlung vom 22. November noch frisch im Gedächtnis war [142]).

Vom Pfalzgrafen ist öfter die Rede [143]). Er erscheint als der starke

---

[135]) S. z. B. den Abschnitt 1 des Gesellschaftsbriefes.
[136]) S. Abschnitt 4 und 8.
[137]) Abschnitt 2, 4, 5, 8.
[138]) Abschnitt 2.
[139]) Hände, durch welche z. B. auch der Pfalzgraf indirekt Eingriffe hätte versuchen können.
[140]) Abschnitt 5. Möglicherweise sollten dadurch auch Mitteilungen von Austragsverhandlungen an den Heidelberger Hof und Eingriffe des Hofgerichts vermieden werden.
[141]) Abschnitt 7, 10 und 11.
[142]) Seine Beibehaltung verdankt der Abschnitt der Furcht vor einem neuen kaif. Gebotsbrief.
[143]) Abschnitt 3, 6 und 9.

Helfer, an welchen sich die Ritterschaft wendet, ob nun der einzelne oder die Gesamtheit in Bedrängnis geraten ist. Doch ist er nicht der einzige Helfer. „Andere unser herren und frund" werden neben ihm um Beistand ersucht. Von einem Verhältnis politischer Abhängigkeit ist nicht einmal andeutungsweise die Rede. Der Pfalzgraf empfängt als Lehensherr und Dienstherr die gebührende Rücksicht [144]) und das Vertrauen der Ritterschaft. Mehr ergibt sich nicht aus dem Gesellschaftsbrief. Im übrigen ist er ein Zeugnis dafür, wie selbständig die kraichgauische Ritterschaft fühlt. Gewiß, von dem pfälzischen Hof als ihrem Rückhalt in politischer und wirtschaftlicher Beziehung will sie sich nicht trennen. In den Schwäbischen Bund will sie nicht eintreten. Aber auf ein gewisses Maß militärischer und gerichtlicher Unabhängigkeit will sie auch nicht verzichten.

γ) **Ulrich von Flehingen.**

Wie der Pfalzgraf darüber dachte, wissen wir aus seinem Schreiben an die Speierer Versammlung. Es war nun ein Jahr darüber vergangen, aber seine Gesinnung hatte er nicht geändert. Offene, gewaltsame Schritte lagen nicht in seiner Art. Er war zu vorsichtig dazu, vielleicht auch nicht ehrlich genug. Und doch drängte die Lage dahin, die Kraichgauer durch starke Mittel von der kaiserlichen Partei abzuhalten. Philipp wählte den Ausweg, einzelne Mitglieder des Adels unschädlich zu machen, denen er glaubte nicht trauen zu dürfen. Er lief dabei am wenigsten Gefahr, daß die Ritterschaft in ihrer Gesamtheit sich gegen ihn wandte, besonders dann nicht, wenn der Schein gewahrt blieb, daß ein Angriff nicht von ihm, dem Fürsten, sondern von einer Privatperson ausgehe.

Auf der Heidelberger Versammlung vom 22. November 1488 waren die Berwangen, die Remchingen, Ulrich von Flehingen und Eitel Schelm von Bergen durch ihre Bedenken aufgefallen. Sie hatten die Proposition des Kurfürsten nicht ohne weiteres angenommen, sondern auf ihre wirtschaftliche Abhängigkeit oder das Dienstverhältnis zu einem andern Fürsten hingewiesen [145]). Die Berwangen, bei denen es sich um ein von Württemberg zu Lehen gehendes Kapital handelte, ließen sich beruhigen. Gegen den Einwand der Remchingen, daß sie als Einwohner der Markgrafschaft Baden und Lehenleute des Fürsten sich nach diesem zu richten hätten, war trotz ihres Erbschirmverhältnisses zur Pfalz [146])

---

[144]) S. o. Anm. 134.
[145]) S. o. S. 55 f.
[146]) Seit 1463 März 17 (donnerstag nach Oculi). K. GB. 813 Fol. 32.

füglich nichts einzuwenden. Anders war es mit Ulrich von Flehingen und Eitel Schelm ¹⁴⁷). Und trotz ihres näheren Zusammenhangs mit der Pfalz hatten sie sich durch die Vermahnung zu Heidelberg nicht abhalten lassen, Mitglieder des Schwäbischen Bundes zu werden. Das war ein böses Beispiel und heischte Rache.

Mit Flehingen wurde der Anfang gemacht. Seine Eigenschaft als pfälzischer Lehensmann und Schirmverwandter bot die kräftigste Handhabe, etwaige gerichtliche Schritte vor das Heidelberger Forum zu lenken.

Thomas Röder, ein pfälzischer Diener, sagte Ulrich Ende Juni oder anfangs Juli 1490 Fehde an und ließ auf ihn streifen. Flehingen ersuchte den Grafen Eberhard von Württemberg, er möge Kurfürst Philipp zum Einschreiten gegen Röder veranlassen ¹⁴⁸). Graf Eberhard nahm sich seiner an, übersandte dem Pfalzgrafen das Schreiben Ulrichs und bat um Vermittlung zwischen ihren beiden Dienern auf Grund der Einung ¹⁴⁹). Daraus entspann sich eine längere Korrespondenz ganz von der Art, wie sie uns für das Verhältnis zwischen Pfalz und Württemberg bezeichnend geworden ist. Nur bestand diesmal Württemberg darauf, daß die Einung Platz zu greifen hätte, während Pfalz behauptete, der Flehinger gehöre in ihren Gerichtszwang, sei deshalb Landsasse, und der Pfalzgraf sein Landesfürst. Die Einung finde also hier keine Anwendung ¹⁵⁰). So blieb Ulrich vorläufig ohne Recht. Daß er die Einung angerufen und sich um den Anspruch der Pfalz auf die landesfürstliche Hoheit, besonders den Gerichtszwang, nicht kümmerte, verschlechterte seine Situation wesentlich.

Hatte die Feindschaft Röders nicht genügend gewirkt, so versuchte man es jetzt mit einem anderen, boshafteren Mittel: man hetzte seine Flehinger Bauern gegen ihn auf. Aber nicht etwa heimlich und vor-

---

¹⁴⁷) S. o. Anm. 45 und 46.
¹⁴⁸) Ulrich v. Flehingen an Graf Eberhard d. Ä. 1490 Juli 5 (montag nach sant Ulrichs tag). K. CB. 908 Fol. 182.
¹⁴⁹) Graf Eberhard d. Ä. an Philipp 1490 am selben Tag. Ebd. Fol. 182.
¹⁵⁰) Der Pfalzgraf an Graf Eberhard 1490 Juli 29 (donnerstag nach Jac. ap.): „und kunden dir, daß uns von Ulrichen noch nichts angelangt hat, wo aber Ulrich uns als sin landfursten deshalben ersuchen wurde, gedechten wir, doch unser fruntlichen einung unerinnert, uns wie gepurlich zu bewisen." Ebd. Fol. 182 b. — Graf Eberhard an Philipp 1490 Aug. 5 (sant Oswald): Flehingen ist württembergischer, Röder pfälzischer Diener. Die Einung ist also zuständig. Ebd. Fol. 183. — Der Pfalzgraf an Graf Eberhard 1490 August 12 (donnerstag nach Laurentius): „Daß aber Ulrich sich durch sin dinstpflicht gegen dir uß unserm ordenlichen gerichtszwang als unser lantsaß ziehen (wil), vermeinen wir nit sin, auch die fruntlich einung zwischen uns in zu lassen nicht vermögen soll." Ulrich soll nach Heidelberg kommen. Ebd. Fol. 183 b.

ſichtig, nein, ganz ungeſcheut und — von des Landesfürſten wegen. Die Pfalz hat in ſpäterer Zeit der Reichsritterſchaft gegenüber dieſes ebenſo probate als gefährliche Mittel oft gebraucht; für unſere Periode dürfte ſeine Anwendung einzig daſtehen.

Ulrich hat die Vorgänge im Jahre 1492 in einer neuen Supplikation an den Württemberger Grafen ſelbſt erzählt[151]). Danach begaben ſich die Einwohner von Flehingen, von denen nur einer pfälziſcher Leibeigener war, die übrigen Ulrichs Untertanen, auf Geheiß des pfälziſchen Marſchalls Hans von Dratt[152]) in den Schirm des Kurfürſten. Die wenigen, welche treu bleiben wollten, wurden mit Gewalt ihrem Herrn abwendig gemacht. Die Abtrünnigen verweigerten Zinſen, Gülten, Fronden und Bede; ſie zahlten die gerichtlichen Gefälle nicht mehr; ſie beſtahlen die Wälder und plünderten die Fiſchteiche ihres Junkers; ſie bedrohten ſeine Familie und ſeine Amtleute, ſchlugen ſeine Knechte und höhnten den machtloſen Herrn ins Antlitz aus. Als Flehingen ſich auf Zureden des Kanzlers und des Hofmeiſters herbeiließ, das pfälziſche Gericht anzurufen, wurde er von Verhandlung zu Verhandlung herumgefoppt. Der Kommiſſär, auf welchen beide Parteien ſich geeinigt hatten, Jörg Göler, Vogt von Bretten, weigerte ſich nach langem Zögern, den Auftrag anzunehmen. Die Bauern redeten ſchließlich davon, ſie wollten dem Junker das Schloß ausbrennen und abgewinnen; ſie hätten Befehl, ſeine Amtleute zu erſtechen.

Es war eine böſe Saat, welche hier von einem Fürſten und ſeinen Beamten ausgeſtreut wurde. Sie iſt in der unruhigen Bevölkerung des Kraichgaus und Bruhrains nur allzu raſch aufgegangen. Zehn Jahre ſpäter zeigte es ſich im Bundſchuh von Untergrombach)[153], daß

---

[151]) K. CB. 908, 6 unfol. Blätter zwiſchen Fol. 184 und 185. Original.

[152]) Deſſen Tätigkeit ſteht bei dem ganzen Handel ſo im Vordergrund, daß er als die Seele des Vorgehens anzuſehen iſt.

[153]) Vgl. über dieſen: K. Herold, Der Bundſchuh im Bistum Speier vom Jahre 1502. Greifsw. Diſſ. 1889. Literatur und Quellen S. 1 ff. Die Darſtellung bedürfte wohl einer Nachprüfung. Ihr Grundirrtum iſt, daß es ſich um eine Empörung beſonders der biſchöflich ſpeieriſchen Bauern gehandelt habe. Die gleichzeitige Aufzeichnung des Landſchreibers Georg Brentz, welcher die Ausſagen des Entdeckers der Verſchwörung, Lux Rapp, ausführlich wiedergibt, berichtet, daß in dem Bundſchuh auch „von Pforten (Pforzheim) vil und von andern orten und enden darumb" geweſen ſind. Auch gilt es nicht nur biſchöflichen Orten, Bretten und Maulbronn ſollen ebenfalls eingenommen werden. Noch weniger ſoll es ausſchließlich über die Pfaffen hergehen. „Die herren" überhaupt ſind gemeint, und der Adel wird ausdrücklich immer mit der Geiſtlichkeit zuſammen genannt. Vgl. „Georg Brentzen des Landſchreibers Bericht vom Bundſchuh im Bruhrein", Badiſches Archiv II (1827) S. 166, 167, 168 und 169. — Auch

auch in diesen Zeiten die Revolutionen von oben gemacht wurden. Die Flehinger Bauern waren von den pfälzischen Beamten nichts anderes geheißen worden, als was Jost Fritz und seine Genossen den Fürsten, Edelleuten und der Geistlichkeit anzutun gedachten.

Auch auf den Kraichgauer Adel mußte ein solches Vorgehen auf die Dauer erbitternd wirken. In der Unbotmäßigkeit der Flehinger Bauern, welche der Pfalzgraf schürte, und in dem Grombacher Bundschuh lag eine solch eindringliche Warnung, daß sie für niemand zu übersehen war.

Der Pfalzgraf freilich und seine Beamten hatten dafür zunächst kein Auge. Sie sahen nur ihren nächsten Zweck, den sie allerdings vortrefflich erreichten. Die Flehinger Bauern wollten nicht württembergisch, sondern pfalzgräfisch sein und drohten, sie würden Ulrichs Knechten und wer in den Schwäbischen Bund gehöre, Hände und Füße abhauen. Der Gewalt wieder Gewalt entgegenzusetzen, wurde ihr Herr vom Pfalzgrafen verhindert. Alle Habe, alles Recht schien ihm

---

im einzelnen findet sich bei Herzog Unrichtiges und Schiefes. — Der Eindruck, es handle sich hauptsächlich um eine Verschwörung stiftspeierischer Bauern gegen die Geistlichen, wurde dadurch hervorgerufen, daß Quellen und seitherige Literatur in der Hauptsache dem speierischen Boden entstammen. — Die überaus milde Regierung Ludwigs von Helmstatt hätte auch am allerwenigsten eine Erhebung der Bauern herausgefordert. Vgl. die gnädigen Strafen, die er erläßt, mit den von Maximilian vorgeschlagenen. Herzog a. a. O. S. 37 ff.; s. auch u. Anm. 191. Ich möchte dagegen der Nachricht viel größeres Gewicht beimessen, welche Herzog S. 44 Anm. 1 aus Linturius zitiert; darin wird „Johannes vom Drath" capitaneus supremus einer Verschwörung in der Rheingegend genannt. Diese habe reiche Priester geplündert und mit kommunistischen Tendenzen den Zweck verbunden, Priester und Edelleute entweder auf andere Bahnen zu bringen oder zu töten (corrigere et occidere sacerdotes et nobilitares). Es unterliegt ja keinem Zweifel, daß der pfälzische Marschall Hans von Dratt nicht an einer Bauernverschwörung gegen den schirmverwandten Bischof von Speier und seinen eigenen Herrn beteiligt war. Aber wie in der Nachricht, die Linturius zum Jahre 1502 bringt, überhaupt verschiedene Gerüchte verschmolzen scheinen (Herzog a. a. O. S. 48: „Linturius hat von irgendeiner Seite die Nachricht erhalten, daß sich in den Rheinlanden ein mächtiger Aufruhr erhoben hätte, welcher kommunistische Ideen zeigte, und dessen Spitze sich hauptsächlich gegen die Geistlichen, aber auch gegen den Adel richtete, daß diese Empörung aber unterdrückt und die Übeltäter aufs strengste bestraft worden seien. Sodann war ihm von anderer Seite die Mitteilung geworden, daß sich in derselben Gegend — auch Weißenburg gehörte zum Bistum Speier — ein Herr vom Adel, Hans von Drath, die ärgsten Übergriffe gegen die Geistlichen erlaubt und viele mit Gewalt ihrer Pfründen beraubt hätte. Diese beiden, vielleicht recht allgemein gehaltenen Nachrichten scheint er irrtümlicherweise verschmolzen und so seine Erzählung vom Jahre 1502 gebildet zu haben."), so kann sehr wohl auch die adelsfeindliche Tätigkeit Dratts zu ihm gebracht worden sein.

genommen zu sein. Er wußte wohl warum: „Solichs alles geschicht mir allein uß dem, daß ich uwer gnaden diener bin und dem kaiserlichen mandat nit widerwärtig und ungehorsam sin will."

8) Eitel Schelm von Bergen.

Nach Ulrich von Flehingen kam Eitel Schelm von Bergen an die Reihe. Bei ihm, der erst kurze Zeit in der Gegend saß [154]) und weder verwandtschaftlichen noch sonstigen Anhang unter den Kraichgauern hatte, brauchte man sich schon gar keine Reserve aufzuerlegen.

Am 9. September 1490 sagte Hans Lindenschmidt, ein pfälzischer Diener [155]), dem auf der Achalm weilenden Eitel Schelm ab [156]), und der angedrohte „brand, roub, mort oder anders, wie das namen haben mag", ließ nicht auf sich warten. Am 11. September, bevor noch der Fehdebrief in Eitel Schelms Händen war [157]), überfiel Lindenschmidt mit seinen Gesellen das Schloß Neibsheim [158]), plünderte es aus und brannte es nieder. Auch das Dorf wurde ausgeraubt und angezündet.

Bei Waghäusel im bischöflich speierischen Gebiet hatten sich die Landfriedensbrecher gesammelt; quer über die Rheinebene durch pfälzisches und speierisches Land wurde die Beute (Vieh und Hausrat) zur

---

[154]) S. o. Anm. 45. Vgl. über ihn und seinen Aufenthalt auf der Achalm Th. Schön in den Reutlinger Geschichtsblättern 1902 S. 17 f.

[155]) Sein Bestallungsbrief von 1485 August 14 (uf unser lieben frawen abent assumpt.). K. CB. 816 Fol. 298 f. Er wird „sein leben lang" als Knecht angenommen für jährlich 18 fl., 10 Mlt. Korn, 20 Mlt. Haber und ein Hofkleid. Wenn er sich irgendwo niederlassen will, soll er frei sein von allem, „der halben ein inseßer daselbst beladen ist". Erhält er ein Amt, das so viel trägt als seine Besoldung, so entfällt diese. — Diese Bedingungen sind außerordentlich günstig für einen „knecht", der offenbar „einspenniger" war. Durch ein paar Jahre hat Lindenschmidt eine ebenso große als zweifelhafte Rolle als pfälzischer Parteigänger gespielt. Darüber s. u. — Sein Ende ist in dem bekannten Volkslied besungen. Uhland, Alte hoch- und niederdeutsche Volkslieder, 1844 Nr. 139 a u. b und Liliencron, Die historischen Volkslieder der Deutschen, Bd. II (1866) Nr. 178 a u. b. Danach hat ihn Markgraf Christoph von Baden fangen und hinrichten lassen. — Widder, Beschreibung der kurf. Pfalz, Bd. I, S. 333, bezeugt noch für das Ende des 18. Jahrhunderts, daß Lindenschmidt in der Weinheimer Gegend, wo das sogenannte „Raubschloß" mit ihm in Verbindung gebracht wurde, „wegen seines abentheuerlichen Auszuges in Kriegszeiten unter dem gemeinen Volke noch vieles Aufsehen" mache. — Heutzutage ist davon nichts mehr in Erfahrung zu bringen.

[156]) donrstag nach unser lieben frawen tag nativitatis. K. CB. 908 Fol. 242 b.

[157]) Er erhielt ihn erst „uf sondag nach der tab zu Achalm". K. CB. 908 Fol. 233.

[158]) Vgl. zum folgenden: Remling, Gesch. der Bisch. von Speier, Bd. II (1854), S. 198 ff.; Chr. Fr. von Stälin, Bd. III, S. 632; Klüpfel, Bd. I, S. 91 ff.; Sattler, Graven, Bd. IV, Beil. Nr. 5 u. 6.

bischöflichen Fähre zu Rheinhausen geführt und übergesetzt. Die erste Nacht wurde bei und in Speier zugebracht. Dann bewahrte man die Beute in Dudenhofen [159]) auf, in einem dem Kloster Maulbronn gehörenden Hof.

Das war eine ungemein gründliche Art, jemanden den Aufenthalt in einer Gegend zu verleiden. Zugleich aber war es eine eklatante Verletzung des Frankfurter Landfriedens vom 17. März 1486.

Eitel Schelm wandte sich, sobald er Lindenschmidts Fehdebrief erhielt [160]) und sein Unglück erfuhr, an den Schwäbischen Bund. Die Eile, mit welcher dieser nun vorging, zeigt, wie willkommen ihm der Vorfall war.

Der Bischof von Speier, der Pfalzgraf [161]), das Kloster Maulbronn erhielten Zuschriften des Bundes, in welchen Rechenschaft gefordert wurde. Die Ritterschaft auf dem Kraichgau wurde unter Drohungen neuerdings in den Bund erfordert [162]). Rüstungen betrieben die Bundesmitglieder ohnedies: der Kaiser und der König hatten zur Eroberung Ungarns eine Hilfe gefordert und zugesagt bekommen [163]).

e) Die „speirer uffrur".

Der friedlich gesinnte Bischof Ludwig, der sein ganzes Leben lang, wie allgemein bekannt war, „nach ufruren oder ritterstucken wenig gedracht hett" [164]), sandte seinen Vogt am Bruhrein, Philipp von Nippenburg [165]), an den Grafen Eberhard, um seine Unschuld darzutun. Auch an Eitel Schelm und den Bundeshauptmann Jörg von Ehingen schickte er Entschuldigungsbriefe [166]).

---

[159]) Der Pfalzgraf an Graf Eberhard 1490 Sept. 26 (sontag nach sant Mauricii tag). K. CB. 908 Fol. 237 b f.

[160]) S. o. Anm. 157.

[161]) Am 21. September, s. u. Anm. 168.

[162]) S. u. Anm. 168, 184, 187.

[163]) Es wurde zwar am 14. Mai 1490 zu Ulm beschlossen, die Unterstützung in Geld zu geben. Klüpfel, S. 88. Es müssen aber später auch Truppen gewährt worden sein. Auf dem Heilbronner Tag vom 29. Oktober (s. u. Anm. 175) beschließt man, der Mahnung der beiden Herrscher, welche die Truppen verlangen, nicht stattzugeben, sondern, daß „still zu sten si bis uf verrer abreb".

[164]) Der Pfalzgraf an den Bund 1490 November 2 (uf aller selen). K. CB. 908 Fol. 240.

[165]) Remling, a. a. O. S. 198 f. hat „von Neipperg", was unrichtig ist. S. Anm. 166.

[166]) Am 26. September; Udenheim, sonbag nach Matthei. K. CB. 908 Fol. 231. Als Überbringer der Briefe ist der Vogt am Bruhrain, Philipp von Nippenburg, genannt.

Der Pfalzgraf verwandte sich am selben Tag ¹⁶⁷) bei Graf Eberhard für das Kloster Maulbronn. Zwei Tage zuvor, am 24. September, hatte er dem Römischen König Mitteilung von der Gefahr gemacht, die ihm, dem Bischof von Speier und der Kraichgauer Ritterschaft drohte¹⁶⁸), hatte zugleich aber auch den festen Entschluß ausgesprochen, den Bischof und die Ritterschaft nicht im Stiche zu lassen.

Maximilian unternahm daraufhin Vermittlungsversuche, hatte aber keinen Erfolg. Besser gelangen seine Schritte beim Kaiser, die auch von Herzog Jörg unterstützt wurden. Der Bund aber ließ sich auch nicht durch die Aussicht auf ein kaiserliches Mandat schrecken.

Am 18. Oktober beriet der Schwäbische Bund zu Ulm die Bundeshilfe, die einzelnen angegriffenen Mitgliedern zu leisten sei, und entwarf einen Verteidigungsplan¹⁶⁹). Am 21. Oktober kam er wieder in Eßlingen zusammen¹⁷⁰) und erließ drei Ausschreiben. Das erste an den **Bischof von Speier** ist ein Ultimatum. Der Bischof hat Lindenschmidts Tat nicht gewehrt; er soll deshalb Eitel Schelms Schaden und die seitherigen Auslagen des Bundes¹⁷¹) ersetzen,

---

¹⁶⁷) Germersheim, sondag nach sant Mauricii tag. Ebd. Fol. 237 b f. Die persönliche Verantwortung des Abtes ist von 1490 Oktober 19 (dienstag nach Galli). Ebd. Fol. 236 b f.

¹⁶⁸) uf fritags nach Matthei apli. K. CB. 908 Fol. 238. „So sint in mittel die hauptlut und ret des bunds zu Schwaben in vil gewerbs gestanden und noch sich erheben und ein lantzug furgenomen ist. Die ufrur soll uber mich und min furstentum oder die jenen mir verwant, die ich nit verlassen mag gezogen werden, uns gewalt und schaden zuzufugen" ... „aber inwendig brien tagen verschinen sint mir von den bundischen hauptluten und reten schrift komen, die mich ganz unverborgen berichten, daß ich des erwirdigen in got vaters, mins lieben besundern frunds und gevatters, des bischofs zu Spier halben eins merglichen uberzugs und beschedigung miner land und lut warten muß." Der Pfalzgraf wird den Bischof, der keine Schuld hat und sich überdies zu Recht erbot, nicht im Stiche lassen. „Deßglich haben die egenanten bundischen abermals ernstlich ansuchung getan an unser ritterschaft uf dem Greichgaw sich zu ine zutun mit hoher trawe, ob sie das nit teten, solten sie wissen, daß sie beswerniß gein in furnemen wolten. Wie unbillig sie das tun, ist u. lo. wirdt uß ursachen, vor gnugsamlich gehort, wol bericht, die ich aber keinswegs von mir bringen lassen kann und werd, des ich mich mit hilf gottes und miner bistender hoffen will ufzuhalten nach bestem vermogen."

Von der neuen Aufforderung an die Kraichgauer Ritterschaft ist weder das Original noch eine Kopie aufzufinden gewesen. Sie kann nur wenige Tage vor dem 24. September datiert sein.

¹⁶⁹) Klüpfel, S. 93.
¹⁷⁰) Bei Klüpfel nicht erwähnt.
¹⁷¹) „auch uns umb unsern cost und schaden der sach halb erlitten". Eßlingen, „bonnerstag der 11000 Mägde tag". K. CB. 908 Fol. 239.

widrigenfalls er weiteres zu gewärtigen hat. An den Pfalzgrafen wird formell die Anfrage gestellt, ob er im Fall eines Kampfes den Bischof unterstützen werde[172]). Der breiten Öffentlichkeit gilt die „ußschreibung des swebischen bundes wider Lindenschmit und den bischof zu Spier", in welcher der Streitfall eingehend dargestellt wird[173]).

Das war so gut wie eine Kriegserklärung. Besonders wenn man noch das Schreiben hinzunimmt, in welchem Eitel Schelm dem Bischof von Speier seine Lehen aufsagt[174]).

Auf einer Heilbronner Versammlung am 29. Oktober beschloß der Schwäbische Bund ein Aufgebot von 1840 Reisigen und 9000 Fußgängern[175]). Am 4. November[176]) sollten die Hauptleute und Räte mit dem obersten Feldhauptmann, dem Grafen Eberhard, in Eßlingen zusammentreffen, um die Sammelplätze und den Feldzugsplan festzustellen. Am 11. November[177]) mußte der Zug beisammen sein. Strengstes Geheimhalten des Anschlags wurde zur Pflicht gemacht. Wie ernst es dem Bunde diesmal war, geht daraus hervor, daß er nicht nur die nach Österreich und Ungarn versprochene Hilfe zurückbehielt, sondern auch beschloß, ein etwaiges kaiserliches Mandat in Sachen Eitel Schelms solle keine Beachtung finden[178]).

Solcher Entschlossenheit gegenüber war mit dilatorischen Verhandlungen nichts zu erreichen. Es war verlorene Liebesmühe, daß der Pfalzgraf in seiner Antwort auf das Eßlinger Ausschreiben vom Bund verlangte, daß man den schuldlosen Bischof, der sich zu Recht erbiete,

---

[172]) Vom selben Tag. Ebd. Fol. 239. Dem Schreiben lag die Kopie des Lindenschmidtschen Fehdebriefs und des Ultimatums an den Speirer Bischof bei.

[173]) Nach Klüpfel, S. 91 im Cod. Elch. Nr. 94. Abdruck in Burgermeisters Cod. Dipl. equestris II, 1255. Kopie des an Wilhelm, Herrn zu Rapoltstein, zu Hoheneck und Geroltseck, gerichteten Exemplars in K. CB. 908 Fol. 241 f.

[174]) 1490 Oktober 22 (uf fritag nach sant Gallen tag). Ebd. Fol. 232. Der Bischof habe sein Obereigentum an Neibsheim und Büchig durch sein Verhalten verwirkt. Nur um ein übriges zu tun, erfolgt die Aufsage, die eigentlich nicht mehr nötig ist. — Der Bischof gibt hievon dem Pfalzgrafen am folgenden Tag Nachricht. Ebd. Fol. 228.

[175]) Sattler, Graven IV, Beil. 5.

[176]) Donnerstag nach Allerheiligen.

[177]) An Martini.

[178]) „Item ob auch ainicherlai mandat Itelschelmen halb ußgeen wurden, mit der tat still zu sten, damit soll es lut des abschieds zu Ulm gehalten werden." Ebd. Gemeint ist der Beschluß vom 22. Mai 1489. Klüpfel, S. 64.

erst dazu gelangen lasse, bevor man ihn mit Krieg überziehe [179]). Fast komisch mutet es an, wenn Pfalzgraf Philipp gleichzeitig den Grafen Eberhard, der doch oberster Feldhauptmann des Bundes war, kraft der freundlichen Einung auffordert, sich aller Rüstung gegen Bischof Ludwig zu enthalten und dagegen ihm mit aller Macht zu Hilfe zu kommen, sobald er dazu auffordere [180]).

Auch die Kraichgauer Ritterschaft versuchte es in letzter Stunde mit allerlei Aufschubsversuchen. Die Not ging jenen am nächsten, welche am "Anfang des Kraichgaus" [181]) saßen; Eberhard von Neipperg, Jörg von Massenbach und Reinhard von Helmstatt erfuhren natürlich sofort von den Heilbronner Beschlüssen des Bundes. Sie glaubten, unter diesen Umständen ihre Flecken nicht verlassen zu dürfen, obgleich der Pfalgraf die Ritterschaft auf den 3. November [182]) nach Germersheim, dem Sammelpunkt seiner Rüstungen, entboten hatte. Sie schrieben ihrem Schirmherrn am 31. Oktober [183]), daß sie auf ausdrücklichen Befehl wohl kommen würden. Ihre Flecken seien aber ohne pfälzischen Beistand

---

[179]) Germersheim 1490 Nov. 2 (uf allerselen). K. EB. 908 Fol. 240. Den Bischof, der persönlich beim Pfalzgrafen war, dünke es ungerecht, "sol sich ufrure wider ine erheben ee dan er ersucht und zurecht furgefordert si". Er schlage den Pfalzgrafen, den Erzbischof von Mainz und Markgraf Christoph von Baden als Schiedsrichter vor und habe ihn, den Pfalzgrafen, um Schirm angerufen. Als Erbschirmherr werde er ihn auch nicht verlassen.

[180]) 1490 Nov. 1 (uf aller heiligen tag). Ebb. Fol. 216b.

[181]) Von Osten aus gerechnet.

[182]) Auf Mittwoch nach Allerheiligen. S. Anm. 183.

[183]) 1490 Okt. 31 (uf sontag aller heiligen obet fruw). K. EB. 908 Fol. 202: "Gnedigster Herr! Wir haben nechst ein knecht zu unserm herrn dem alten dutschen meister gein moßbach geschickt und gebeten zuerfarn, wo wir zu ewern furstlichen gnaden uf das nechst komen mochten. Als hat u. f. g. uns geschrieben uf itzund mittwoch bi u. g. zu Germerßheim zu sin. Das sin wir in willen gewesen. Also ist uns warlich uff heint samstag botschaft komen, daß solch gewerb, so zu Swaben ist, uf itzund dinstag und auch itzund einsteils an der herberge sint und kommen sollen. und soll je die meinung sein, daß solchs uber uns ein teil Kreichgauwer gen soll, als die ungehorsamen, und haben zwei gewerb uf ein ander, damit das erste bester ee furgang hab. so wir nun am anfang sitzen, so bitten wir u. f. g. woll unsere armut und gelegenheit gnediglich bedenken und uns raten und auch hilflich sein. dan wan u. f. g. uns unser flecken nit wil helfen behalten und sie besetzen mit luden, so truwen wir sie mit den unsern nit behalten, so u. f. g. wol achten mag. dan wir es an luten dar zu geschickt, noch an weren nit haben. Wo aber sie besetzt also weren und zu gericht, so hofften wir sie vor sturm zu behalten. herumb so es kurz ist, so buten wir u. f. g. umb rate und hilff, wie wir uns in die sachen sollen schicken. Wir wern auch gern zu u. g. geritten, so ist es uns swere us unsern flecken zu riten. Will aber u. f. g., so wollen wir bennet uf mitwuch komen. Des u. g. gnedige antwort ilens geschrieben."

verloren. Mit einer pfälzischen Besatzung getrauten sie sich jedoch sogar einen Sturm abwehren zu können.

Jörg von Ehingen baten sie unterm nämlichen Datum[184]) um einen „Tag", den sie erreichen könnten, und gaben zu bedenken, ob das Land nicht zu unsicher sei. Der Ritterhauptmann sicherte ihnen am 2. November[185]) von seiten des Bundes und des Grafen Eberhard freies Geleit für den Hin- und Rückweg zu und gab ihnen für den 6. November[186]) ein Stelldichein nach Marbach. Auch wer sonst noch auf dem Tag erscheinen wolle, könne sich des Geleites bedienen.

Ganz ähnlich wie diese drei Adeligen machte es „der merteil der gemeinen ritterschaft uf dem Kreichgau". Er verlangte am 3. November[187]) eine gelegene Malstatt und Zeit, um mit Ehingen verhandeln zu können. Die Aufforderung gehe diesmal nur vom Bunde aus, und die gestellte Frist sei zu kurz, um sich eine so wichtige Sache zu überlegen.

ζ) Der Friede.

So schien nun alles in diesem wirren Knäuel, zu dem sich wittelsbachische Angelegenheiten und Reichsinteressen, Forderungen des Landfriedens und ritterschaftliche Bestrebungen verschlungen hatten, eine gewaltsame Lösung durchs Schwert zu verlangen. Die Friedensliebe Bischof Ludwigs von Helmstatt hat einen freundlichen Ausgang gefunden. Durch württembergische Vermittlung kam am 5. November[188])

---

[184]) Ihr Brief war die Antwort auf die erneute Aufforderung Ehingens, dem kaiserl. Mandat gemäß in den Schwäbischen Bund zu treten (s. o. Anm. 168). Er selbst ist nicht erhalten; wir kennen ihn nur aus der Wiederantwort des Ritterhauptmanns; s. u. Anm. 185.

[185]) zinstag nach allerheiligen tag. K. CB. 908 Fol. 201.

[186]) Am nächsten Samstag.

[187]) uf mitwuchen nach aller heiligen tag. K. CB. 908 Fol. 201b. Leider ist kein Ausstellungsort angegeben. Jedenfalls ging das Schreiben von Germersheim aus, wo sich ja am 3. November die Ritterschaft zu versammeln hatte. Von Bedeutung ist der Ausdruck „der merteil der gemeinen ritterschaft uf dem Kreichgau". Mit ihm ist die Spaltung innerhalb des Adels offen zugegeben.

Auch dieses Schreiben stellt sich als Antwort auf Ehingens neue Erforderung in den Bund hin. Als Termin waren in dieser 8 Tage angegeben. Die Kraichgauer berufen sich darauf, daß sie auf das kaiserliche Mandat Botschaft an den Kaiser selbst gesandt. Auf Fürbitte der Fürsten und „von uns selbs" hätten sie so viel erlangt, „daß die kaiserlich mt. bißher stil gestanden und nit ferrer gegen uns lassen procedieren". — Wie die Zuschrift aufgenommen wurde, ist unbekannt.

[188]) Sattler, Graven, Bd. IV Beil. Nr. 6. K. CB. 908 Fol. 233b f. Ein Aus-

zu Eßlingen ein Vertrag zustande, durch welchen der Bischof sich verpflichtete, den Kraichgauer Besitz Eitel Schelms aufzukaufen. Ebenso mußte der Bischof den Schaden der Untertanen zu Neibsheim und die seither aufgelaufenen Kriegskosten des Bundes ersetzen. Die letzteren konnte er entweder durch den Erzbischof von Mainz und Graf Eberhard schätzen lassen oder mit 2000 Gulden in Bausch und Bogen erlegen, oder aber dadurch ersetzen, daß er mit seinen rechtsrheinischen Besitzungen in den Bund eintrat.

Das galt der Pfalz und dem Kraichgauer Adel. Wählte Ludwig von Helmstatt diesen dritten Weg, so waren die Kraichgauer auf drei Seiten von Bundesgebiet umgrenzt. Im Osten hatten sie dann den Grafen Eberhard, im Süden die Markgraffschaft Baden, im Westen stiftspeierisches Gebiet als bündische Nachbarn. Den Räten in Eßlingen mochte es ein leichtes erschienen sein, so die Ritterschaft ganz von der Pfalz loszureißen und diese selber niederzukämpfen.

Kurfürst Philipp war begreiflicherweise mit dem schnellen Abschluß des Vertrages nicht zufrieden. Der Bundeszug, meinte er auf die Mitteilung des Bischofs hin[189]), gelte ja auch den Kraichgauern. Solange deren Angelegenheit nicht sicherstehe, könne er nicht abrüsten und auch nicht auf die versprochene Hilfe des Bischofs verzichten[190]). Ludwig ritt daraufhin am 11. November selbst zu dem Pfalzgrafen nach Ger-

---

zug daraus: Ebd. Fol. 230. Gülten und Zinse sollten mit 5% kapitalisiert werden. Für einen Streitfall wurde Graf Eberhard als Schätzer aufgestellt.

Unter den Teidungsmännern werden Dr. Ludwig Bergenhans, Propst und Kanzler, und Mark von Hailfingen, der Vogt zu Vaihingen, genannt.

Zu der Nachgiebigkeit des Bischofs kam ein elementares Ereignis, der tiefe Schneefall am 5. und 6. November, dem eine starke Kälte folgte (Remling, Bd. II, S. 199). Die Kriegslust des Bundes ließ infolgedessen vorerst nach. Es hätte der kaiserlichen Mandate vom 8. November (Linz, montag nach Leonhardi) an Mainz (K. EB. 908 Fol. 300b f.), an die Reichsstädte des Schwäb. Bundes (ebd. Fol. 301), an Markgraf Friedrich von Brandenburg und Graf Eberhard von Württemberg nicht bedurft (vgl. auch ebd. Fol. 300, 1490 November 13 die Räte Herzog Jörgs an Pfalzgraf Philipp: der Kaiser hat durch offene Briefe an die vorhin genannten Bundesmitglieder die Rüstungen gegen das Haus Bayern untersagt).

[189]) Ubenheim, 1490 November 7 (sontag nach Lenhart). K. EB. 908 Fol. 229. Der Friede sei geschlossen, das Bundesheer abgerufen.

[190]) Germersheim, 1490 November 7. Ebb. „aber unser meinung ist nit, unsere gewerbe also ilens noch zur zit zuriten zu laffen, nach dem die uffrur auch angezeigt ist uf die unsern vom Kreichgau. Ob sie dagegen wolten furnemen, heischt unser notturft uns dagegen zu tun und unser und ander unser zugetonen helf zugebruchen, als ir uns dan auch zutun zugesagt habt. Darumb wollent in der rüstung, ir sit, beharren, biß wir erkunden, wie es sich gegen denselben enden wolle."

mersheim, um die Vertragsbedingungen mitzuteilen. Dieser ließ sich den Auskauf Eitel Schelms wohl gefallen. Das unbequeme Element war so auf die einfachste Art aus dem Kraichgau entfernt. Lebhaft aber sprach er gegen den Eintritt des Bischofs in den Bund. Auch sonst entsprach ihm der Vertrag nicht, dessen Abschluß ohne sein Zutun geschehen war[191]). Er schätzte die Rüstungen des Bundes zu nieder ein und glaubte, durch den Eßlinger Vertrag eine günstige Gelegenheit zur Besiegung des Bundes verloren zu haben. Zu ändern war freilich nichts mehr. Der Bischof blieb standhaft bei dem Friedensvertrag.

η) Der Eindruck auf die Kraichgauer.

Die Befürchtungen Philipps waren berechtigt. Nach wie vor hielt der Bund an dem kaiserlichen Mandat fest, welches den Kraichgauern den Eintritt befahl. Offen und heimlich, durch gütliches Zureden und Drohungen versuchte man die Ritterschaft herüberzuziehen[192]). Graf Eberhard antwortete dem Pfalzgrafen am 11. November[193]) auf seine Bitte um einungsgemäße Hilfe[194]): Der eben geschlossene Friede mache die Antwort eigentlich unnötig. In Sachen der Kraichgauer aber wolle er mitteilen, daß er sich als Mitglied des Schwäbischen Bundes

---

[191]) Protokoll der Unterredung K. CB. 908 Fol. 228. uf sant Martins tag. Der Pfalzgraf sagt: „daß si (sin curfürstl. gnad) das ußleufen Itels auch ufnemen, der rechbott, auch in bunt zu gen, sin gnaden nit inwillen, sunder besser, daß er es bliben ließ bi dem rechtbotten, er vor der uffrur halb getan hett, und wer nit beslossen, das noch verhalten wurd, und die also keins wegs annemen. und wie wol im enbotten wer von den sin, die macht des bunds hetten sie so groß gesehen, daß der ubel in widersten wer, daß gott erbarmt, hett sich min herr auch erfarn daß inen tusent man zusamen komen weren, sie mußten es je in ein register verzeichnet gesehen han; mit augen hetten sie die nit gesehen.

Spier: die sinen haben die bing zugesagt, versigelt, konne er ubel widerreiben, so es in glauben durch sin capitel gescheen si.

Min gnebigster herr: er hett ine des keins wegs geraten, wan er sin rat gehabt hett; dan die rachtung si ime nit lip, sin gnaden beswerlich, dem stift schedlich, mocht liden, daß es underwegen bliben wer, und ob es beslossen si durch die domherrn, konn sie min herr doch nit rugen lassen.

Spier: Er hab angesehen, daß manch biberman mocht umbkomen sin und es uf das clein geld gesetzt, doch daneben protestiert sich etwas, er mein, im das unbillich abgenomen, und daß er dar zu getrungen si, ob es einsmals mocht wieder komen."

Philipp verlangte, daß ihm die Vertragspunkte schriftlich vorgelegt würden. Dem entsprach der Bischof unterm 15. Dezember (mitwoch nach Lucie). K. Pfalz, Generalia, Reichsritterschaft Fsc. 5352 Nr. 38 und 39. Or. Pap. Kopien im K. CB. 908 Fol. 229 f.

[192]) S. u. Anm. 195.

[193]) uf sankt Martins tag. K. Pfalz, Generalia, Reichsritterschaft Fsz. 5352 Nr. 6.

[194]) S. o. S. 94.

kaiserlichen Geboten gegenüber zu Hilfe und Beistand verpflichtet fühle. Die freundliche Einung nehme ja den Kaiser ohnedies aus, und der Schwäbische Bund hebe alle anderen Verträge auf.

Nun wußte der Pfalzgraf genau, woran er war. Während er das Versprechen des Kaisers besaß, die Kraichgauer nicht weiter zu belästigen, beriefen sich die Bündler immer wieder auf das nun einmal vorhandene Mandat Friedrichs III. Es galt, diesem Widerspruch ein Ende zu machen und vom Kaiser ein neues Mandat zu erwirken, welches das alte förmlich aufhob. Dazu sollte dem Kurfürsten Herzog Jörg verhelfen, dessen Verwendung sich schon einmal so nützlich erwiesen hatte. Am 4. Dezember [105]) bat ihn Philipp, den Kaiser zum Einschreiten zu veranlassen. Friedrich III. solle dem Bund durch ein Mandat untersagen, die Kraichgauer Ritterschaft zum Anschluß an den Bund zu

---

[105]) uf Barbara tag. K. CB. 908 Fol. 311, teilweise abgedruckt bei Günter, S. 55 f. „Geben auch uwer lieb im besten zu erkennen, daß der bund der zit ir ufrur nit allein unsers frunds des bischofs von Spier, sunder auch der Kreuchgawer halp ufwegig gewest, dann sie dieselbe alle dazumal wider mit merklicher trauwe ersucht haben. wiewol nu der von Spier hinder und uns unwissen, auch wider unsern willen, als erschreckt, doch villicht im beseren, in ein rachtung sich begeben, der wir im misgonden, so langt uns doch ane, daß der bund noch in ubung si, die Kreuchgawer zu ine, so vil sie mochten, zutringen, und wird nit gefiert, mit ofen trewlicher, und auch heimlicher anstrengung sie zu ersuchen, alles in schin, als ob semlichs der kaiserlichen majestet ernstlicher will und befelh si ... damit nu dem bund, und auch etlichen, die die binge üben, der schin kaiserliches willens abgeschnitten werd, bitten wir, uwer lieb fruntlichs fliß woll bi der kaiserlichen maiestet auch königlichen wirden ernst haben, zu erlangen ein offen mandat an alle ritterschaft uf dem Greichgaw, darin die kaiserliche maiestet meldung tue, wie sin maiestät angelangt, uber erklärung siner maiestät sie ersucht wurden in bund zu tun, daß sin maiestät ine allen und eim jeden, der mit demselben mandat oder glauplichen collationirten copien ersucht, gebot, sich nit in den bund, sunder uf uns als irn landsfursten, ob das anders zu finden ist, ein uffeen haben, und sich an kein ersuchen des bunds keren. derglich auch ein ander ofene mandat an bund, und wer mit dem mandat oder glauplich copien ersucht wirt, still zu steen und die Kreuchgauer ferrer zu in zu tringen nit ubten."

„am andern, lieber vetter und swager, so ist etliche ritterschaft in der Mortenau, die bisher vil jar der pfalz anhengig gewest mit erb diensten verpflichtung und noch sin auch jars ir mangelt darumb empfangen, die sin berglichmaßen auch angefochten worden, das uwer lieb hievor bericht, und werden abermals angestrengt. wo obgemelt mandat uf die auch gestreckt, oder sundere deshalb erlangt, wer nit minder uns gefellige." Da auch das Kloster Maulbronn Aufforderung erhielt, dem Bunde beizutreten, sind mit Ausnahme des Elsasses alle Reichsland- und Schirmvogteien der Pfalz jetzt gefährdet. Die Vogtei über Maulbronn hat der Kaiser dem Pfalzgrafen 1489. Juni 5 schon aufgekündigt; Klunzinger, Urk.Geschichte der vorm. Cistersienserabtei Maulbronn. Stuttgart 1854, S. 81 ff. 1492 Oktober 20 befahl der Kaiser den Abbruch der Befestigungen, worauf Philipp eine Besatzung hineinlegte. Ebd.

drängen. Er solle ferner ein Mandat an die Kraichgauer erlassen, das ihnen verbietet, in den Schwäbischen Bund einzutreten. Wenn sich das erreichen lasse, möge das Mandat auch den Befehl aussprechen, die Ritterschaft solle sich an den Pfalzgrafen, als ihren Landesfürsten, halten.

Der Pfalzgraf glaubte wohl selbst nicht daran, daß eine solche Anerkennung seiner Landesherrlichkeit über den Kraichgau vom Kaiser zu erhalten sei. Daß er jetzt ein direktes kaiserliches Verbot für notwendig hielt, um die Ritterschaft vom Schwäbischen Bund abzuhalten, beweist uns, wie wenig er sich ihrer sicher fühlte. Wenn eine Folge der "speirer ufrur" der Pfalz unangenehm sein mußte, so war es die **moralische Wirkung**, welche die Energie des Bundes und die schnelle Nachgiebigkeit des Bischofs hatte. Der Ritterschaft war gezeigt worden, daß der Bund den Landfrieden mit mächtiger Hand auch dann schütze, wenn er durch einen Fürsten einem der ihrigen gegenüber verletzt werde. In dem Bischof war auch sein Erbschirmherr, der Pfalzgraf, besiegt und bestraft worden.

3) Der Germersheimer Protest des Pfalzgrafen und seiner Räte.

Auf Antwort von Herzog Jörg war nicht so bald zu hoffen. Inzwischen versuchte es der Pfalzgraf noch einmal mit einem Protest an den Bund.

Er stand noch in Germersheim und hatte alle einflußreichen Männer der Pfalz um sich: die großen Erbschirmverwandten, die ersten Hofchargen und Beamten, die hervorragenden Mitglieder des Rates. Zusammen mit diesen erhob Philipp am 13. Dezember [196]) Einspruch

---

[196]) Auf Luciä. Von diesem Protest wissen wir nur aus dem "liber secundus" (K. Hdschr. Nr. 382 a s. o. Anm. 61), welcher Fol. 15 darüber berichtet, und aus den "Historischen Notizen" (K. CB. 1084 Fol. 382 f.; s. o. Anm. 105). Beide erzählen übereinstimmend aus persönlicher Bekanntschaft mit der Urkunde resp. ihrem Konzept. Wir geben die ausführlichere Stelle der "Hist. Notizen": "Als dennoch der Schwäbische Bund von seinem Vorhaben nicht abstehen wollen, ließe Churfürst Philips abermahl eine Versammlung nach Germersheim auf Luciae 1490 ansagen; allwo in Gegenwart der Bischöfen von Speier und Worms, des Teutschmeisters, Graf Ludwigs zu Löwenstein, Pfalz Hoffmeisters und Marschalcks, des Probsten zu Wimpfen, Engelharden von Reipperg, Hansen von Venningen, Hansen von Walbrunn, Philippsen von Dalberg, Schweickarts von Sickingen, Myas vom Stein, des von Stettenberg und Weigands von Dienheim einhelliglich dahin beschlossen: wan schon der Schwäbische Bund auf den Landfrieden gegründet, und zu desselbigen Handhabung aufgerichtet wäre, welchem doch nicht also, dan derselbig dem löblichen Hauß zu Bayern zuwider erfunden worden, so möchte er sich doch auf den Fall, die Craichgauer berührend nicht

gegen das Verhalten des Bundes. Es ist genau dieselbe Beweisführung, welche wir aus der Appellation der Kraichgauer und den andern damals abgefaßten Schriftstücken kennen. Nur daß es eben nicht die Kraichgauer sind, welche sich ihrer bedienen, sondern die offiziellen Organe der Pfalz.

ε) Das Ergebnis.

Geklärt wurde die Lage natürlich auch durch dieses Schriftstück nicht. Nach wie vor blieb es dabei,

daß der Schwäbische Bund die Kraichgauer als reichsunmittelbar ansah und sie — entsprechend dem Umfang der alten Reichslandvogtei Niederschwaben — in sein Gebiet einrechnete;

daß die Pfalz sie als Landsassen betrachtete und Reichsunmittelbarkeit und Zugehörigkeit zu Schwaben bestritt;

daß der Kaiser zum Eintritt in den Bund nicht weiter drängte, aber an der Reichsunmittelbarkeit der Kraichgauer festhielt.

Mit theoretischen Erörterungen konnten die schroffen Gegensätze nicht überbrückt werden.

Auch von den Kraichgauern selber war die Entscheidung vorerst nicht zu erwarten. Die Anhänglichkeit an die Pfalz war noch zu groß, als daß sie von sich aus an eine Abkehr gedacht hätten. Andererseits

---

erstrecken; in Erwegung die Ritterschaft auf dem Craichgau nie für Schwaben gehalten, zu ihnen in Schimpf oder in Ernst nie getheilet noch gezogen worden. Dieselbe säßen hie dißseit der Knittlinger Stege und dem Haichelberg, jenseit demselbigen man erst kaum Schwaben anrechne; aber dagegen wären sie mit der Pfalz länger dann Menschen Gedächtnis in Schimpf und Ernst herkommen ob den zweyhundert Jahren und ehe, und zu etlichen mahlen durch die Pfaltz Grafen den Schwaben zu Dienst geschickt worden, hätten nicht unter St. Georgens Fähnlein sondern unter der Pfaltz Panier gestritten und guts gethan; so säßen sie in seiner Gnaden Landschaft, Geleithen, Centen, Churfürstlichen hohen Obrigkeit, Würden und Schirm, genüßen und gebrauchten sich deßen, dergleichen mit Recht geben und nehmen, seine Gnaden seye ihr ordentlicher Richter, am kayserlichen Cammergericht und sonsten wären sie abgeheischen und allwegen gewießen worden. Sie hielten und erkenneten sich für Pfaltz Landsaßen und seine Gnaden für ihren Landsfürsten ohne Mittel, dahero Pfaltz sich ihrer anzunehmen und sie gegen den Bund zu schützen hätte."

Der Zusammenhang, in welchen dieser Bericht von den Handschriften eingereiht wird, ist beide Male falsch. Das hindert natürlich nicht, den gut gefertigten Auszug, der sich eng an das Original anlehnt, zu benützen.

Besonders interessant ist die genaue Festsetzung der Grenze zwischen Schwaben und Pfalz. Man erkennt daraus die große prinzipielle Bedeutung, welche der Streit zwischen Neipperg und Württemberg für den Gegensatz zwischen Pfalz und Württemberg gewonnen hat.

waren das kaiserliche Mandat, die Drohungen des Bundes, die Niederlage des Bischofs von Speier doch nicht ohne Wirkung geblieben. Es gärte in der Ritterschaft. Das ungeschickte Vorgehen der Pfalz in manchen Fällen ließ eine Verstimmung eintreten und langsam anwachsen. Der Pfalzgraf selber fühlte sich der Kraichgauer nicht mehr ganz sicher.

Noch nicht, aber bald hielten sich die verschiedenen Strebungen in der Ritterschaft die Wage. Und dann war es eine reine Machtfrage, wer sie schließlich zu sich zwingen würde.

§ 3. Die Wittelsbacher, der Kaiser und der Römische König.

a) Der Löwenbund und die Wittelsbacher bis zum Amberger Bündnis.

Auf die Haltung, welche Kurfürst Philipp in der Sache der Kraichgauer Ritterschaft seither eingenommen, hatte ein paralleler Vorgang in Bayern wesentlichen Einfluß gehabt. Es ist um so notwendiger, daß wir darauf zurückkommen, als in den ferneren Verhandlungen mit dem Kaiser beide Dinge nebeneinander zur Sprache gebracht werden und eines das andere in helleres Licht setzt [1]).

Herzog Albrecht hatte seine Alleinregierung dazu benützt, die landesherrliche Gewalt auf das energischste durchzusetzen. Besonders den zahlreichen Adel, der große Privilegien besaß, suchte er unter seine Botmäßigkeit zu bringen. Der Turniergesellschaft vom Eingehürn [2]), welche nicht nur Sportszwecken diente, sondern eine gegen die Territorialherrschaft des Fürsten gerichtete politische Organisation war, bereitete er 1467 ein rasches Ende. Der Herzog erwirkte ein kaiserliches Mandat gegen sie, verbündete sich mit dem Pfalzgrafen Friedrich I., Otto von Mosbach und Herzog Georg von Niederbayern und zwang die Adeligen zur Herausgabe und Vernichtung ihres Einungsbriefes. Den weiteren Widerstand einzelner Geschlechter warf er in den nächsten Jahren zu Boden [3]).

Weniger leicht war es in den Jahren 1488—1498, mit dem Adel fertig zu werden [4]). Herzog Albrecht begehrte am 10. August 1488 auf einem Münchener Landtag im Hinblick auf seine Einung mit Herzog

---

[1]) Vgl. zum folgenden: Bayrische Landtagshandlungen in den Jahren 1429—1513, Bd. X u. XI. „Ausführliche Geschichte des Löwenbundes", ed. Krenner; Riezler, Bd. III; Osann, Zur Gesch. des Schwäb. Bundes S. 73 ff.
[2]) 1466 gegründet; Riezler, S. 471.
[3]) Riezler, S. 476 ff.
[4]) Ebd. S. 532 ff.

Georg und die drohende Haltung des Schwäbischen Bundes eine Hilfe zu Kriegsrüstungen. Die Ritterschaft erklärte sich bereit, bei einem widerrechtlichen Angriff in eigener Person Beistand zu leisten, aber auf des Herzogs Kosten und Schaden. Auch sollten ihre Vogtei-, Lehens-, Gerichts- und Eigenleute von der geplanten Kriegssteuer freibleiben. Der Herzog wollte das nur für die Eigenleute zugeben. Aus diesem Gegensatz erwuchs zunächst eine Reihe juristischer Kontroversen, bei denen fachmännische Gelehrsamkeit das verbriefte Recht der Ritterschaft zu nichts zerpflückte. Die erbitterten, schwer geschädigten Adeligen schlossen zum Schutze ihrer Freiheit, zur Abwehr alles Schadens am 14. Juli 1489 zu Cham den Ritterbund „vom Löwen"; Herzog Otto von Neumarkt trat dem Bunde sofort bei; später schlossen sich die unzufriedenen jüngeren Brüder Albrechts und Adelige aus der Oberpfalz und dem Landshuter Anteil ebenfalls an.

Durch diesen letzteren Umstand waren der Pfalzgraf Philipp und Herzog Jörg unmittelbar interessiert.

Am 16. August 1489 berichtete Albrecht dem Pfalzgrafen die Gründung des Löwenbundes und seine Zusammensetzung[5]. Er machte darauf aufmerksam, daß der Bund bei den Böhmen, dem Schwäbischen Bund, der fränkischen Ritterschaft und wohl auch anderen Gesellschaften Anschluß suche, erinnerte an das erfolgreiche gemeinsame Vorgehen gegen die Turniergesellschaft vom Eingehürn und forderte zu ähnlichem Verhalten im jetzigen Augenblick auf. In einer Nachschrift bat er, bei Jörg von Rosenberg und anderen von der Gesellschaft des Einhorns[6], welche dem Pfalzgrafen verwandt seien, dahin zu wirken, daß diese fränkische Turniergesellschaft sich der Löwler nicht annehme.

Philipp antwortete am 25. August[7], wohl nicht in dem Sinne, wie Albrecht es erwartete. Niemand als er konnte mehr überzeugt sein von dem Wort, das Herzog Albrecht 2 Monate später der fränkischen Ritterschaft schrieb: „daß der Adel eines Fürsten nicht der mindeste Schatz ist"[8]. Aber anders geartet, als sein fest zugreifender Vetter, riet er von offenen gewaltsamen Schritten ab. Gewiß sei es notwendig, dem Unter-

---

[5]) Krenner X, 197 ff.

[6]) Nicht die alte, von den Wittelsbachern gesprengte Gesellschaft ist gemeint, sondern der fränkische Turnierverein, welchem auch Adelige aus den pfälzischen Ämtern Weinsberg und Löwenstein angehörten. Er war nicht so schwach, wie Roth v. Schr., Reichsritterschaft II, 131 vermutet. Der Straßburger Bericht über das Heidelberger Turnier von 1481 zählt 69 Namen auf. Er war bei weitem am stärksten vertreten.

[7]) Krenner X, 200 ff.

[8]) Ebd, S. 214.

nehmen der Löwler zu widerstehen. Das müsse aber, besonders in diesen wilden Zeiten, in aller Milde geschehen. Es sei zu fürchten, daß Strenge sie noch mehr abstoße, daß Furcht vor der Strafe sie nur zur Erweiterung und Stärkung ihres Bündnisses dränge [9]). So habe man es auch früher gehalten. Friedrich der Siegreiche habe sich in Güte zu den Hauptleuten der Böckler getan und sie mit Versprechungen an sich gezogen. Nur so seien diese ohne weiteren Anhang geblieben und hätten nachgegeben.

Es sind nicht nur einzelne Wendungen, es ist die ganze Denkweise, welche in diesen Ausführungen an das Vorgehen Philipps gegen die Speierer Versammlung erinnert. Bedenklich scheint ihm der Umstand, daß die Ritterschaft ihren Schritt mit der Beeinträchtigung des alten Herkommens begründet [10]). Er schlägt deshalb vor, die Ritterschaft zunächst hinzuhalten und erst bei einer Zusammenkunft in Amberg zugleich mit Herzog Georg über die Angelegenheit zu sprechen [11]).

Philipp war gewiß nicht weniger als Albrecht entschlossen, die Löwler bei der Oberpfalz zu erhalten. Nach außen hin wirkte sein kluges Vorgehen als Milde und Nachgiebigkeit. Der Löwenbund versah sich von ihm nur des Besten, und im Dezember 1489 haben Bundesverwandte sogar den Vorschlag gemacht, den Kurfürsten für die Vereinigung zu gewinnen [12]).

Den Tag zu Amberg hatte Philipp als kaiserlicher Kommissär anberaumt; er sollte in dem Streit zwischen Herzog Albrecht und seinen Brüdern Christoph und Wolfgang vermitteln. Friedrich III., welcher diesmal nicht wie in der Böcklersache zu einem Verbot der Löwengesellschaft zu bewegen war, betraute den Pfalzgrafen auch für diese

---

[9]) „aber sonders in zeit dieser wilden läufe zugtiglich, ohne strengheit. Dann so die ritterschaft also gefußt haben, sich selbst handhaben und andre mehr zur stärkung an sich zu hängen, wo sie dann den ernst der strafe wissend, bei ew. lieb oder andern merken, so dann natürlich ist, den nächsten tod oder strafe zu fliehen oder widerstehen, so wäre nicht unversehentlich, ob sie ihre bundniß unterstunden zu erweitern und zu stärken." Ebd. 201.

[10]) „wenn nun wir der sache so gründlich anders nicht, dann durch ew. liebe schrift berichtet und doch vor verstanden haben, daß solches der ritterschaft fürnehmen ist aus ursachen abbruches ihres alten herkommens sei, und wohl davor haben, das ohne euer ursache sei, so können wir doch uns so gründlich darauf nicht entschließen, wie am sichersten und ersprießlichsten dagegen fürzunehmen sei. Ebd. S. 201 f.

[11]) Der Pfalzgraf erklärte sich ferner bereit, zugleich bei Herzog Otto und der Ritterschaft in diesem Sinne zu wirken.

[12]) Es wurde ein Schreiben an Philipp entworfen, welches in Amberg überreicht werden sollte. Krenner X, 232.

Angelegenheit mit kommissarischen Verhandlungen. Mitte März 1490 kam man zusammen [13]). Die Vorschläge, welche der Pfalzgraf und Herzog Georg machten, bewegen sich auf derselben Linie, die Philipp den Kraichgauern gegenüber einhielt. Die Ritterschaft sollte bei ihrem alten Herkommen belassen werden. Auch der Löwenbund sollte weiterbestehen. Nur sollte die Ritterschaft die drei Fürsten als Landesherren anerkennen, Gehorsam versprechen und künftig nur solche Mitglieder aufnehmen, welche dieselben Bedingungen eingingen. Die Anstände, welche die Mitglieder des Löwenbundes und Herzog Albrecht gegenseitig hatten, wollten die beiden Vermittler mit ihren Räten an bestimmten Terminen von Fall zu Fall erledigen [14]).

Damit war ein Standpunkt eingenommen, welcher die Mitte hielt zwischen dem Streben der Ritter nach Reichsunmittelbarkeit und den absolutistischen Gelüsten Herzog Albrechts. Trotzdem gingen die Löwler nicht darauf ein.

Nun aber zeigte es sich, daß weder Philipp noch Georg den Ernst der Lage unterschätzten. Am 19. März gelobten beide, dem Herzog Albrecht so lange getreuen Beistand zu tun, bis er seine Untertanen im Löwen gestraft und zum Gehorsam gebracht habe. Ebenso solle aber auch ihre Sache die seinige sein [15]). Damit war die Kraichgauer Frage mit jener des Löwenbundes verknüpft. **Die eine konnte nicht mehr ohne die andere entschieden werden.**

Betraf diese Abrede die inneren Verhältnisse ihrer Länder, so erneuerten die drei Fürsten am nämlichen Tage gegen Bedrohungen von außen das pfälzisch-bayerische Bündnis, dem jetzt auch Otto von Neumarkt beitrat [16]).

---

[13]) Ebd. S. 248.
[14]) Der Entwurf bei Krenner X, 258 ff. Philipp, der „in merklichen unser geschäften in unser land am Rhein anheim reiten" mußte und nicht wissen konnte, „ob wir füglich in obgerührter zeit wieder herauf kommen mögen", behielt sich vor, nur seine Räte zu den Verhandlungen zu schicken.
Der Pfalzgraf hatte vermutlich bei der trotzigen Haltung der Löwengesellschaft Befürchtungen für den Stand der Kraichgauer Sache bekommen. Die Erneuerung der „Bruderschaft" vom 1. Februar (s. o. S. 83 ff.), die Absicht Württembergs, den Landgraben von der Heuchelberger Warte bis nach Sternenfels weiterzuführen (s. o. S. 79), sind ihm wohl schon bekannt gewesen. Die Bitte an Herzog Jörg um seine Verwendung beim Kaiser (s. o. S. 75 f.) und die Maßnahmen, welche er zur Einschüchterung des Kraichgauer Adels ergriff (s. o. S. 86 ff.), zeigen deutlich, welchen Eindruck ihm die Amberger Verhandlungen machten.
[15]) „Und soll gleich soviel ihre sache als die unsere sein"; Krenner X, 266.
[16]) Riezler III, 540. Noch auf seinem Heimweg über Neumarkt (Krenner X, 277) und Nürnberg (ebd. 283) ließ es sich der Pfalzgraf angelegen sein, den Streit im

b) **Der Eintritt der Löwler in den Schwäbischen Bund und die Verhandlungen mit dem Kaiser und dem Römischen König.**

So boten die Wittelsbacher Angelegenheiten — besonders auch, nachdem Herzog Jörg mit dem Kaiser ausgesöhnt war und für den Pfalzgrafen das kaiserliche Versprechen, betreffend die Kraichgauer, erlangt hatte — einen hoffnungsvolleren Anblick. Freilich nur auf sehr kurze Zeit. Die Ereignisse in der Pfalz, welche Philipp beinahe in einen Krieg mit dem Schwäbischen Bund verwickelt hatten und mit einer Niederlage des schirmverwandten Bischofs von Speier endigten, haben wir schon kennen gelernt. Zu derselben Zeit, wo der Pfalzgraf bereit sein mußte, mit seinem Feind um die Kraichgauer zu kämpfen, trat auch der Streit mit der Löwengesellschaft in ein neues, bedrohliches Stadium. Am 15. September — 4 Tage nach dem Neibsheimer Überfall — hatten die Löwler mit dem Schwäbischen Bund eine Vereinigung geschlossen. Am 2. Oktober begaben sie sich auf 15 Jahre mit 78 Schlössern in den Schirm des Böhmenkönigs.

α) **Der Wittelsbacher Tag zu Ingolstadt.**

Schon während der vorausgehenden Verhandlungen erfuhren die Wittelsbacher von dem großen Schlag. Am Rhein und an der Donau schien ihre Stellung gefährdet, wenn sie die wichtigste Stütze des Territoriums, die Ritterschaft, verloren. Sie versuchten alles, um das Unheil abzuwenden. An demselben 4. Dezember, an welchem Kurfürst Philipp dem Herzog Jörg über die Maßnahmen des Bundes gegen die Kraichgauer, die Ortenauer und das Kloster Maulbronn berichtete und um seine Vermittlung beim Kaiser bat[17]), schlug er in einem zweiten Schreiben an seinen Vetter[18]) einen Tag zu Ingolstadt vor, auf welchem gemeinsame Schritte vorbereitet werden sollten. An Herzog Albrecht, Herzog Otto und Jörgs Statthalter schrieb er in gleichem Sinne[19]).

Die Beratungen fanden am 21. Dezember[20]) statt. Es nahmen daran Herzog Albrecht und Herzog Georgs Räte teil, sowie die Ge-

---

Hause Wittelsbach und zwischen diesem und dem Adel zu beendigen. Bis in den Herbst hinein dauern die Verhandlungen mit den Löwlern.

[17]) S. o. S. 98 Anm. 195.
[18]) K. CB. 908 Fol. 309.
[19]) Ebd. Fol. 312 f.
[20]) An st. Thomas tag apl.

sandten des Pfalzgrafen²¹), den Bischof Dalberg von Worms an der
Spitze. Das Ergebnis war folgende Instruktion für den am kaiserlichen Hoflager zu Linz weilenden Herzog Georg²²).

1. Nachdem die Kraichgauer Landsassen der Pfalz, die Ortenauer
ihr mit Erbdiensten und Lehenspflichten verwandt sind, ist dem
Schwäbischen Bund durch ein kaiserliches Mandat zu verbieten, diese
beiden Ritterschaften, sowie dem Herzog Jörg erblich zustehende Adelige
in den Bund zu erfordern. Ebenso soll den Adeligen durch ein Mandat
der Eintritt in den Bund untersagt werden. Sind die beiden Mandate
nicht zu erlangen, soll ein anderer Ausweg gesucht werden²³).

2. Der Kaiser soll die Löwengesellschaft aufheben und ihr befehlen,
binnen Monatsfrist die Verbindung mit Böhmen und dem Schwäbischen
Bund zu lösen. Desgleichen solle der Bund geheißen werden, die Löwler
freizugeben.

3. Den Städten Augsburg, Ulm, Nördlingen, Memmingen,
Biberach, Kempten u. a. sollte verboten werden, im Fall eines Angriffskrieges den Schwäbischen Bund zu unterstützen.

4. Dem Bund sollte verboten werden, das Kloster Maulbronn zum
Eintritt aufzufordern, dem Kloster Maulbronn, dieser Mahnung zu
folgen²⁴).

5. Die einzelnen Punkte der Instruktion sollen nicht als untrennbares Ganzes behandelt werden. Herzog Jörg soll versuchen, eine
Forderung nach der anderen durchzusetzen.

Die letzte Bestimmung ist insofern wichtig, als sie der Reihenfolge
der Wünsche eine besondere Bedeutung beilegt. Der Pfalzgraf läßt das
pfälzische Bollwerk an der Ostgrenze, das Kloster Maulbronn, an die
vierte Stelle rücken, nur damit seine Kraichgauer und Ortenauer an
erster verhandelt werden. Mit diesen, nicht mit den Löwenbündlern

---

[21]) Die Instruktion für die pfälzischen Gesandten, ebd. Fol. 303 ff. Cf. Morneweg, Dalberg, S. 187.

[22]) Krenner X, S. 331 ff.

[23]) „Nachdem die ritterschaft im Krechgau dem pfalzgrafen als seine landsessen in seinen regalien, geleiten und halsgerichten seßhaft, desgleichen die ritterschaft in der Mortenau ihm mit erbdiensten und lehenspflichten, und etliche ihm herzog Jörgen erblich zustehend, vom schwäbischen bund angezogen werden, sich zu ihnen in ihren bund zu tun ..."

„Möchten aber solche mandate, und die pönen darin nicht erlangt werden, alsbann fleiß zu tun, deffen an beide ende ernstliche geschäfte zu erlangen." Ebd. S. 333.

[24]) „Nachdem der schwäbische bund in übung ist, doch heimlich, das kloster Maulbronn abermals in ihren bund zu ermahnen, das dem pfalzgrafen verwandt ist ..." Ebd. S. 336.

wird Herzog Jörgs Abel zusammengetan, damit dieser ja dem ersten Punkt besondere Beachtung schenke.

Im übrigen ist die Instruktion nur eine Wiederholung dessen, was Philipp dem Herzog Jörg in seinem Schreiben vom 4. Dezember an das Herz gelegt. Bischof Dalberg hat gute Arbeit getan und den pfälzischen Interessen den Vorrang verschafft.

β) Die Verhandlungen mit dem Kaiser zu Linz.

Herzog Jörg war nicht in der Lage, seinen persönlichen Einfluß beim Kaiser einzusetzen. Schon die Briefe des Pfalzgrafen vom 4. Dezember 1489 bekam er erst auf dem Rückweg von Linz. Ihr Inhalt wurde ihm nicht vorher klar, als bis er bei Scherding die Ingolstädter Beschlüsse empfing. Sofort sandte er seine Räte zum Kaiser zurück[25]).

Ganz im Sinne Kurfürst Philipps setzten sich die Gesandten besonders für seine Angelegenheiten ein.

Der Kaiser erklärte sich sofort bereit[26]), dem Schwäbischen Bund die Belästigung von Untertanen Herzog Jörgs zu verbieten. Auch Herzog Albrecht kam er entgegen, indem er zugab, an der Löwengesellschaft, deren Sache nicht nur die Herzöge, sondern auch ihn und das Reich angehe, keinen Gefallen zu haben. Nur hielt er es für unziemlich, sie ungehört zu verurteilen[27]).

Anders klang es bei den pfälzischen Angelegenheiten.

Die Mortenauer gehörten mit aller Obrigkeit dem Kaiser allein zu. Vor zwei Jahren sei ihnen gestattet worden, nicht in den Schwäbischen Bund einzutreten. Das wolle der Kaiser den Kraichgauern auch erlauben, „jedoch daß sie ihr aufsehen auf die kaif. m. hätten, der sie aller obrigkeit halben allein unterworfen wären"[28]).

Hier steht schroff neben dem Anspruch des Pfalzgrafen auf die Landesherrschaft über den Kraichgauer Adel jener des Kaisers auf dessen Zugehörigkeit zum Reich. An diesem Standpunkt hielt der Kaiser unverrückt fest. Er war zwar nach weiteren Verhandlungen bereit, die

---

[25]) Herzog Jörg an Philipp, Landshut 1491 Januar 7 (fritag nach trium regum), K. Pfalz, Generalia, Reichsritterschaft, Faszikel 5852 Nr. 2. Or. Pap.; Kopie im K. CB. 908 Fol. 307. Krenners Vermutung (X, S. 336) wird dadurch zur Gewißheit.

[26]) Krenner X, S. 337 ff. Bericht der Gesandten Jörgs.

[27]) „Aber es wollte sich nicht geziemen, ihnen unverhört iez bei pönen zu gebieten, oder sie an pflichten zu absolviren. Denn ob solches die kaif. m. täte, so wäre es seiner kaif. m. verächtlich, und ew. gn. nicht fürträglich."

[28]) Krenner X, 338.

Kraichgauer und Mortenauer mit dem Schwäbischen Bund zu vertragen und ihnen hierüber eine Verschreibung zu geben, doch sollten sie auf ihn allein, als ihren rechten Herrn, ihr Aufsehen haben [29]).

Dem Eingreifen König Maximilians, welchen der Kaiser mit den weiteren Verhandlungen beauftragte [30]), war es zu verdanken, daß eine weniger scharfe Fassung des Bescheids erfolgte. Der Kaiser wollte nun den beiden Ritterschaften befehlen, nicht in den Schwäbischen Bund zu treten und ihr Aufsehen auf das Reichsoberhaupt zu haben. Doch wolle er dem Pfalzgrafen seine Rechte nicht nehmen, vorausgesetzt, daß Philipp irgendein solches auf sie habe.

Dennoch ist klar: der Kaiser verharrt auf seiner Meinung; dem König aber kommt es nur darauf an, eine milde Formel zu finden, welche für den Augenblick einen Ausgleich schaffte. Er hatte Großes vor. Auf dem kommenden Reichstag zu Nürnberg wollte er die Wittelsbacher mit dem Kaiser, dem Schwäbischen Bund und den Löwlern aussöhnen. Wenn etwas, mußte er d a s vermeiden, daß die Parteien erregten Gemüts zu den Verhandlungen kamen. Es verschlug nichts, vorher im Ausdruck etwas entgegenzukommen. Nachher mußte sich ja die Lage von selber klären.

γ) Der Vermittlungsversuch des Römischen Königs auf dem Reichstag zu Nürnberg.

Maximilians Kalkül war gut. Aber er hatte die Rechnung ohne den Pfalzgrafen gemacht, dessen Verhältnis zum mächtigsten Glied des Schwäbischen Bundes, zu Graf Eberhard von Württemberg, sich neuerdings verschlimmerte.

Am 27. Januar schon mußte Eberhard bei Philipp Beschwerde erheben, daß Lindenschmidt in einem Dorfe des pfälzischen Marschalls von Dratt Lochingers Hensel und zwei andere württembergische Knechte gefangennommen [31]). Weder dieses noch zwei andere Schreiben [32]), welche in gleich dringender Weise Genugtuung auf Grund der Einung

---

[29]) Ebd. „Ist im grund ganz die meinung gewesen, wie vor, aber der Krechgauer und Mortenauer halben in den schwäbischen bund ermahnt, ist zu der vorigen antwort jetzt gesetzt worden, die kaif. m. wolle sie gern des bundes vertragen und ihnen deshalb verschreibung geben ꝛc."

[30]) Ebd. 339.

[31]) Pfalz, Generalia, Reichsritterschaft, Faszikel 5352 Nr. 77. Dr. Pap. donrstag nach sant Pauls bekerung.

[32]) 1491 Februar 5 (samstag nach purificationis Marie). Ebd. Nr. 78 und 1491 März 4 (freitag vor sonntag oculi). Ebd. Nr. 79. Beides Dr. Pap.

forderten, wurden einer Antwort gewürdigt. Dafür setzte der Pfalzgraf in einem umfänglichen Brief vom 3. März ³³) dem Württemberger noch einmal die Kraichgauer Sache und seine Ansprüche auseinander. In breiter Ausführlichkeit werden alle schon bekannten Beweise für die Landsässigkeit des Kraichgauer Adels aufgeführt ³⁴) und schließlich der Vorwurf erhoben, Eberhard habe durch seine Teilnahme an der „speirischen uffrur" die Einung verletzt.

Nun verlor Graf Eberhard die Geduld. Das beständige Ignorieren seiner berechtigten Forderungen macht es begreiflich, daß er sich jetzt an den Bund wandte. Dieser verlangte am 10. März kategorisch die endliche Freilassung der drei gefangenen Württemberger. Das wirkte. Schon am 13.³⁵) erwiderte der Pfalzgraf, sein Marschall von Dratt werde die verlangte Genugtuung geben.

Es ist wahrscheinlich, daß die Nachgiebigkeit Philipps außer der Furcht vor dem Bunde noch einem weiteren Motiv entsprang. Die Zeit für den Nürnberger Reichstag war herangekommen. Rücksicht auf die bayrischen Vettern und der Wunsch, die Stellung des Grafen Eberhard nicht durch eine eklatante Rechtsverletzung günstiger zu gestalten, mögen Philipp mit veranlaßt haben, daß er die Sache nicht zum Äußersten trieb.

Am 15. März ³⁶) kam Maximilian in Nürnberg an. Doch dauerte es noch einige Tage, bis die Verhandlungen begannen. Es wurde eine mühevolle Arbeit für den König. Die Wittelsbacher und der Kaiser, die Wittelsbacher und der Bund, der Pfalzgraf und der Graf von Württemberg, der Herzog Albrecht und der Löwenbund: diese verschiedenen Aufgaben liefen nebeneinander her, durchkreuzten, hemmten, verwirrten sich, daß es Mühe macht, klare Übersicht zu behalten.

Am 19. März ³⁷) hatten Herzog Albrecht und Jörg und der Pfalzgraf mit Maximilian eine Vorbesprechung. Und langsam, in dem Maße, als die andern Fürsten eintrafen ³⁸), kamen die Aussöhnungsversuche in Fluß.

---

³³) Heidelberg, 1491 dornstag nach reminiscere, K. CB. 908 Fol. 10 ff.
³⁴) Das Schreiben stellt sich so als Antwort auf jenes des Grafen E. von 1490 November 11 dar; s. o. S. 97 Anm. 193.
³⁵) Gmünd, 1491 donnerstag vor letare, K. Pfalz, Generalia, Reichsritterschaft, Faszikel 5352 Nr. 73, Or. Pap., und 1491, uf sontag letare, ebd. Nr. 76.
³⁶) J. J. Müller, Reichstagstheatrum unter Kaiser Friedrich Vorst. V, VI, S. 190: Dienstags nach Mittfasten.
³⁷) Janssen, Frankfurts Reichskorrespondenz, Bd. II, S. 548 f. (Nr. 684).
³⁸) Ebd. Nr. 684 ff.

Am 26. März ³⁹) wurden dem König neben den Beschwerden des Schwäbischen Bundes auch jene der drei Wittelsbacher übergeben. Die erste Stelle unter ihren ge mein sch a f t l i ch e n Klagen nimmt die Behauptung ein, der Bund versuche die Ritterschaft — Landsassen und Zugewandte — von ihnen abzuziehen ⁴⁰). Dieser Punkt blieb einer der wichtigsten während der ganzen Tagung. Gleich mit ihm setzten die Sonderverhandlungen zwischen Graf Eberhard von Württemberg und Kurfürst Philipp ein.

Am 29. März ⁴¹) beantwortete Eberhard das Schreiben des Pfalzgrafen vom 3.⁴²). Die „speirer ufrur" sei nicht wider die Einung gewesen. Lindenschmidt habe den Landfrieden verletzt, und der Pfalzgraf habe ihm weder gewehrt, noch ihn bestroft. Die Kraichgauer wurden auf des Kaisers Befehl in den Bund erfordert. Ob sie Schwaben sind oder pfälzische Landsassen, sollen die miteinander ausmachen, denen das zusteht. Jedenfalls gibt es auch Kraichgauer, welche in seinem Eigentum und Geleit sitzen ⁴³). Was der Pfalzgraf und die Kraichgauer durch ihre Botschaft beim Kaiser erreicht haben wollen, davon weiß er nichts.

Es war nicht das erstemal, daß Graf Eberhard auf die Kraichgauer hinwies, die in seinem Territorium säßen. Durch nichts konnte der Pfalzgraf in seinem Anspruch auf die Landesherrlichkeit über die Kraichgauer Ritterschaft tiefer getroffen werden als durch diese Bemerkung.

---

³⁹) uf samstag vor palmarum. Archiv der Kreisstadt Ulm K. IX, Fach 40, Fsz. 7. Beschwerdeliste der 3 Wittelsbacher. Jene des Pfalzgrafen bricht leider schon nach der Klage über die Behandlung des Speierer Bischofs ab.

Vor der Abreise hatte Philipp dessen ganzen Schriftwechsel mit dem Schwäbischen Bund einverlangt. Der Bischof sandte ihn am 26. März ab (palmabend). K. Pfalz, Generalia, Reichsritterschaft Fsz. 5352 Nr. 37. Or. Pap. Kopie im K. CB. 908 Fol. 230 b.

⁴⁰) „Anfänglich in gemein ritterschaft abzug. Item daß der bund mit sinem anhang unsern gnädigsten und gnädigen herrn von Baiern ihre ritterschaft, landsessen und die ihren gnaden verwandt und bisher zugetan gewesen sind, unterstehn abzuziehen und in den bund zu drängen." Krenner X, S. 408.

⁴¹) Nürnberg, zinstag nach palmtag, K. Pfalz, Generalia, Reichsritterschaft Fsz. 5352 Nr. 67. Or. Pap.; Kopie im K. CB. 908 Fol. 13 ff.

⁴²) S. o. S. 109.

⁴³) „Ob sie aber Schwaben sien oder in uwer gn. churfurstentum und camer gehoren, auch daß uwer lieb ir ordenlicher richter sie, laß ich verantworten bie, den des zustet, wiewol ich der jhenenhalb, so in minem eigentum und bem gezirk mins gleits sitzen auch darin nit geh..." a. a. O. Der Rest ist unleserlich. Der Sinn ist aber klar. Wie sich auch aus der Antwort Philipps (s. u. S. 111) ergibt, will Eberhard sagen: mit demselben Recht wie der Pfalzgraf könnte er die in seinem Eigentum und Geleit sitzenden Kraichgauer — die Neipperger, Sternenfelser, Gemminger — als seine Landsassen in Anspruch nehmen.

Mußte sie doch die Erinnerung an die Neipperger und ihren Streit mit Württemberg wachrufen, der sich jetzt schon fünf Jahre hinzog.

Bevor Kurfürst Philipp erwiderte, ließ er sich durch den Germersheimer Vogt Johann von Morsheim über den Stand dieser Angelegenheit Bericht erstatten [44]). Wenn er freilich gehofft hatte, Dinge zu erfahren, welche er gegen Graf Eberhard verwenden könnte, so wurde er sehr enttäuscht. Morsheim hatte zwar die wichtige Verhandlung zu Vaihingen [45]) als pfälzischer „Zusatz" mitgemacht, konnte sich jedoch ihrer Länge wegen an den Verlauf nicht mehr erinnern. So mußte der Pfalzgraf darauf verzichten, in seiner Antwort einen großen Trumpf auszuspielen. Gereiztheit und Verlegenheit sprechen aus dem Schreiben, das am 9. April [46]) an Graf Eberhard abging. Die Verantwortung für die Tat von Neibsheim wird mit der offenkundigen Unwahrheit abgelehnt, daß Lindenschmidt nicht pfälzischer Diener sei. Wiederum wird die Landsässigkeit der Kraichgauer mit den bekannten Gründen belegt, zu denen jetzt noch der Anspruch auf das Landgericht kommt. Auf den Einwand, daß auch im württembergischen Territorium Kraichgauer sitzen, will er gar nicht eingehen. Des Kaisers Bescheid auf die Appellation der Ritterschaft ist landeskundig [47]).

Der hochfahrende Ton, die mehr als lässige Art der Beweisführung konnten nur verbittern, nicht überzeugen. Noch einmal gingen Antwort und Gegenantwort hin und her; sie brachten kein neues Moment in die Diskussion [48]); sie waren nur geeignet, den Gegensatz zum Uner-

---

[44]) Morsheim an den Pfalzgrafen, 1491 April 2 (uf den heiligen osterabent); Pfalz, Generalia, Reichsritterschaft Fsz. 5352 Nr. 58. Or. Pap. Kopie im K. CB. 908 Fol. 306.

[45]) Über diese in anderem Zusammenhang unten S. 121 f.

[46]) Nürnberg, uf samstag nach dem heiligen ostertag. K. CB. 908 Fol. 16 ff.

[47]) „So gehoren die Kreuchgawer ritterschaft zu uns und unser Pfalz, wannen sie sint in unsern regalien, gleitt, landtgerichten, oberkeit als unser landsaßen begriffen und die nächsten unser kamer, darzu das merteil unser mannen, amptlut, rat, diener und wir ir ordenlicher richter wie sie das gestanden ... und haben das also herbracht geruglich, vast lenger dann zweihundert jar, des wir auch noch in gewer und beseß sind ... ob aber jemand uns ferer deshalb ansuchens nit erlassen wolt, so uns dann das zuwissen wurd, dem solt geburlich antwurt werden. Und daß du verdingest etlicher halben, die in binem eigentum und gleiten gesessen oder begriffen sin sollen, laßen wir, als ein unnotturftig sach zuverantwurten, uf im selbs beruhen. Daß du auch der kais. mt. zusagen der Kreuchgewer halb gescheen nit wissens haben wilt, laßen wir sin, es ist aber kundig. A. a. O. Fol. 19. — Der allgemeine Ausdruck Landgericht ist an Stelle des besonderen, früher gebrauchten Centen getreten. Für unsern Fall liegt in dem Wechsel des Wortes die räumliche Ausdehnung der pfälz. hohen Gerichtsbarkeit auf den ganzen Kraichgau.

[48]) Württemberg an Pfalz, Nürnberg 1491 April 12 (zinstag nach quasimodo-

träglichen zu verschärfen. Die Art, wie beide Teile über Mißachtung der Einung durch den Gegner klagten, ist besonders bezeichnend. Die Fürsten mußten einsehen, daß sie mit persönlichen Verhandlungen nichts erreichten⁴⁹). Bei der gegenseitigen Verbitterung verhießen aber auch die Vermittlungsversuche keinen Erfolg mehr, welche jetzt der dritte in der Einung, Herzog Jörg, mit den Räten der beiden Gegner anstellte.

Es hat keinen Sinn, die vielen gegenseitigen Beschwerden hier aufzuführen, welche in langen Schriftsätzen niedergelegt wurden⁵⁰). Die meisten kennen wir ja schon; auch die Manier, wie, und den Zweck, wozu sie vorgebracht werden.

Nur jene Streitpunkte, welche die Ritterschaft betreffen, sollen zum Überfluß noch einmal genannt werden: Es sind die Verdrängung des Kraichgauer Adels aus seiner Jagdgerechtigkeit im maulbronnisch-württembergischen Forste „Kraich"⁵¹), die Aufrichtung der Landwehr und die Landsässigkeit Ulrichs von Flehingen und Eitel Schelms von Bergen⁵²).

---

geniti), K. Pfalz, Generalia, Reichsritterſch. Fſz. 5352 Nr. 72. Or. Pap. Kopie in K. CB. 908, Fol. 20 ff. — Pfalz an Württemberg, Nürnberg 1491 April 16 (samstag nach quasimodogeniti); ebb. Fol. 22 ff.

⁴⁹) Das war auch der allgemeine Eindruck am Reichstag. W. Besserer schrieb am 30. März an seinen Schwager Mang Kraft, den Verweser der Bundeshauptmannschaft: „Die Läufe sehen also aus, daß es der Gnade Gottes wohl bedürfe, um zum Frieden zu gelangen. Denn kein Teil werde gern Nachgiebigkeit merken lassen. Insonderheit sei der Pfalzgraf und Württemberg in scharfen Schriften gegeneinander" ... Klüpfel, S. 101.

⁵⁰) Es sind folgende: a) Gebrechen unsers gnedigsten herrn pfalzgraven gein unsern herrn grave Eberharten; ohne Ort und Datum; K. CB. 908 Fol. 27 f. — b) Antwort Württembergs auf diese Beschwerde; ohne Ort und Datum; ebb. Fol. 29 ff. außen: „Spruch und antwurt Pfalz und Württemberg uf dem tag zu Nürnberg verhandelt, auch etlich schriften zuschen inen ergangen." Hieraus, sowie aus dem nur auf 1491 passenden Inhalt ergibt sich für diese beiden und die zwei folgenden Stücke die Datierung. — c) Beschwerden Graf Eberhards gegen den Pfalzgrafen; ohne Ort und Zeit; ebb. Fol. 33 ff. — d) Antwort der Pfalz auf Graf Eberhards Beschwerden; ohne Ort und Zeit; ebb. Fol. 37 ff.

⁵¹) Graf Eberhards Kanzler sagt zu diesem Punkt: „so min herr der pfalzgraf siner ritterschaft so genaigt ist, ir fürnemen des jagens uber verfaßten ußtrag gegen minen gnedigen herrn anzufechten, so ist min gnediger herr (Graf Eberhard) von siner gn. (des pfalzgr.) ritterschaft bißher nit unangefochten beliben, inen zuverhelfen, daß sie bi irem bruch an der Eppinger hardt, als in einer frien pirß, wie dann jewelten herkommen si, pliben. so nu solich hart erst bi kurzen jaren von der Pfalz für ainen vorst ingezogen, so ist mins gnedigen herren begeren, die ritter und knecht, och ander sinen gnaden verwant irs gepruchs an dem ende nit zuverhindern, wie dann von iren vordern und inen selbs herkommen ist und billich geschicht"; ebb. Fol. 30 b.

⁵²) Es ist sehr auffällig, daß Pfalz an letzterer noch festhielt, als Eitel Schelm seinen Kraichgauer Besitz schon aufgegeben hatte.

Es kann gar kein Zweifel sein, daß hauptsächlich der Pfalzgraf schuld war, wenn vor und während der Nürnberger Tagung die Feindseligkeit immer größer wurde. Dem Grafen Eberhard und seinen Dienern wurde der Eintritt und die herkömmliche Bewirtung im Kloster Maulbronn verweigert ⁵³). Bei Derdingen wurden 1490 württembergische Diener von Pfälzern überfallen und etliche unter die Gäule gestochen ⁵⁴). Der pfälzische Amtmann zu Weinsberg, „der von Wolmarßhusen", hatte die württembergische Landwehr bei Nacht aufgebrochen und überschritten. Vor ein paar Tagen erst nahm Lindenschmidt dem armen Ulrich von Flehingen 1 Knecht und 4 Wagenpferde ab; 2 Männer aus Gröningen ⁵⁵) schleppte er mit ihren Pferden quer durch pfälzisches Land über den Rhein, wo er die Leute entließ, die Pferde behielt. Einem Vaihinger hatte Lindenschmidt gar 7 Pferde abgenommen, ohne daß die nachsetzenden Knechte bei den pfälzischen Behörden Unterstützung finden konnten.

Immer noch dauerte die Feindschaft des Thomas Röder gegen Ulrich von Flehingen an. Immer noch schmachtete Lochingers Hensel in des pfälzischen Marschalls von Dratt Gefangenschaft.

War es da ein Wunder, wenn Graf Eberhard meinte: Wenn die Einung solche Dinge nicht verhindere, sei es besser, sie bestehe überhaupt nicht? ⁵⁶)

Fast noch schwieriger als die Verhandlungen zwischen Pfalz und Württemberg gestalteten sich jene zwischen den Wittelsbachern, dem Kaiser und den Löwenbündlern ⁵⁷). Es ist erstaunlich, mit welcher Geduld der Römische König solch feindliche Gemüter miteinander zu versöhnen trachtete. Er war bemüht, für die wittelsbachische Seite zu retten, was nur erreichbar war, und ist seinem Schwager Albrecht und dessen Verbündeten weit entgegengekommen. **Den Standpunkt seines Vaters in der Frage des Kraichgauer Adels aber hat er nicht aufgegeben.** Zunächst versprach er, den Kaiser zu einer Verfügung an den Bund zu veranlassen, daß der Fürsten von Bayern Ritter und Knechte nicht mehr zum Eintritt gedrängt

---

⁵³) K. CB. 908 Fol. 33 ff.
⁵⁴) Ebd. Gumpolt von Gültlingen wurde dabei schwer verwundet.
⁵⁵) Markgröningen, Württemberg.
⁵⁶) „wo solich ainung nit mer frucht geperen soll, möcht besser sin, es wer kain ainung vorhanden." K. CB. 908 Fol. 34 b.
⁵⁷) Die Verhandlungen bei Krenner X, 341 ff. Müller, Reichstagstheatrum unter Kaiser Maximilian, Vorst. I, S. 120 ff.

würden⁵⁸). Er selber wolle sich gleichfalls nach dieser Richtung beim Bund verwenden. Über die Rechtsfrage der Landsässigkeit war damit natürlich nichts gesagt, so wenig das bei dem Linzer Bescheid des Kaisers der Fall gewesen war. Das kam noch besonders zum Ausdruck in der Klausel: „doch jedermann an seinen rechten und seinem herkommen unvergriffen" ⁵⁹). Er bat die drei Fürsten, es dabei bewenden zu lassen, freilich ohne Erfolg.

Die Wittelsbacher verlangten in ihrem Gegenvorschlag, daß der Bund sich der Kraichgauer, der Mortenauer, der Witwe des Götz von Adelsheim und anderer Ritterschaft entschlage, sie weder jetzt noch künftig aufnehme, wenn sie von sich aus den Anschluß begehrten, und protestierten gegen die Klausel bezüglich der Rechte anderer⁶⁰). Aber der König blieb bei der einmal gefundenen Formel⁶¹), welche die Herzöge und der Pfalzgraf dann auch am 16. Mai annahmen⁶²).

Nun hielt der König die Zeit für gekommen, mit dem Anspruch des Reiches auf die Kraichgauer und Ortenauer offen hervorzutreten. Er setzte am 25. Mai an Stelle der seither allgemein gehaltenen Klausel den Satz: „doch dem reich an seinen rechten unvergriffen"⁶³). Damit

---

⁵⁸) Krenner X, 404. Müller I, S. 122. Doch beachte ebb.: „Der ritterschaft halben im Kretzgew und Mortnaw hat die kgl. maj. den artikel in die gemein gesetzt und niemand darinne benennet ... wann die keys. maj. vermeinen, daß Kreckgewer und Mortnawer dem heiligen reich zugehörig sein" ...

⁵⁹) Krenner X, 404 f.

⁶⁰) „Und des anhangens oder verdingens jedermann an seinen rechten und herkommen unschädlich, sind ihre gnaden nicht der meinung jemandes etwas abbruches zu tun; wollten sich doch darinn nicht weiter geben oder zugelassen haben, dann sich gebührt, und sie von recht schuldig sind." Ebb. S. 407.

⁶¹) „In gleicher gestalt (wie bei der andern Ritterschaft) soll es mit den Kraichgauern und Mortenauern auch gehalten werden. Doch jedermann an seinen rechten und herkommen unvergriffen." Ebb. S. 409.

⁶²) Item der Mortenauer halben, unseren gnädigsten herrn pfalzgrafen, Kreichgauer und andrer ritterschaft und verwandten der fürsten von Baiern ect., daß sich der bund der Mortenauer, unserm gnädigsten herrn pfalzgrafen verwandt, der Kreichgauer und anderer ritterschaft und verwandten der herren von Baiern entschlage und nicht mehr annehme; doch jedermann an seinen rechten unschädlich." Ebb. S. 413. Müller I, 123.

⁶³) „Item der bund soll sich der herrn von Baiern, hintersaßen weiter nicht annehmen, oder keinen in den bund bringen, oder hernachmals annehmen. — Item so soll auch der bund jetzt oder hernach sich der Kraichgauer und Mortenauer nicht annehmen, doch dem reich an seinen rechten unvergriffen." Ebb. S. 415 f. — Nun gewinnt auch ein Umstand Bedeutung, welcher uns sonst wohl nichts sagen würde: der erste königliche Vorschlag spricht überhaupt nicht von der Kraichgauer und Ortenauer Ritterschaft. Erst die Wittelsbacher werfen diese Namen in die Diskussion, und zwar

stellte er sich ganz auf den Standpunkt seines Vaters und erkannte auch seinerseits klipp und klar die Landesherrlichkeit des Kurfürsten Philipp über den Kraichgau und die Ortenau nicht an.

Es ist wahrscheinlich, daß der König zu seiner entschiedenen Haltung außer durch die Rücksicht auf seinen Vater durch den Protest veranlaßt wurde, welchen der Schwäbische Bund in Sachen der Kraichgauer und Mortenauer erhob. Er bezeichnete das Zugeständnis Maximilians an die Wittelsbacher als unberechtigt. Beide Ritterschaften seien nicht Bayern und der Pfalz zugehörig, sondern freie, edle Dienstleute des Reiches und säßen in Schwaben. Es solle also bei dem kaiserlichen Mandat bleiben [64]).

Darauf konnte oder wollte der Pfalzgraf nicht eingehen. Auch die Verhandlungen mit den Löwlern und Herzog Albrecht zerschlugen sich. Nach so viel redlicher Mühe ließ der König am Ende des Nürnberger Reichstags die Dinge so, wie er sie vorgefunden hatte.

---

so, als ob die genannten identisch seien mit „ihrer ritterschaft, landsassen, und die ihren gnaden verwandt und bisher zugetan gewesen sind", die in der Beschwerde aufgeführt wurden. Vergl. o. Anm. 40: „angeregter ritterschaft, nämlich der Kraichgauer und Mortenauer" 2c. — Der König aber trennt in seinen folgenden Antworten stets die Ritterschaft der drei Fürsten vom Kraichgauer und Mortenauer Adel, welcher jeweils besonders aufgeführt wird. Für ihn besteht also die Identität nicht. Vgl. auch o. Anm. 58.

[64]) „Dann wißentlich ist, daß die obgenannten Kreckgawer und Mortenawer Schwaben und auf swebischem erderich und gezirckh gesessen, und auch also herkomen, daß sie insunder keinem fürsten oder herrn aus schulden dienstlich zugewande gewesen seiend, anders bann si so vil freier will, und des, daß inen darumb geben und widerfarn ist, genaigt hat, als bann desselben abermals offenwar ursach am tag ligt, dann die ritter und knecht solcher beider ende haben bisher und noch in kriegen und geschefften, zu schimpf und ernst gedient der Pfalz und nit minder ander fürsten und herren, in der maß auch wider die Pfalz wie dann das von inen als freien ebelleuten im land zu Swaben herkommen und von mengclichen unverhindert, biß daß das kaiserlich manbat des zusammentundts des swebischen bunds ußgangen, und davor suft allwegen ein unverdechtlicher pruch ganz ruewig und von jemands angefochten gewesen ist . . . So nun von dem punb außerhalb beß oder eigener bewegnus gegen inen nit fürgenomen noch gehandelt ist, so verhofft der punb, die kuniglich maj. und kaiserlichen anwäld werben selbs nit billigen, daß die Kraichgawr und Mortnawr also sollten begeben oder ausgeschlossen werben, das benn nit allein inen, nachdem des von wegen ir allhie niemands macht hat, sonder auch dem heiligen reich, so vil und sie das gegen demselben auch beruret, abbruchlich were." Müller, a. a. O. S. 123 f. Da Müller in andern von ihm gegebenen Aktenstücken mit den sonstigen Drucken 2c. übereinstimmt, nehme ich keinen Anstand, auch das obige zu benützen, welches er allein bringt. Über Müllers Glaubwürdigkeit: G. Großmann in Forschungen zur deutsch. Gesch. Bd. XI (1871) S. 114 ff.

Und doch war etwas anders geworden. In allen Beteiligten war die Überzeugung durchgedrungen, daß der seitherige ungewisse Zustand nicht andauern könne. Wollten die Verhältnisse sich nicht zurechtbiegen lassen, so mußten sie brechen.

b) Der Reichskrieg gegen Herzog Albrecht von Bayern und der Tag zu Augsburg.

Am 6. Juli 1491 bestätigte Maximilian den Anschluß der Löwler und Herzog Wolfgangs an den Schwäbischen Bund[65]). Am 2. September verbot der Kaiser eine Tagung zu Frankfurt, welche sein Sohn zur Fortsetzung der Nürnberger Ausgleichsversuche auf den 11. November anberaumt hatte[66]). Am 1. Oktober erklärte er das von Herzog Albrecht okkupierte Regensburg in die Reichsacht[65]). Am 3. November bestätigte er den Löwenbund und die Freiheitsbriefe der bayrischen Ritterschaft[65]). Der Bund begann zu rüsten, und ernstlich zu rüsten. Als im August die beiden Städte Wimpfen und Heilbronn um Ermäßigung ihres Anschlags baten, wurden sie abgewiesen, obgleich sie dem Bund entlegen waren und vor und neben ihnen eine große Macht von Bundesfeinden sich befand[67]).

Von den Rüstungen kam es bald zu Tätlichkeiten; zunächst allerdings in der unehrlichen Weise, die sich hinter heimlichen Parteigängern versteckt. Lindenschmidt und sein Genosse Köberlin brachen Mittwoch nach Dreikönig in das Lauffener Amt ein, brannten und raubten und verkauften die Beute zu Möckmühl — auf pfälzischem Gebiet[68]). Der Pfalzgraf leugnete zwar das Einverständnis und wies, da der Vogt von Lauffen die Einung angerufen, seine Beamten an, gegen Lindenschmidt vorzugehen[69]). Dem Schnapphahn wird das allerdings nicht allzu weh getan haben.

Zum offenen Ausbruch kamen die Feindseligkeiten durch die Löwler, welche im Dezember 1491 gegen Herzog Albrecht losbrachen.

---

[65]) Riezler III, 543.
[66]) Janssen, Frankf. Reichskorrespondenz II, 553 f. (Nr. 701).
[67]) Wimpfen an den Bund, 1491 August 2 (dienstag nach vinc. Petri). Or. Pap. Heilbronn an den Bund, 1491 August 4 (dornstag nach vinc. Petri). Or. Pap. Antwort Besserers, 1491 August 18 (dornstag nach assumpt. Marie). Konz. Pap. Archiv der Kreisstadt Ulm, Kast. XI, Fach 40, Fsz. 1.
[68]) Erhard v. Talheim, Vogt zu Lauffen, an Philipp, 1492 Januar 13 (fritag nach sant Erhartstag). K. CB. 908 Fol. 53.
[69]) Phil. an Talheim, 1492 Januar 15. K. CB. 908 Fol. 53 b f. Phil. an Heinrich Bock, 1492 Januar 16 (montag vor Antonii), ebb. Fol. 54.

Mit gewohnter Tatkraft warf dieser einen Gegner um den andern nieder. Trotz dringender Bitten erhielt der Löwenbund weder vom Böhmenkönig noch vom Schwäbischen Bund Unterstützung. Seine Sache wäre verloren gewesen, hätte nicht der Kaiser am 28. Januar die Acht gegen Regensburg erneuert und sie auf alle Helfer der Stadt, besonders Herzog Albrecht, ausgedehnt.

Nun kam die Macht des Reiches und des Bundes in Bewegung. Der Kaiser ernannte den Markgrafen Friedrich von Brandenburg zum Feldhauptmann. Unter der Ritterschaft, welche dieser auf Pfingsten nach Donauwörth aufbot, befand sich auch jene des Kraichgaus. Der Pfalzgraf protestierte dagegen „als Landesherr" in einem Schreiben an den Markgrafen. Die Ritterschaft selbst scheint überhaupt nicht darauf reagiert zu haben [70]).

Nachdem noch im März vergebliche Verhandlungen in Prag zwischen den Räten der böhmischen Krone, der drei Wittelsbacher und des Löwenbundes stattgefunden hatten [71]), sammelte sich das Reichsheer unter Friedrich von Brandenburg und das Heer des Schwäbischen Bundes unter Graf Eberhard von Württemberg auf dem Lechfeld. Der großen Macht war Herzog Albrecht nicht gewachsen, zumal Herzog Jörg und Herzog Otto von Neumarkt keine Hilfstruppen sandten. Nur der Pfalzgraf hatte unter Georg von Rosenberg 500 Reisige abgeschickt [72]).

Die Bemühungen des Römischen Königs verhinderten den Kampf, der nur mit einer schweren Niederlage Albrechts enden konnte.

Nach Augsburg, wo Maximilian schon im Dezember 1491 einen Tag vorgehabt, beschied er auf den 13. Mai 1492 die Löwler und Herzog Albrecht. Bis zum 25. dauerten die Verhandlungen, welche dem hochstrebenden Münchener Herzog zwar alles nahmen, was er bisher erworben hatte, dafür aber Friede und Ordnung im Lande wiederherstellten.

Die große Niederlage Albrechts konnte auch durch die Anwesenheit

---

[70]) Die beiden Schreiben ohne Monatstag erwähnt in den „Histor. Notizen über die kurpfälz. Ämter c." K. CB. 1084 Fol. 35.

[71]) Die Räte des Pfalzgrafen sind schon anfangs Februar in Augsburg und erhalten dort noch Instruktionen. Phil. an die Räte, 1492 Februar 6 (montag nach Blasii). K. Pfalz, Generalia, Reichsritterschaft, Fsz. 5352 Nr. 59.

[72]) Leider ist über die Zusammensetzung nichts bekannt. Da es Reisige sind, kann in der Hauptsache nur der Adel in Betracht kommen, und da es sich nicht um ein Lehensaufgebot, sondern um freiwillige oder geworbene Truppen handelt, so wären aus der Teilnehmerliste Schlüsse auf die politische Gesinnung der Aufgezählten möglich.

der pfälzischen Räte nicht aufgehalten werden; diese hatten genug mit den eigenen Angelegenheiten, besonders dem Zwist mit Württemberg, zu tun.

Daß Maximilian trotz der Erfahrungen des Nürnberger Reichstags und trotz der Abmahnung seines Vaters es noch einmal versuchte, die beiden Feinde zu versöhnen, hatte seinen Grund in der zweifachen Schmach, welche ihm der König von Frankreich angetan. Nicht nur die Tochter, mit der er sich verlobt, hatte er ihm zurückgeschickt, auch die Braut, Anna von Bretagne, hatte er ihm geraubt. Im Reich mußte Friede sein, wenn Maximilian den Schimpf an Frankreich rächen wollte, und weder die mächtigen Wittelsbacher noch den Grafen von Würtemberg konnte er bei dem Zug entbehren.

So kam es zu neuen Verhandlungen, in deren Verlauf — und das ist unser Interesse an ihnen — die Verhältnisse der Kraichgauer Ritterschaft immer wieder besprochen werden.

Die pfälzischen Gesandten, welche die Weisung hatten, nicht mit dem Schwäbischen Bunde, sondern mit Württemberg allein in Verhandlungen sich einzulassen, kamen am 8. Mai [73]) in Augsburg an. Sie fanden den König noch nicht dort. Nach allerlei Vorbesprechungen mit den königlichen Räten wurden sie von Maximilian empfangen. Er setzte eine Kommission ein mit dem Bischof von Augsburg an der Spitze, welcher die Prüfung der Schriften und Gegenschriften und die Urteilsfindung oblag. Am 23.[74]) und 24.[75]) Mai war sie in Tätigkeit. Pfalz formulierte seine Beschwerden: Nichtempfang des Lehens Marbach durch Eberhard d. Ä., Bruch der Einung durch Beitritt zum Schwäbischen Bund, Schädigung der pfälzischen Ritterschaft durch den Landgraben auf dem Heuchelberg und den württembergischen Wildbann im Kraichwald. Württemberg erhob Gegenvorstellungen. Beide Parteien legten den Hauptnachdruck auf den letzten Punkt, die Schädigung der pfälzischen Ritterschaft.

Es ist möglich, daß Maximilians Bemühungen diesmal erfolgreich gewesen wären, hätte nicht ein neues Ereignis die Gegensätze wiederum verschärft.

Während der Augsburger Verhandlungen [76]) richtete Graf Eber-

---

[73]) dienstag nach sontag misericordias domini. Der Bericht der Gesandten an den Pfalzgrafen K. CB. 908 Fol. 42 ff.

[74]) mittwoch nach cantate, ebb.

[75]) donnerstag nach cantate, ebb.

[76]) 1492 Mai 14 (montag nach jubilate) Graf Eberhard an Philipp. K. Pfalz, Generalia, Reichsritterschaft, Fsz. 5352 Nr. 91. Or. Pap. Kopie im K. CB. 908 Fol. 70.

hard an Kurfürst Philipp ein alarmierendes Schreiben. Er sprach darin die Absicht aus, den lang projektierten Landgraben [77]) jetzt ausbauen zu lassen, und erbot sich noch einmal, denjenigen billigen Ersatz zu leisten, welche durch das Werk Schaden an ihren Gütern hätten. Philipp antwortete [78]): Er habe sich nicht versehen, daß Eberhard gerade während der gütlichen Verhandlung vor dem König mit einem solchen Entschluß vortrete. Mit Unrecht berufe er sich darauf, daß Wildbann und Geleit um die Trace der Landwehr ihm gehöre. Er beantrage rechtlichen Austrag auf Grund der Einung.

Doch Graf Eberhard ließ sich nicht halten. Die Gelegenheit war zu günstig für ihn. Den Oberbefehl über die schwäbischen Bundestruppen hatte er an Graf Haug von Werdenberg abgegeben. Bald mußten mit dem Friedensschluß die württembergischen Truppen auf dem Lechfeld frei werden. Ein starkes Aufgebot hatte Graf Eberhard ohnedies der Westgrenze entlang aufgestellt. Um seine Leute nicht müßig und umsonst beieinander zu haben, ließ der praktische Fürst mit dem Bau des Landgrabens beginnen [79]). Sobald Philipp von den Arbeiten hörte, ließ er durch seinen Gesandten bei dem König und seinen Räten Protest erheben. Trotzdem wurde ein Teil des Grabens fertiggestellt. Nun gaben die pfälzischen Gesandten die Erklärung ab, daß alle seitherigen Verhandlungen ungültig seien, solange der Graben nicht wieder geschleift sei.

Der König sah seine Bemühungen aufs neue nutzlos gemacht. Am 27. Mai bat er von Landsberg aus [80]) den Pfalzgrafen, weder in

[77]) „uß notturft minem land zu schirm ainen landgraben zu machen an den enden, da wiltpann und geleit mir zugehörig ist"; ebb.

[78]) 1492 Mai 16 (mitwoch nach jubilate); K. Pfalz, Generalia, Reichsritterschaft Fsz. 5352 Nr. 55. Konz. Pap. Kopie im K. CB. 908 Fol. 70 b. Gegen die Art der württemb. Beweisführung erhebt Philipp keinen Einspruch. Er bestreitet nur, daß Wildbann und Geleit, auf deren Besitz Graf Eberhard seine Berechtigung gründet, in der Tat diesem gehöre.

[79]) „Nu hab sich in der selben handlung begeben, daß sin gnediger herr (graf Eberhard) uß gebot der kaiserlichen maiestet sachen die sinen der kaiserlichen mt. zuverordnet und geschickt hab und dabi auch in siner gnaden ort, flos zu ros und zu fuß die sinen auch verordnet in der gestalt, ob jemand understeen wolt sin gnaden ingriff zu tun, dwil er in gehorsam der kaiserlichen mt. were uf dem lechfeld, sich desselben ufzuhalten und sust nimand zu wider. dwil nu sin gnad die sinen an denselben orten gehabt hab zu fuß mit merglicher anzale, si sinen gnaden schicklich gewest, damit sie nit das brot umb sust essen, daß sie auch icht nutz schufen und den angefengten landgraben, wie er angesehen und fürgesetzt was, volstreckten." Die württemb. Gesandten auf dem Maulbronner Tag; s. u. Anm. 85.

[80]) sontag vocem iocunditatis, K. CB. 908 Fol. 71. Der König bittet nichts zu tun, „dadurch die sachen zur clage würd".

Sachen des Landgrabens noch ihrer andern Späne halber etwas gegen den Württemberger vorzunehmen; täglich arbeite er an der Beilegung ihres Zwistes. Im gleichen Sinne habe er an Eberhard geschrieben. Auch diese Bitte war vergebens. Die beiden Gegner trauten einander so wenig, daß Graf Eberhard immer noch seine gegen Herzog Albrecht aufgestellten Truppen beisammen behielt und der Pfalzgraf fortwährend neue Rüstungen unternahm [81]). Eifrig vervollständigte der letztere die Besatzungen der festen Plätze an der Ostgrenze, und verschiedene Male kam es zwischen pfälzischen Fußknechten und Schützen, welche durch das Zabergäu nach Besigheim zogen, und den dortigen württembergischen Truppen zu Reibereien. Einmal gab es sogar auf pfälzischer Seite einen Toten und mehrere Verwundete, und es ist klar, daß sich der Pfalzgraf diese Gelegenheit zu Beschwerden nicht entgehen ließ [82]).

e) Der Tag zu Maulbronn.

Dennoch folgten beide Fürsten der Einladung Maximilians, der sie am 30. Juni von Ulm aus aufforderte [83]), am Sonntag nach Margareta [84]) entweder selbst nach Maulbronn zu gütlichen Verhandlungen zu kommen oder sich dort vertreten zu lassen. Beides war ungünstig gewählt, die Zeit und der Ort. Freilich, darum konnte sich Maximilian nicht kümmern, daß die Feindseligkeit neuerdings noch zugenommen hatte. Sein großes Ziel, an der Spitze eines Reichsheeres Rache an Frankreich zu nehmen, forderte rasches Handeln. Wohl aber

---

[81]) Am 7. April 1492 weiß Graf Eberhard von Württemberg dem Markgrafen Friedrich von Brandenburg als Schlußtermin der pfälzischen Vorbereitungen den Ostermontag anzugeben. Archiv für öst. Geschichte VII, S. 134. S. auch o. S. 98 Anm. 195 Schluß.

[82]) Der in Güglingen stationierte württembergische Hauptmann, Ritter Konrad Geguf, verlangte von den pfälzischen Abteilungen vorherige Ansage und genügenden Ausweis. Weil seinem Verlangen nicht entsprochen wurde, schritt er zur Tat. Pfalzgraf Philipp rief in einem geharnischten Brief vom 11. Juni (uf pfingstmentag; Pfalz, Generalia, Reichsritterschaft Fsz. 5352 Nr. 21) die Einung und die kgl. Teidung an. Eberhard stellte in seiner Antwort vom 21. Juni (uf unsers lieben herren fronlichnams aubent, ebd. Nr. 16, Or. Pap.) fest, es gezieme sich in diesen Zeiten allgemeiner Unruhe nicht, „daß jemand mit gewappneter hand in min land umb ziehe". Genugtuung für Gegufs Tat verweigerte er und forderte seinerseits „Wandel und Abtrag". Beide Schreiben gehen im Ton noch über den Nürnberger Schriftwechsel hinaus. Ein Bericht über den Vorfall ist abgedruckt in Vierteljahrshefte des Zabergäuvereins 1906, S. 12.

[83]) samtag nach sant Peter; K. CB. 908 Fol. 71 b.

[84]) 1492 Juli 15.

hätte er die Erinnerungen kennen müssen, welche die Malstatt, die vielumstrittene Cisterzienserabtei, hervorrufen konnte. Der Pfalzgraf sandte Wiegant von Dienheim, Dr. Jac. Ramung, Jörg Göler von Ravensburg und den Kanzleischreiber Johannes Sommer; Graf Eberhard seinen Kanzler Dr. Ludwig Fergenhans, Ritter Hermann von Sachsenheim und Wolf Dachenhausen, Vogt zu Vaihingen. Der König hatte seine Räte Wilhelm von Stadion, Ritter, und Ludwig von Emershofen geschickt [85]).

Wir könnten ohne weiteres über die Verhandlungen weggehen und uns damit begnügen, ihre Ergebnislosigkeit festzustellen. Aber die Natur der Streitfragen hat die Parteien veranlaßt, sich **prinzipiell über das Wesen der Landesherrlichkeit und Landsässigkeit zu verbreiten.** Erst der Vergleich der gegensätzlichen Anschauungen ermöglicht ein Urteil über die Stellung der Kraichgauer Ritterschaft.

Schon einmal — im Neipperger Jagdstreit — war es zu solchen Auseinandersetzungen gekommen. Am 6. und 7. Oktober 1490 [86]),

---

[85]) „Handelung zuschen minem gnedigsten hern pfalzgraven kurfürsten ect. und grave Eberhard von Wirtenberg dem eltern uf dem koniglichen gutlichen dag zu Mulbronn uf montag nach Margrete ao ect. XCII° antreffen den graben am Huchelberg, fur der ko. mt. retcn hern Wilhelm von Stadion, ritter, und Ludwig von Emershofen verhandelt." K. CB. 908 Fol. 72 ff. Graf Eberhard hatte vorher ein Gutachten Dr. Martin Breuningers (Sattler, Graven IV, S. 26 f.), Kurfürst Philipp ein solches seines Kanzlers Dalberg eingefordert (K. CB. 908, Fol. 56 b ff., ohne Datum. Datierung nach dem Inhalt und Erwähnung der pfälz. Gesandten).

Für uns ist an diesem Gutachten von besonderem Interesse, daß Dalberg selber die pfälzische Position nicht für sicher hält und dem Tag überhaupt keine große Wichtigkeit beilegt: „Item so nu graff Eberhard vor wil wenden, daß er des macht hab, wan er si uf dem sinen ... daruf ist zu antworten: erstlich mit der anzeig, wie er es nit uf dem sin geachten kund, und das ußfüren, wie dann die wissen, die das angeben haben. Und sonderlich als angezeigt ist, daß der Pfalz oberkeit soll gein bis an die Zaber, auch daß die von Neipperg der Pfalz je und je anhengig gewest ect. und was darzu dienen mag, wie wol ich sorg, und alweg gesorgt, **daß u. g. in dem fundament nit vil forteils hab** ... aber, g. h., wo u. g. durch berichtigung her Engelhards (v. Neipperg) und der andern nit ferrers grundß fund der oberkeit u. g. **an den enden, so sorg ich, es si sorglich im rechten**, wie woll man sich meines bedünkens mag der andern etwas behelfen. Doch ist uf disen gutlichen tag nit vil zuversaumen, auch nit not alles das herfur zutun, das u. g. behelf sin wurd im recht." Damit war den Verhandlungen der Stab von vornherein gebrochen.

[86]) mitwoch und dornstag nach sant Franciscen tag. K. CB. 908 Fol. 129 ff. Von den damaligen Teilnehmern sind auch in Maulbronn anwesend: Wigant von Dien=

damals, als wegen der Tat von Neibsheim zwischen dem Schwäbischen Bund und dem Pfalzgrafen der offene Krieg auszubrechen drohte, hatte unter dem Vorsitz Ludwigs von Nippenburg ein Schiedsgericht zu Vaihingen getagt. In die eigentliche Prozeßsache war gar nicht eingetreten worden; man hatte sich darum gestritten, ob die Pfalz berechtigt sei, als Kläger für die Neipperger aufzutreten. Bei den vielen Berührungspunkten, welche die jetzigen Verhandlungen mit den damaligen gemeinsam haben, ist es notwendig, auf den Vaihinger Tag zurückzugreifen.

Württemberg nahm damals den Standpunkt ein, daß die Pfalz nur dann in der Jagdsache Selbstkläger sein dürfe, wenn es sich um eine Angelegenheit des Fürstentums handle. Den Beweis dafür suchte die Pfalz vergeblich zu erbringen. Sie berief sich auf den Artikel der Einung, in welchem mit dem Besitzstand der Fürsten auch jener ihrer „Zugehörigen" garantiert wird, „die ihnen zuversprechen stehen". Württemberg gab zu, daß die Neipperger „Diener der Pfalz" seien; sie seien aber auch Edelleute, und **im Lande Schwaben heiße man einen Edelmann nicht einen Zugehörigen eines Herrn.** Der Herr könne wohl für einen Eigenmann klagen, **der ihm mit Leib und Gut gehöre,** nicht aber für einen Edelmann, der ja nicht jemandes **Eigentum,** sondern frei wäre [87]). Auch das Schirmverhältnis sei nicht so eng, daß der **Schirmherr ohne Vollmacht für den** Beschirmten Klage erheben dürfe. Durch die Schädigung des letzteren werde der erste nicht seines Schirmes entsetzt.

Man kam in der Kompetenzfrage zu keiner Einigung und vertagte sich auf den 25. November [88]). Der Jagdstreit war damit wieder einmal auf die lange Bank geschoben. Und doch waren die Vaihinger Verhandlungen allen Beteiligten von großem Nutzen. Bis dahin hatte man vermieden, den Gegensatz zwischen Pfalz und Württemberg in seinem Wesen zu erfassen. Das Prinzipielle war meist hinter den Äußerlichkeiten des Streites zurückgetreten. Nun kam zum ersten Male der Unterschied in den politischen Anschauungen zutage, welcher hinter den materiellen Ansprüchen stand.

Noch deutlicher war das auf dem Maulbronner Tag der Fall.

---

heim, Hermann von Sachsenheim, Dr. Jacob Ramung und Dr. Ludwig Vergenhans. Schon dieser Umstand verbürgt einen Zusammenhang beider Verhandlungen.

[87]) „bann derselb were fri"; ebb. Fol. 200b. Vergl. damit o. S. 30. Anm. 30.

[88]) „uf Katharine zunacht nechstkompt." Der Tag fand nicht statt, was sich aus der gespannten politischen Lage erklärt.

Graf Eberhard, behauptete der württembergische Sprecher [89]), sei berechtigt gewesen, den Landgraben an einer Stelle zu errichten, wo das Land, das Geleit, der Wildbann, der Zoll, die Verwaltung, sowie die hohe Obrigkeit und Herrlichkeit ihm gehöre. Der Pfalzgraf habe dort weder Grund noch Boden. Das Eigentum stehe den Neippergern, das Obereigentum Württemberg zu. Es sei gemeines Recht und Landesbrauch, daß ein Herr, der seine Regalien besitze, in seinem Land einen Bau des gemeinen Nutzens halber vornehmen dürfe.

Der württembergische Anspruch auf die Landesherrlichkeit über den Heuchelberg wird von pfälzischer Seite scharf bestritten. Geleitsstraßen am Heuchelberg habe Pfalz so gut wie Württemberg; der Wildbann gehöre den Neippergern, ebenso die hohe Obrigkeit: das Gericht über Hals und Hand und alle Gebote und Verbote gehörten ja dieser Familie, weil sie der Pfalz verwandt sei. Das Eigentum habe mit der Obrigkeit gar nichts zu tun. Selbst wenn die Pfalz keine Eigengüter dort besitze, erstrecke sich das Fürstentum bis dorthin. Übrigens hätten doch die Neipperg, des Kurfürsten Landsassen und Schirmverwandte, dort das Eigentum [90]).

Wenn auch die pfälzische Behauptung falsch ist und die hohe Gerichtsbarkeit der Neipperger nicht vom Pfalzgrafen, sondern direkt vom Kaiser stammt, so verliert das Argument doch nichts an Schlagkraft.

---

[89]) Dr. Vergenhans. Der pfälzische Sprecher ist Dr. Ramung. Beide hatten diese Funktion schon zu Vaihingen.

[90]) „Man gestund auch mim herrn graf Eberhard an dem ende der landschaft nit, werd sich auch nit finden. Min herr von Wirtenberg hab gleits straffen neben dem Heuchelberg, die hab min gnedigster herr pfalzgrave auch. Des wiltpands gestund man ime ganz nit, dan so vil er den von Niperg underftund abzudringen. Der hohen oberkeit ime auch nit gestanden, dan die von Niperg die hohe oberkeit, nemlich gericht uber hals und heupt, auch alle gebot und verbott da hetten und stund ine zu als der Pfalz verwanten, die sie lang zit je und je geweft werent als Gemingen und ander gesleht zu der Pfalz gehorten. Niperg das flos were des stifts von Wirzburgs eigentum, und die von Niperg es also herbracht lenger den menschen gedechtnis, daß sie ein ubelteter, den sie zu Niperg sahen, heruber uber den Huchelberg gein Sweigern furen und da berechtigen mochten. Es were auch an not inzuziehen, dwil min herr von Wirtenberg das eigentum zu Sweigern zustund, daß er darumb dadurch graben mocht, das gestund man im nit; darumb moge min herr von Wirtemberg ime kein oberkeit zuziehen des ends in der von Niperg hohe oberkeit und der Pfalz schirm... ob joch die Pfalz nit eigen guter an den enden hat, das sie nit wißten, so wollt doch min gnedigster herre der pfalzgrave darfur haben, siner gnaden furstentum solt an dem ende so wit hinus grenetz haben mit dem land Wirtenberg, darzu so stund es doch den von Niperg zu, die siner gnaden diener, lantsessen und schirmverwanten werent." Ebd.

Württemberg war in der Tat nicht Landesherr über das Neippergische Gebiet. Daran ändern auch seine Gegengründe nichts [91]).

Den Besitz des Geleites freilich konnten die Württemberger Gesandten mit Recht für ihren Herrn beanspruchen. Wenn sie aber aus dem Geleitsrecht das Forstregal herleiteten und es mit der hohen Herrlichkeit indentifizierten und taten, als ob die hohe Gerichtsbarkeit für die Landesherrschaft fast gleichgültig wäre, so standen sie nicht auf günstigem Boden.

Von dem Eigentum an Grund und Boden geben sie nun selber zu, daß sich darauf keine Landesherrschaft rechtlich gründen lasse. Die detaillierte Aufzählung württembergischen Besitzes will nur noch den Grafen Eberhard für den besonderen Fall im Vorteil erscheinen lassen.

Mehr Glück als mit der Behauptung der eigenen Landesherrschaft hatte Württemberg mit der Widerlegung der pfälzischen Ansprüche. Wie zu Vaihingen gab es zu, daß die Neipperger des Pfalzgrafen Diener seien. Sie stünden damit aber zur Pfalz **nur für ihre Person** in Beziehung. An den Rechtsverhältnissen ihres **Besitzes** werde dadurch gar nichts geändert. Auch am württembergischen Hofe hätten sie wohl einmal gedient [92]).

---

[91]) „Si fremd zu horen, daß der Huchelberg nit im lande zu Wirtenberg ligen und das gleit der herschaft nit zusteen solt; dan der Huchelberg lege crutzwise im land von Wirtenberg und ging das wirtenbergisch gleit crutzwise daruber, und nit allein der Huchelberg, sunder was uber den Huchelberg lig, als Stetbach, Niederhofen, alles der herrschaft Wirtenberg zustund und das gleit bis an den bildstock bi Gemmingen. Man gestee auch mim gnedigsten herrn dem pfalzgrafen, daß sich siner gnaden gleit nirgend streck an dem Huchelberg und het auch kein gut da, wie vor davon geredt. Die zölle werent auch wirtenbergisch, das sie ware; sagten es noch den wiltpand beruren ect., die irrung were um eins cleins bletzlin am Huchelberg, aber nit um den ganzen Huchelberg und ob joch die von Niperg an eim pletzlin in irs herrn graf Eberhards gleit zu jagen hetten, darumb were irem herrn von Wirtenberg unbenommenen gleit und auch zu jagen im selben bletzlin und andern enden uf dem selben Huchelberg. Und als gered si von der hohen herlikeit ect. ob joch die von Niperg stock und galgen an den enden hetten, darum were irem herrn von Wirtenberg das lant nit benommen, dan vil edel lute hetten stock und galgen in der fursten und herren lande. Es hieß **auch nit die hohe herlikeit, sunder das gleit hieß die hohe herlikeit.** Dar zu wer es in irs herrn von Wirtenberg eigentum, darin er billich forteil het vor eim, des das eigentum nit wer.... Ir herr von Wirtenberg heb auch ein eigen teil zu Niperg und was von Gemingen an Niperg het, gee zu lehen von der herrschaft Wirtenberg. Es het auch der vogt von Brackenheim ubeldetter uß Niperg dem flos genomen und gein Brackennen gefurt und ine ir recht getan; das hab ime gutlich gefolgt." Ebd.

[92]) „Die von Niperg mogen wole mins gnedigsten herrn pfalzgraven diener sin, aber daß darumb das ir, das in eins andern herrn land lige, dem fursten, bi dem sie

Hierauf wußten die pfälzischen Räte keine Antwort zu geben. Es wiederholte sich ein Vorgang, der schon in Vaihingen recht auffällig gewesen war: sie redeten von da ab von den Neippergern nicht mehr als von Landsassen, sondern nur noch als von Schirmverwandten der Pfalz. In der letzten Rede und Widerrede beharrten die Pfälzer darauf, daß Württemberg nicht Landesherr sei am Heuchelberge, und die Württemberger wiederholten, daß der Pfalzgraf dort weder Geleit noch etwas anderes besitze.

Ebensowenig, als in den Verhandlungen zu Nürnberg und Augsburg dem Kaiser und dem Römischen König gegenüber, vermochte die Pfalz im Streit mit Württemberg ihre Auffassung durchzusetzen. Blieb damals der Anspruch des Kaisers bestehen, daß die Kraichgauer Ritterschaft in ihrer Gesamtheit an ihn, als ihren Herrn, sich zu halten hätte, so wurde hier in einem Einzelfall die von der Pfalz behauptete Landsässigkeit auf das richtige Maß, die Schirmverwandtschaft, zurückgedrängt. Die Pfalz selber hatte während der Verhandlungen die rechtliche Stellung der Neipperger als typisch bezeichnet [93]. Sie war es auch. Was für diese Familie galt, war von allen kraichgauischen Geschlechtern zu sagen, die nicht gerade in den zwei Centen des alten Elsenzgaues ihren ausschließlichen Sitz hatten. Nur dort, im Gebiet der Neckargemünder und Reichartshäuser Cent, war Pfalz tatsächlicher Landesherr, und nur dort hatte sein Bestreben, die Ritterschaft zu Landsassen zu machen, Aussicht auf Erfolg. Dagegen im früheren Gartachgau, auf dem Gebiet der alten Wimpfener Immunität, im eigentlichen Kraichgau und am Bruhrain hatte Pfalz nur so viel Recht, als ihr die Ritterschaft freiwillig oder gezwungen über sich und ihre Hintersassen zugestand [94].

---

dienten an land zugebe, das were frembd zu horn. Moge sin, die von Niperg wern auch etwan am wirtenbergischen hofe gewest." Ebd.

[93] S. o. Anm. 90. „und stund ine zu als der Pfalz verwanten, die sie lang zit je und je gewest werent, als Gemingen und ander geslecht zu der Pfalz gehorten."

[94] Die Vaihinger und Maulbronner Verhandlungen haben eine über die Frage nach der rechtlichen Stellung des Kraichgauer Adels hinausgehende — rechtsgeschichtliche Bedeutung. Sie zeigen, wie sehr noch in Süddeutschland am Ende des 15. Jahrhunderts die Rechtsanschauungen über territoriale Verhältnisse im Fluß waren. Zwei Fürsten, denen beiden energische Territorialpolitik nicht abzusprechen ist, lassen durch ihre Kanzleien über den Rechtsgrund ihrer Landeshoheit verhandeln: und siehe, sie sind über diese scheinbar fundamentale Frage

Der Vollständigkeit halber sei der weitere Verlauf und das Ergebnis des Maulbronner Tages kurz dahin zusammengefaßt, daß weder Pfalz noch Württemberg im guten zu bestimmen waren, ihre Ansicht vom Grenzverlauf zwischen beiden Territorien aufzugeben. Nach württembergischer Meinung reichte das Land des Grafen über den Heuchelberg herüber bis gegen Gemmingen; nach pfälzischer Auffassung war gegen einen Landgraben nur dann nichts einzuwenden, wenn er südlich vom Heuchelberg längs der Zaber lief. Nicht einmal zur Festsetzung eines Austrags kam es. Pfalz verlangte als erste Vorbedingung die Schleifung des Grabens, und Württemberg wollte sich darauf unter keinen Umständen einlassen. Der Vorschlag der k. Räte, zu einem Augenschein an Ort und Stelle zu reiten und dort über eine gütliche Einigung oder einen rechtlichen Austrag zu ratschlagen, fand keine Gegenliebe bei den pfälzischen Gesandten. Und das, obgleich die k. Räte ihnen daraufhin schuld gaben, die Versöhnung verhindert zu haben, und mit der Ungnade des Königs drohten. So war neue Verbitterung [95], neue Unklarheit das Ende.

Graf Eberhard schob, ganz wie die k. Räte, dem Pfalzgrafen die Schuld am Ausgang des Maulbronner Tags zu. Zu Verhandlungen auf Grund der Einung sei er nur dann bereit, wenn endlich einmal die von ihm einungsgemäß vorgebrachten Fälle erledigt, wenn Lochingers Hensel und seine Genossen befreit und Gumpolt von Gültlingens Verwundung gesühnt seien [96]. Ob die Heilbronner Zusammenkunft der pfälzischen und württembergischen Räte, welche Graf Eberhard vorschlug, wohl stattfand? Wir wissen nur, daß Marschall Hans von Dratt aus

---

nicht einig. Es hört sich wie eine Diskussion von heute an, wenn Württemberg, um seine Landeshoheit zu beweisen, zuerst auf das Eigentum und das Geleitsrecht, dann auf letzteres allein abhebt, während die Pfalz die hohe Gerichtsbarkeit als alleinigen Grund der Landesherrschaft hinstellt, diese für sich aber nur in Anspruch nehmen kann, indem es dem Schirm- und Dienstverhältnis eine übertriebene Bedeutung zuschreibt. Inkonsequenterweise vergißt es dabei seines Hofgerichts, dem es noch vor wenigen Jahren ein so großes Gewicht für die Landsässigkeit der Kraichgauer Ritterschaft beigelegt hat. — Es soll übrigens nicht vergessen bleiben, daß Württemberg die Bedeutung der Gerichtshoheit nicht unterschätzte, wenn es in günstigerer Lage war.

[95] Der Ton der pfälz. Gesandten war sehr „von oben herunter". Sie sagen z. B. von den beiden Fürsten: „Wie wole sie beid glieber des heiligen reichs, so were doch min gnebigster herr pfalzgrafe als ein loblicher kurfürst etwas hoher und mere im rich dan min herr von Wirtenberg; solt dan sin furstlich gnade als der hoher min herrn von Wirtenberg als dem minnern nachlassen, daß sin gnaden und den sinen zu schaden langt, konten sie zu verfolgen nit geraten noch anbringen. Ebd.

[96] Stuttgart, 1492 Juli 21 (sanct Marien Magdalenen abent); K. Pfalz, Generalia, Reichsritterschaft Fsz. 5352 Nr. 54. Or. Pap.

Frankreich seinem Herrn schrieb, er möge die Angelegenheit Hensel Lochinger für ihn erledigen⁹⁷).

c) Der Reichskrieg gegen Frankreich und der Tag zu Koblenz.

Mit dem Aufenthalt Dratts in Frankreich hatte es folgendes auf sich.

Schon in den Anfängen des Schwäbischen Bundes, als durch die kaiserlichen Mandate an die Kraichgauer, Ortenauer und das Kloster Maulbronn klar zutage trat, daß mit den bayrischen Herzögen auch die Pfalz bedroht sei, hatte sich Philipp im Ausland nach Hilfe umgesehen. Zweimal gingen pfälzische Gesandtschaften vor dem März 1489 an den französischen Hof⁹⁸) und hatten von dort 1000 Mark und das Versprechen mitgebracht, der König werde seinen Vetter, den Pfalzgrafen, im Notfall mit Reisigen unterstützen. Philipp sollte dagegen dem Römischen König keinen Beistand tun.

Als dann zum Reichskrieg gegen Herzog Albrecht gerüstet wurde, und auch zwischen dem Schwäbischen Bund und Philipp ein Kampf drohte, sammelten sich in Hochburgund und an der elsässischen Grenze französische Truppen, welche zunächst Straßburg durch einen Überfall unschädlich machen und dann zur Unterstützung der Wittelsbacher ins Reich ziehen sollten⁹⁹). Der Plan kam nicht zur Ausführung.

Am 4. Juni 1494 verkündete der in seinem Sohn schwer beleidigte Kaiser den Krieg gegen Frankreich¹⁰⁰). Unter dem Druck dieses Ereignisses kam am 16. Juni mit der Pfalz ein Vertrag zum Abschluß, in welchem der französische König dem Kurfürsten eine jährliche Pension von 12000 l. zusicherte. Beide Teile verpflichteten sich zu gegenseitiger Hilfe¹⁰¹).

Unterhandlungen mit diesem „Beschützer"¹⁰²) seines Herrn waren es, die Dratt nach Frankreich geführt haben.

Es ist sehr fraglich, ob Maximilian den Pfalzgrafen auch dann

---

⁹⁷) 1492 Aug. 9 (uf sant Laurenzien abent). Ebd. Nr. 75. Or. Pap.
⁹⁸) Aussage des Hertwig von Bitsch vom 30. März 1489, Zeitsch. Oberrh. Bd. XVI, S. 79 ff. Hertwig ist Diener des Königs von Frankreich gewesen und berichtet nach seiner Rückkunft einem Straßburger Agenten.
⁹⁹) Graf Eberhard von Württemberg an Markgraf Friedrich von Brandenburg, 1492 April 7 (Archiv für öst. Geschichte VII, S. 134) und der Kaiser an Markgraf Friedrich, 1492 März 11 (ebb. S. 122).
¹⁰⁰) Janssen, Reichskorresp. II, S. 553; vgl. Ulmann, Maximilian Bd. I, S. 155 ff.
¹⁰¹) Häusser I, S. 427.
¹⁰²) Ulmann, a. a. O. S. 156 f.

noch zu sich nach Straßburg eingeladen hätte, wenn ihm dessen
Bündnis mit seinem Todfeind bekannt geworden wäre. So bemühte
er sich eifrig, Philipp zur Unterstützung des französischen Feldzugs zu
bewegen, und scheint eine, wenn nicht zusagende, so doch täuschende
Antwort bekommen zu haben[103]). Er zeigte sich erkenntlich, indem er
auf dem Reichstag zu Koblenz[104]) in neuen Verhandlungen die
„Gebrechen" zwischen dem Pfalzgrafen und seinem Württemberger
Gegner beizulegen suchte. Den Abschied, welchen Eberhards Land=
hofmeister und Räte nach Hause brachten, erkannte der Graf an[105])
und versprach, sich künftig danach zu richten. Der Inhalt der Ab=
machungen ist unbekannt. Über einen Waffenstillstand dürften sie nicht
hinausgekommen sein.

c) Das Ende der Einung und der Ausgang des Grenzstreites.

Die gegenseitigen Reibereien gingen übrigens weiter. Wiederum
trug Pfalz die Hauptschuld. Ulrich von Flehingen wurde ebenso=
wenig in Ruhe gelassen, als Lochingers Hensel freikam. Am 6. Juli
schon[106]) hatte Graf Eberhard die Supplikation übersandt, welche
sein Diener in der Verzweiflung an ihn gerichtet. Selbstverständlich
ohne Erfolg. Noch im April 1493[107]) ist der einzige Kraichgauer,
welcher dem Schwäbischen Bund angehört, ohne Recht und Genug=
tuung.

Einige Wiedervergeltung für Lindenschmidts langjährige
Plackereien übte in dieser Zeit Eitel Schelm, der sich bemühte, dem
Pfalzgrafen mit Brand und Nahme Abbruch zu tun. Gegen den Mar=
schall Hans von Dratt schlug er offen Schmähschriften an, welche
diesen schwer beleidigten[108]). Schließlich rief der Pfalzgraf wieder

---

[103]) „Min gnedigster herre der pfalzgrafe ist uf sant Bartholomeustag (aug. 24)
mit großen gnaden und willen abgescheiden, auch tröstlich hilf zugesagt." Frankf. Ge=
sandtenbericht vom 26. August. Janssen II, 556; cf. Ulmann I, 157.

[104]) September 1492.

[105]) Eberh. an Philipp, Urach, 1492 fritag vor Simonis und Judä, K. Pfalz,
Generalia, Reichsritt. Fsz. 5352 Nr. 11. Or. Pap.

[106]) S. o. S. 87 Anm. 148.

[107]) 1493 Charfreitag, Besserer an Hans Bach, Bürgermeister von Eßlingen.
Graf Eberhard v. W. hat den Bund für einen Heidelberger Rechtstag in Sachen Ulrichs
v. Flehingen um einen Beiständer gebeten, welcher Freitag vor Quasimodogeniti zu
Vaihingen sich einfinden soll; der von den Städten zu Ulm aufgestellte Haller Stadt=
meister Michael Senft ist verhindert; Abreßat soll die Sendung übernehmen. Arch.
der Kreisst. Ulm, Kast. IX, Fach 40, Fsz. 1. Konz. Pap.

[108]) Vgl. folgende Korrespondenz: 1493 November 21 (auf unser lieben frowen

einmal die Einung an und bat Graf Eberhard um Beistand gegen die Rüstungen auf württembergischem Gebiet, die sich offenkundig gegen ihn richteten[109]). Er bekam nur ausweichende Antwort.

Im Mai 1494 nahm Eitel Schelm den Diether von Neipperg gefangen, und der Pfalzgraf forderte auf Grund der Einung die Freilassung seines „Dieners und Landsaßen"[110]). Eberhard teilte mit[111]), daß der Gefangene schon vor der Mahnung entlassen worden sei. Wenn ihn Philipp bei diesem Anlaß an die Einung erinnere, bitte er, derselben doch endlich auch im Falle des Marschalls von Dratt stattzugeben, der immer noch keine Genugtuung leiste. Erhalte er jetzt keine runde, klare Antwort, so betrachte er das als Aufkündigung ihrer Einung[112]). Das war das Ende. Pfalzgraf Philipp, der von Besigheim aus mit einer „einspännigen Rotte" unter Philipp Stumpf von Schweinsberg auf Eitel Schelm streifen ließ, versuchte zwar noch der Gegenaktion der Vögte von Lauffen, Brackenheim, Vaihingen und Leonberg durch Verhandlungen Einhalt zu tun[113]), aber der Bescheid

tag presentationis); Dratt bittet die beiden Hauptleute des Schwäb. Bundes, ihm eine gelegene Malstatt für seinen Streit mit Eitel Schelm zu nennen, der ihn „in sein offen angeschlagen schriften" geschmäht hat. Ebd. Kopie Pap. — 1493 November 25 (sant Katharinen tag), Heidelberg, Pfalzgraf Phil. an Besserer in derselben Sache. Ebd. Or. Pap. — 1493 Dezember 30 (montag nach dem hl. Christtag); Hans v. Dratt an die Bundeshauptleute; dankt für den auf Montag vor Anthoni nach Augsburg angesetzten Tag. Ebd. Or. Pap.

[109]) Graf Eberhard an Philipp, 1494 Januar 22 (mitwoch nach Sebastiani). K. Pfalz, Generalia, Reichsritterschaft, Fsz. 5352 Nr. 95. Or. Pap.

[110]) Phil. an Graf Eberhard, 1494 Mai 31 (samstags nach corp. Christi); ebd. Nr. 87. Kopie Pap.

[111]) 1494 Juni 6 (fritag nach Bonifaci), Wildbad; ebd. Nr. 66. Or. Pap. Kopie K. CB. 908 Fol. 288 f.

[112]) „Und biewil mich ein notturft ursacht nochmals von uwer lieb solicher ainung halb versuchen soll, so bitt und beger ich derselben antwort bi dem botten luter und verstentlich in geschrift, dann wa ich der, wie bißher auch gescheen ist, in mangel gelassen wurd, so will ich darfur haben, daß uwer lieb mainung und will sig, daß solich unser baider ainung uch nit binden soll, als ich dann das minsteils auch darfür haben und der furtter gegen uch unverbunden sin will." Ebd.

[113]) 1494 Juli 9 (mitwoch nach Kiliani), Heidelberg, Pfalzgraf Philipp an Bernhard von Talheim, Vogt zu Lauffen, Wolf von Tachenhausen, Vogt zu Brackenheim, Heinrich Schilling, Vogt zu Vaihingen, Hans von Sachsenheim, Vogt zu Leonberg; hörte, daß sie auf einer Zusammenkunft zu Markgröningen sich vereint haben, dem Hauptmann seiner einspännigen Rotte, Phil. Stumpf von Schweinsberg, widerwärtig zu sein. Weder der Pfalzgraf noch Stumpf wollen württembergisches Gut schädigen lassen; er verlangt Auskunft, wessen er und Stumpf sich zu versehen haben. K. Pfalz, Generalia, Reichsritterschaft, Fsz. 5352 Nr. 92. Konz. Pap.

lautete in unfreundlichen Formen ablehnend ¹¹⁴). So gab denn auch der Pfalzgraf die Einung auf ¹¹⁵). Nicht ohne Vorbehalt. Alle während ihrer Dauer entstandenen und noch anhaltenden Zwistigkeiten sollten den Satzungen der Einung gemäß zum Austrag kommen.

Damit war ein Vertrag aufgehoben, dessen winkelreiche Paragraphen schließlich beiden Teilen nur zum Versteck vor berechtigten Forderungen des Genossen gedient hatten. Beide hatten wieder freie Hand und damit erst die Möglichkeit, ihr gegenseitiges Verhältnis auf gesunden Boden zu stellen.

Zunächst machten sie davon allerdings nur spärlichen Gebrauch. Für Lindenschmidt, der seit dem Nürnberger Reichstag 1491 nicht mehr als lebend in den Akten erwähnt wird ¹¹⁶), war ein Ersatz nötig, schon um Unannehmlichkeiten, wie Eitel Schelms Fehde, wieder

---

¹¹⁴) Graf Eberhard an Philipp, 1494 Juli 29 (zinstag nach Jacobi apli), Tübingen. Kann das Streifen der Rotte auf Eitel Schelm in seinem Gebiet nicht dulden, da sie sich Übergriffe zu schulden kommen läßt, und der Pfalzgraf in der Lindenschmidt=schen Fehde dies Württemberg auf pfälzischem Gebiet auch nicht gestattet hat. Eber=hards Befehl, der Aufenthalt und Unterstützung Eitel Schelms verbietet, müsse genügen. Ebd. Nr. 108. Or. Pap.

¹¹⁵) Er tat das in einem leidenschaftlichen Schreiben, 1494 Sept. 9 (dinstag nach nativitatis Marie), Ladenburg. K. CB. 908 Fol. 291 f. Es heißt darin: „Aber so du nach sollicher langwirigen ruwe je noch luter antwort von uns begerest, ist diß unser antwort, daß wir uns sit ufrichtung unser einung der selben furstlich und stracks gehalten, der nie mangel gelassen; aber gar lang hievor und in vil wege hastu uns gnugsam ursach geben und jetzunt in sunderheit von nuwem in der unbillichen vehde Itell Schelmen, daß uns dieselbig unser einung gegen dir nit mee mag noch soll binden. Wan mit was truwen und glauben du uns bisher gemeint und mit was fugen du dich in bundt zu Schwaben geschickt, was du, als unleukelbar ist, vilmal sun=berlich zu tagen desselben bunds wider uns zu großer beswerd erdenken und furzunemen understanden, auch wie unbillich die ufrur du gegen unsern frunt von Spier und sin stift als unser erbschirmverwandten hast helfen ufwegen, auch mit lantgraben, der freich jagen, am Heuchelberg mit entsetzung der unsern uber ufgedruckten artikel der einung das verbietende gehandelt, darzu mit etzen, brenken, hinlassen on gestraft diner hauptlut die uß und in din legern, kost und futter, unser armen uf frier strassen mut=willichen geslagen gewont, ein vom leben zum bot bracht, auch mit ufrur gegen uns zu der zit des handels von Regensburg und sust in vil weg, wer wol uß zu fürn." Es schließt mit folgenden Sätzen: „Daruß wie clar abzunemen, daß du der einung mangel zu lassen langzit dich beflissen und itzund verstentlich uns von dir eröffent ist, deß halben wir der einung gegen dir hiefür in allweg fri und un=gebunden sin wollen, doch unbegeben des, so du hievor ee wir dich der erlassen, der selben ungemeß gehandelt, siner zit und wie sich geburt zu ersuchen."

¹¹⁶) Wenigstens in jenen, die ich einsehen konnte. Das bestätigt wohl die Vermutung Liliencrons, der Lindenschmidts Hinrichtung vor 1492 annimmt. S. Histor. Volkslieder S. 516 Anm.

heimgeben zu können. Er fand sich in Hans von Massenbach[117]), genannt Talacker, und seinem Genossen Henßlin Heßlinsschwert, welche im Oktober den beiden Grafen Eberhard von Württemberg aufsagten und Graf Eberhard dem Älteren etliche Knechte wegfingen[118]). Sie und ihre Helfer Jacob von Urbach und Hans Teufel von Weingarten[119]) haben den „heimlichen Krieg" zwischen Pfalz und Württemberg fortgeführt, bis der offene nach zehn Jahren endlich doch ausbrach und dem Kurfürsten Philipp hundertfach wieder heimzahlte, was er auf seine besondere Weise Württemberg angetan hatte[120]).

Entsprechend dem Vorbehalt des Pfalzgrafen gingen auch die Verhandlungen über seitherige Streitigkeiten weiter. Mit dem Schreiben an Graf Eberhard sandte Philipp einen Brief an Herzog Jörg, den dritten Einungsverwandten, ab[121]), in welchem er sich über den mehrfachen Bruch der Einung durch Eberhard beschwert und um Erledigung der noch schwebenden Prozesse bittet. Herzog Jörg war bereit[122]), und schon im November konnte er daran denken, den beiden Parteien einen Tag zu setzen, der nach einigem Hin und Her für den 11. Januar nach Bruchsal angesagt wurde[123]).

---

[117]) Über ihn s. o. S. 56 Anm. 44.

[118]) Graf Eberhard bat den Pfalzgrafen, die beiden dem Landfrieden gemäß nicht zu unterstützen, 1494 Okt. 2 (dornstag vor Francisci), Tübingen. K. Pfalz, Generalia, Reichsritterschaft, Fsz. 5352 Nr. 93. Or. Pap.

[119]) Die Bitte Eberhards (s. Anm. 118) fand so glatte Erledigung, daß er auch die weiteren Helfer Talackers namhaft macht, 1494 Okt. 16 (uf sant Gallen tag), Tübingen. Ebd. Nr. 102. Or. Pap.

[120]) Im Volk war dieser Zusammenhang um die Zeit des Bayr. Erbfolgekriegs wohl bekannt; f. u. S. 148 Anm. 2.

[121]) 1494 Sept. 9 (dienstag nach nativitatis Mariae). K. CB. 908 Fol. 314 f. und K. CB. 910 Fol. 87 f. Das Schriftstück wurde auch an Herzog Albrecht und Otto abgesandt, um diese von einem Bündnis mit Graf Eberhard abzuhalten.

[122]) Herzog Jörg an Philipp, 1494 Sept. 16 (erichtag exaltat. crucis), Landshut. Ebd. CB. 908 Fol. 315.

[123]) Es sind folgende Schriftstücke vorhanden: 1494 Nov. 13 (dornstag nach Martini), Landshut, Jörg an Philipp: Jörg war bei Graf Eberhard; sie haben einen Tag nach Maulbronn verabredet; K. CB. 910 Fol. 98. Or. Pap. Kopie im CB. 908 Fol. 316.

1494 Nov. 19 (mitwoch sant Elsbethen tag), Landshut, Jörg an Philipp: Setzt den pfälzischen Räten einen Tag nach Maulbronn zu gütlichen Verhandlungen mit den württemb. Räten auf den 7. Dezember (sontag nach sant Nicolaus tag); K. CB. 910 Fol. 91. Or. Pap. Kopie im CB. 908 Fol. 315.

1494 Nov. 25 (uf sant Katharinen tag), Germersheim, Philipp an Jörg: Bittet, den Tag auf die Zeit nach Weihnachten, die Malstatt nach Pforzheim, Baden oder Bruchsal zu verlegen („us sundern ursachen, die uns nit clein antigen, konnen wir

Obgleich die württembergischen Räte versöhnliche Gesinnung mitbrachten und auch der Pfalzgraf nichts dagegen hatte, wenn seine Abgesandten „linder" verhandelten, kam es doch zu keiner Entscheidung. Die pfälzischen Unterhändler glaubten in der Person und der mangelhaften Vorbereitung der von Herzog Jörg geschickten Räte das Hemmnis sehen zu müssen, das die Verhandlungen nicht fortschreiten ließ. Wenn wir aber erfahren, daß auf seiten Württembergs und des Schwäbischen Bundes **Graf Haug von Werdenberg**, auf seiten der Pfalz **der Marschall Hans von Dratt** Wortführer war, dann wissen wir, wo die Schuldigen zu suchen sind. Wo der Verteidiger kaiserlicher Politik und der Vorfechter fürstlicher Territorialgewalt sich gegenüberstanden, **konnte** der Friede nicht geschlossen werden.

Nur so viel wurde erreicht, daß wenigstens in einigen Punkten Übereinstimmung hergestellt und der Wormser Reichstag als Gelegenheit in Aussicht genommen wurde, die langjährigen Streitigkeiten endlich beizulegen [124].

---

nit erlüben, daß solicher tag zu Mulbronn gehalten werd"). K. CB. 910 Fol. 94. Konz. Pap. Kopie im CB. 908 Fol. 316 b.

1494 Dez. 1 (montag nach Andreae apli), Landshut, Jörg an Philipp: Der Tag wird nach Bruchsal auf „sontag zu nacht nach sant Erhartstag" vertagt. K. CB. 910 Fol. 95. Or. Pap. Kopie im CB. 908 Fol. 317.

1494 Dez. 24 (mitwoch den hl. wihnacht abent), Landshut, Jörg an Philipp: bittet, für die württ. Räte **speierisches** Geleit zu beschaffen. K. CB. 910 Fol. 97. Or. Pap. Kopie im CB. 908, Fol. 317 b.

1495 Jan. 1 (uf den heil. jarstag), Germersheim, Philipp an Jörg: sagt den württ. Räten **pfälzisches** Geleit zu. K. CB. 910 Fol. 96. Konz. Pap. Kopie im CB. 908 Fol. 317 b.

[124] Über die Verhandlungen unterrichtet uns:

a) das „verhor herzog Jorgen rete, h. Sigmont von Frawenberg, herr zu Hag, her Wilhelm von Wolffstein, doktor Baumgarter ect., 1495 Erhardi". K. CB. 910 Fol. 274—285. Or. Pap. Es enthält: Vorverhandlungen Fol. 274—276; pfälzische Forderungen Fol. 277; württ. Forderungen Fol. 278 f.; Württembergs Antwort auf die pfälz. Forderungen 279 b ff.; die Nachrede der Pfalz auf die württ. Antwort Fol. 281 ff.; die württ. Widerrede Fol. 284 f. Entscheidung wird keine angegeben.

b) „Wirtenbergische Forderungen, so unserm hern pfalzgraven ubergeben sint, uf das kurzest vermerkt und antwort daruf." Ebd. Fol. 214 ff. S. 149? Die Einerzahl ist unleserlich.

c) Die Korrespondenz der pfälzischen Räte mit Kurfürst Philipp:

1495 Jan. 8 (uf dornstag den achten Erhardi). Die Räte zu Bruchsal an Philipp: die Räte Herzog Jörgs haben die Einladung des Pfalzgrafen nach Heidelberg angenommen. Wann sie kommen, ist unbestimmt, „dan die hendel sint lang". K. CB. 910 Fol. 48. Or. Pap.

Dabei zwei Zettel „datum ut in litteris": „Wir sehen die geschickten unsers

Zu Worms kam es unter Vermittlung der Räte Herzog Jörgs —

gnedigsten hern, herzog Jorgen, so ungeschickt, besunder on ein schreiber, das uns nit gut dunkt ... dan es nit wol muglich, der grund und fug u. s. g. sinen gnaden also im haupt behalten anbracht werden mog, und unsers bedunkens besser, wo sin g. in aigner person sich der handlung underfing; ebd. Fol. 50. Or. Pap.

1495 Jan. 12 (uf montag Erhardi). Hofmeister und Marschall berichten dem Pfalzgrafen über den Beginn der Bruchsaler Verhandlungen; die Württembergischen, nämlich Graf Haug von Werdenberg, der Abt von Zwiefalten, der Propst zu Tübingen, Hermann von Sachsenheim, Hans Spät von Estetten, Kanzler Dr. Vergenhans, 2 Doktoren und etliche Schreiber, wollten auf Grund der zu Nürnberg und Augsburg gewechselten Schriftstücke verhandeln; die Pfälzer verlangen mündliche Traktation. Ebd. Fol. 46. Or. Pap.

Dabei folgender Zettel („datum ut in litteris"): „Man sagt und sunderlich etliche kaufleut und andere, die ber straßen nach itz durch Bruchsel iren weg genomen, wie der ko. zu Frankenrich an sant Steffens tag gegen Rom komen si, im daselbst wisung zu tun, und die engelburg inn!, die gefangenen cardinel gelebigt hab, und ein wild rumor in Jtalia auch truwer si, der selb konig die cron des heiligen richs haben und den babst und cardinel auch zegestriten(?) woll ect. zwifeln aber nit, uwer gnad hab des gleuplichen bericht, dan wir gemeiner ob gemelter wise vernomen han, des wir bitten uns von gnaden etwas mit zu teilen." Ebd. Fol. 47. Or. Pap.

Wie unbequem muß danach den Pfälzern dieses Gerücht gewesen sein! Sie fühlten sich als Gesandte eines mit Frankreich verbündeten deutschen Fürsten (s. o. S. 127) durch dieses vor den kaisertreuen Gegnern zweifelsohne kompromittiert.

1495 Jan. 12 (montags spat post Erhardi.) Die Räte zu Bruchsal an Philipp: Die Württemberger weigern sich, Klage zu erheben, und meinen, das sei Sache der Pfälzer. Es dürfe aber nicht, wie die Württemberger verlangen, einfach an die Nürnberger und Augsburger Verhandlungen angeknüpft, sondern es müsse von ganz vorn neu begonnen werden. Die mündliche Verhandlung, wie Philipp sie fordere, sei schwierig, da Herzog Jörgs Räte immer noch keinen Schreiber hätten. Ebd. Fol. 51. Or. Pap.

1495 Jan. 12 auf 13 (zuschen montag und binstag eben in der mitt der nacht nach Erhardi), Heidelberg, Philipp an seinen Hofmeister und Marschall: Willigt ein, daß von pfälzischer Seite zuerst Klage erhoben wird, beharrt aber auf der billigeren, kürzeren und ungefährlichen mündlichen Verhandlung. Er überläßt es den Räten, ob sie nach der Instruktion oder „linder" verfahren wollen. Ebd. Fol. 52. Konz. Pap.

1495 Jan. 13 (dinstag zu nacht nach Erhardi), die Räte zu Bruchsal an Philipp: Die Württemberger haben endlich eingewilligt, ihre Anklageschrift von Nürnberg — und zwar zuerst — vorzulesen, „doch daß die scherpf darin hindan gestellt und vermiten sin solt". Die Pfälzer hörten zu mit dem Vorbehalt, ihrerseits nur mündlich zu verhandeln. „Es hat auch grave Hug von Werbenberg nach dem verlesen gebrechen geredt, daß etwas me irrung vorhanden, aber hernach im handel und teibing wohl zu finden". Diese „Gebrechen" wurden auf Verlangen den Pfälzern abends noch in der Herberge mitgeteilt und stellten sich als Kleinigkeiten heraus. Vergenhans mit einem Doktor überbrachte das Verzeichnis. „Die gaben mit vil langen und gesellischen reden zu erkennen, wie sie die bing gern gut sehen schädlich sin und sich der billicheit flißen und wisen laffen wollten mit bitt, daß es uf dieser siten auch geschee." Frauenberg habe einen Privatschreiber, den er von jetzt ab verwenden werde. Ebd. Fol. 53. Or. Pap.

derselben, welche in Bruchsal die Verhandlungen geleitet hatten — am 25. August 1495 [125]) zu einem Kompromiß.

Pfalzgraf Philipp ließ die Ansprüche fallen, die er als Schirmherr des Stiftes Speier wegen des Bundesfeldzugs gemacht hatte. Alle Forderungen, welche eine Partei an die andere erhob — wegen der Rauferei bei Derdingen, bei welcher Gumpolt von Gültlingen schwer verwundet wurde; wegen des Angriffs, den Herr Konrad Geguf vor Brackenheim auf pfälzische Untertanen machte; wegen der Öffnung der Landwehr durch den pfälzischen Vogt von Wolmarshausen —, alle sollen abgetan sein. Herzog Eberhard hat vom Pfalzgrafen Philipp oder seinen Untertanen keinen Schadenersatz für die Taten Lindenschmidts zu beanspruchen [126]). Andererseits soll der Pfalzgraf keine Ansprüche wegen der Württemberger Rodungen im Holz zu Besigheim erheben; doch soll sich Herzog Eberhard künftig dort des Hagens enthalten. Bezüglich des Lehens Marbach bleibt es bei der Verschreibung, die Herzog Eberhard gab. Er braucht das Lehen nicht in Person zu empfangen. Der Landgraben [127]) soll nicht fortgesetzt werden. Die Untertanen dürfen den alten Zustand in Güterlage und Wegführung wiederherstellen. Wenn aber nach Herzog Eberhards Tod seine Erben den Landgraben wieder ziehen und weiterbauen wollen, soll das „mit recht geschehen".

1495 Jan. 18 (datum in eil sontags spat Antoni), die Räte zu Bruchsal an Philipp: die Gesandten Herzog Jörgs haben Vorschläge zur Erledigung der einzelnen Streitpunkte gemacht. a) Die „Speirer ufrur" läßt man auf sich beruhen. b) Die „Kraich" bleibt freie Birsch für den Adel. c) Württemberg unterläßt seine Eingriffe in die Forsten des Besigheimer Amts. d) Über das Lehen Marbach soll ein besonderes Schiedsgericht urteilen. e) Der Landgraben soll nicht weiter gebaut und das vorhandene Stück im Bau erhalten werden. f) Der Totschlag, welchen Ritter Geguf verübt, und der Derdinger Handel heben sich gegenseitig auf. g) Die Neipperger sollen jagen dürfen, bis ein besonderer Austrag entscheidet. h) Lochingers Hensel, „den sol ich der marschalk uf ein verbuntnis ledig lassen". i) Die Fehden Röbers, Jac.'s von Urbach und Eitel Schelms sollen den Herren zulieb abgestellt werden. k) Die Aufsage der Einung ist als ungeschehen zu betrachten, diese besteht weiter. — Die Räte erbitten sich Weisung des Pfalzgrafen. Ebd. Fol. 46. Or. Pap.

1495 Jan. 19 (uf montag nach Antoni). Philipp instruiert seine Räte für die obigen Ratschläge, soweit sie der Pfalz günstig sind, im zustimmenden, andernfalls im ablehnenden Sinn. Ebd. Fol. 44. Konz. Pap.

An dieser Haltung des Pfalzgrafen zerschlagen sich die Verhandlungen. Vgl. zum Ganzen Sattler, Grafen IV, S. 26 f., wo der Verlauf sehr summarisch dargestellt wird.

[125]) Erichtag nach Bartholomei, St.A. St., Pfalz. Or. Perg.

[126]) „dem die Untertanen des Pfalzgrafen „zu gemach nachgeeilt haben sullen".

[127]) „der her bißhalb des turns uber den Huchelberg gegen Stetten zu angefangen ist."

Drei Dinge bleiben dem endgültigen Spruche eines weiteren Schiedsgerichts vorbehalten: der Steinsatz um das Kloster Maulbronn, die Jagdgerechtigkeit der Neipperger und die freie Birsch des Adels in dem Kraichforst. Im letzten Falle soll der gütliche oder rechtliche Austrag binnen 6 Monaten herbeigeführt werden. Bis dahin haben beide Parteien — Herzog Eberhard und die Ritterschaft auf dem Kraichgau — sich des Jagens zu enthalten. Der Artikel bindet aber die Ritterschaft nur mit ihrer Einwilligung. Das behielt sich der Pfalzgraf ausdrücklich vor.

Über die Ausführung des Wormser Urteils in diesen drei letzten Fragen sind wir nicht unterrichtet. Vielleicht haben die Verhandlungen trotz des Halbjahrtermins vorläufig geruht. Abschließende Änderungen brachte erst der bayrische Erbfolgekrieg, dessen Einwirkung auf die Verhältnisse in der Pfalz und im Kraichgau wir nachher zu betrachten haben.

III. Die Ritterschaft und der Territorialherr unter dem Einfluß von Steuerfragen und einer landständischen Bewegung.

§ 1. Die Notsteuer vom Jahre 1494.

Es hatte seinen Grund, daß Kurfürst Philipp in dem Wormser Vertrag einen Vorbehalt zugunsten der Kraichgauer Ritterschaft machte. Ihre Stellung zur Pfalz hatte sich in jüngster Zeit etwas verschoben, und zwar zu ihren Gunsten verschoben.

Die vielen Rüstungen der vergangenen Jahre hatten die Pfalz in Geldnöte gebracht. Auch die französische Pension konnte darüber nicht weghelfen, da sie nicht ausbezahlt wurde[1]). Zudem war auf den riesigen Aufschwung des Bergbaus unter Friedrich I. jetzt ein Rückschlag erfolgt. Weder die Erträgnisse aus dem Betrieb noch der Verkauf von Schürfrechten waren mehr bedeutend. Auch das Einkommen aus den Rheinzöllen sank auf den vierten oder fünften Teil seiner einstigen Höhe herunter[2]).

Es blieb nichts übrig als die Erhebung einer Notsteuer. Deren Ertrag wäre nun allerdings nicht ausreichend gewesen, wenn sie ausschließlich von den Orten unter pfälzischer Gerichtshoheit eingezogen worden wäre, wie die Schatzung von 1439[3]). Die Schirmverwandten:

---

[1]) S. Morneweg, Dalberg S. 264.
[2]) Gothein, Landstände S. 8.
[3]) S. o. S. 5; vgl. auch Fr. Eulenburg, Zur Bevölkerungs- und Vermögensstatistik des 15. Jahrhunderts, Zeitschr. f. Soz.- und Wirtschaftsgeschichte, Bd. III (1895), S. 424 ff.

Territorien, Städte und Adel mußten mittun, sollte etwas Erkleckliches herauskommen.

Von den Verhandlungen mit der Ritterschaft wissen wir nichts⁴). Wir kennen nur das Resultat. Mit dem übrigen Adel willfahrte 1494 auch der Kraichgau dem Pfalzgrafen, indem er seine Untertanen mit 1 vom Hundert besteuerte⁵).

Das Hilfsgeld hob er selber ein, und zwar auch von Leibeigenen, welche in pfälzischen Orten ansässig waren⁶). Mit den andern Kraichgauern wurden auch jene um das Hilfsgeld g e b e t e n, welche in den Centen Reichardshausen und Neckargemünd gesessen waren. Die

---

⁴) Ob, wie 1504, mit einer Gesamtheit verhandelt wurde oder, wie Gothein, Landstände S. 5 f., annimmt, mit den einzelnen, halte ich trotz Gotheins Gründen für eine offene Frage. Vgl. das Schreiben Philipps an Hans v. Hirschhorn und Hans v. Rodenstein; Germersheim 1494 Dezember 23, das Gothein a. a. O. S. 72 gibt. „Wir haben aus merklichen unser und unsers furstentums notturft und anligen allenthalb in unserm furstentum ein hilfgelt zu heben unseren merklichen und scheinbarlichen nutz damit zufurdern und großer beschwernus zufürkommen, furgenommen, darin wir nicht allein unser l a n d s c h a f t u n d a n g e h ö r i g e n, sondern auch die von den v o r d e r s t e n d e r P f a l z glieder und stenden, prälaten, graven, herrn und ritterschaft angesucht und alle gutwillig funden. Wan aber du außerhalb lands die zeit und nicht anheim gewest, u n d a u c h e i n e r v o n d e r r i t t e r s c h a f t d e r P f a l z b i s t, zu dem wir uns nicht minder gutwilligkeit dan zu andern versehen, so haben wir unsern faut und landschreiber und lieben getreuen zu Heidelberg bevolen, dir unser furhabend meinung, die allbereit in übung ist, zu erofnen und daruf umb solch hülfgelt u n s v o n d e n d e i n e n werden zu lassen ... dich zu ersuchen ... das soll dir an deiner freiheit und gerechtigkeit kein schaden bringen, daß wir dir des verschreibung wie andern von der ritterschaft geben lassen wollen, daß es dir kunftig kein inbruch oder gerechtigkeit machen soll." ... Der Brief ist mit wenigen unwesentlichen Auslassungen, ohne Datum, auch in der K. Hbschr. 382 a Fol. 127 b f. verzeichnet.

⁵) Die Untertanen der Pfalz waren mit zwei vom Hundert, also doppelt so hoch, veranlagt. Die K. Hbschr. 382 a berichtet Fol. 127: Es „bittet Diether von Angeloch, ime den angesetzten termin zu einbringung des hülfgelts von seinen hinterfaßen, in erwegung, der zu kurz angewandt, bis uf Georgi zu erstrecken. Auch meinn Pfalz faut zu Heidelberg derselben leibeigenen hinter ime, dem von Angeloch gesessen, zugemutet, s. churf. gn. wie andere bero underthanen, nemblich von 50 fl. einen zu steuern, sie deffen zuerlaffen und bei dem, daß sie zugesagt, von 100 fl. wie andere seine undertanen außzurichten, bleiben zu laffen." O. D. — Der Unterschied in der Besteuerung zwischen pfälzischen und ritterschaftlichen Untertanen läßt den freiwilligen Charakter des Hilfsgelds ebenso hervortreten als die Bitte des Pfalzgrafen und die Schadlosbriefe.

⁶) Hans von Venningen „erbeut sich, solch hülfgeld mit ehisten einzubringen mit angehefter bitt, dem amtmann zu Steinsberg befehlen, daß er ime an deme, so die zu Rühen (Reihen, BA. Eppingen) geben sollen, kein hinderung tue". O. D. Ebd. Fol. 127 b.

Pfalz hielt sich also — ganz wie 1439 — auch dort nicht für **berechtigt**, die Notsteuer zu erheben, wo sie Gerichtsherr war⁷).

Über die Steuerbewilligung wurden den einzelnen Adeligen Schadlosbriefe erteilt⁸). In diesen wird festgestellt, daß das Hilfsgeld nicht auf Grund landesherrlichen Rechtsanspruches, sondern freiwillig und auf die Bitte des Pfalzgrafen erlegt worden sei. Es soll ihren Freiheiten keinen Schaden bringen und künftig nicht mehr erhoben werden. Doch fehlte auch eine Klausel nicht, in welcher sich der Pfalzgraf alle Rechte, die er etwa hat, will vorbehalten wissen.

Es liegt nahe, die Erlegung des Hilfsgeldes von 1495 in der Pfalz mit der Landessteuer zu vergleichen, welche Herzog Albrecht 1488 in Bayern ausgeschrieben. Bei den Anschauungen über die Stellung des Adels, welche wir im vorausgehenden an Philipp kennen gelernt haben, ist sein Verfahren — neben das seines Vetters gehalten — eher auffällig. Man sollte erwarten, daß er für seine Rüstungen, welche er doch mit im Interesse der Kraichgauer unternommen hatte, ein Hilfsgeld **fordert**; daß er, der so gern auf seine landesherrlichen Rechte hinwies und so oft in die Welt hinausgeschrieben hatte, daß die Kraichgauer Ritterschaft zu seiner **Kammer** gehöre, auch diesmal

---

⁷) S. Anm. 8 unter Ramung.

⁸) Gothein, a. a. O. S. 8. Folgende Schadlosbriefe sind bekannt: 1495 Mai 29 für Matthias Ramung zu Daisbach. Or. Pap. mit Siegel. K. Ritterschaft, Kraichgau, Konvol. 8. — Ramung besaß nur Daisbach und Dautenzell, welche beide in den pfälzischen Centen lagen. — 1495 Januar 12 (montag nach Erhart) für Jörg von Massenbach. — April 4 (samstag nach laetare) für den Kammermeister Eberhard von Gemmingen. — Mai 29 (freitag nach ascensionis) für Simon Schenk von Winterstetten, Christoph von Helmstatt zu Obereisesheim und Berthold Horneck von Hornberg. — 1496 März 13 (sontag laetare) für Phil. von Erenberg. — Juli 18 (montag nach s. Margaretae) für Georg und Albrecht Göler. — November 9 für Hans vom Hirschhorn. — Dezember 22 (donnerstag nach Thomae) für Eberhard von Helmstatt. — Alle diese Briefe in K. Pfalz, Gen., Landeshoheit, Fsz. 6209 Fol. 330. Die Formel für die Briefe ebb. Fol. 329. Die Briefe werden erteilt, weil das Hilfsgeld „von bete wegen gescheen ist, daß solches ime sein erben und den iren hinfur kein recht, herkommen noch inbruch bringen, sonder ganz unabbruchlich und onscheblich sein, auch kunftiglich gegen im nit mehr gefordert, geubt oder gebraucht werden soll in kein weise; doch uns und unsern erben an unsern rechten gewonheiten und herkommen, wo wir die han, unentgolten, alles ungeverlich". — Die Klausel fehlt im Briefe für Hans v. Hirschhorn.

Über das Hilfsgeld des Bistums Speier vgl. R. Lossen, a. a. O. S. 116. Lossen glaubt, daß der pfälzische Hof die Beisteuern der Geistlichen nicht „als ganz freiwillig" angesehen habe. Sie erhalten aber Schadlosbriefe wie der Adel und die Städte. Das Verzeichnis (Schönau, Eußertal, Maulbronn, Odenheim ꝛc.) im Fsz. 6209 auf unfoliierten Blättern nach dem Adel.

„als Landesfürst" auftrete; daß er, wenn er auf Widerstand träfe, Albrecht nachfolgte und zum Schwert griffe. Nichts von alledem geschieht. Er anerkennt die Steuerfreiheit des Adels und sein Schatzungsrecht über seine Untertanen, selbst die centgesessenen, und bittet, wo Albrecht befahl.

Das mag ihm nicht leicht geworden sein. Aber was Albrecht im Jahre 1488 noch wagen durfte, das war 1495 für Philipp ein Ding der Unmöglichkeit. Die Verhandlungen über Landsässigkeit und Reichsunmittelbarkeit der Kraichgauer waren noch zu frisch in seinem Gedächtnis. Es hätte sicher die völlige Abkehr der Ritterschaft von der Pfalz bedeutet, wenn der Pfalzgraf jetzt das Besteuerungsrecht hätte erzwingen wollen [9]).

Die Ritterschaft hat das Hilfsgeld offenbar ohne viel Widerstand bewilligt. Daß die Ausgaben, für welche aufzukommen war, für eine gemeinsame Unternehmung der Pfalz und des Adels gemacht wurden, mag ihr die Zustimmung erleichtert haben. In welchem Lichte freilich den Einsichtigen jetzt die Warnungen des Pfalzgrafen erscheinen mußten, der sie einst mit dem Hinweis auf die Geldbeiträge zur Bundeskasse vom Eintritt in den Schwäbischen Bund zurückzuhalten versuchte, kann man sich leicht denken. Das Argument, daß der Adelige in der Pfalz keine Lasten zu tragen habe, während der Bund ihn wie andere Mitglieder veranlage, hatte jedenfalls seine Kraft verloren. Derartige Hilfsgelder brauchten nur — trotz des gegenteiligen Versprechens — wiederholt einverlangt zu werden, dann war die Notsteuer von 1495 ein neuer Schritt — weg von der Pfalz, hin zum Reich.

---

[9]) Es ging ohnedies nicht ganz glatt mit der Steuererhebung. Von Zwisten zwischen adeligen und pfälzischen Vögten haben wir oben Anm. 1 und Anm. 6 gehört. An der württembergischen Grenze kamen Steuerverweigerungen und andere Schwierigkeiten vor. Vgl. das von Mone veröffentlichte Steuerverzeichnis der pfälz. Ämter Weinsberg, Neustadt a. K., Möckmühl und Besigheim. Ztschr. Oberrh. Bd. XIX, S. 12 ff. Mone verlegt den Vorgang in das Jahr 1505 und erklärt ihn mit den Verlusten im bayrischen Erbfolgekrieg. Aber nach dieser Fehde waren ja gerade die Gebiete, welche das Steuerverzeichnis umfaßt, nicht mehr pfälzisch, sondern württembergisch. Wie in „Wirtembergisch Franken" Bd. VIII, S. 549 festgestellt wird, gibt die Handschrift im K.G.L.A. als Datum der Schatzung das „mindere" Jahr XCV an. Die Gemeinden, in denen es Anstände gibt, sind Besigheim, Wahlheim, Groß- und Kleiningersheim. Die Adeligen erlauben durchweg die Besteuerung ihrer armen Leute. Hohenlohe verbietet den Leuten von Baumerlenbach, ihre 250 M. Wiesen auf Brettacher Mark zu versteuern, läßt auch keine Steuer von den in seinem Gebiet angesessenen pfälzischen Leibeigenen erheben.

§ 2. Der „gemeine Pfennig".

Es ist ein eigenartiges Zusammentreffen, daß ein Jahr, nachdem der Pfalzgraf sein Hilfsgeld erbat und erhielt, auch das Reich mit dem Verlangen einer Steuer an die Ritterschaft herantrat. Der Reichstag von Worms hatte eine allgemeine Reichssteuer für die nächsten 4 Jahre beschlossen, den gemeinen Pfennig, der auch von der Ritterschaft erlegt werden sollte [1]). Da sie an den Reichstagen ja nicht teilnahm, wurden verschiedene geistliche und weltliche Fürsten aufgestellt, welche mit dem Adel ihrer Länder oder der Nachbarschaft zu verhandeln hatten [2]). „Mit der Ritterschaft am Rhein, was in der Pfalz ist," war der Pfalzgraf zu verhandeln beauftragt. Er hatte in Person den Reichstag besucht und war vom König Maximilian mit viel Entgegenkommen behandelt worden, trotzdem er Schuld trug an dem Scheitern des Rachezuges gegen Frankreich. Am 14. Juli wurde er feierlich mit den Regalien belehnt [3]). Am 26. August [4]) erhielt er eine Verschreibung, daß die vom Reichstag beschlossene Regimentsordnung ihm an seinem Reichsvikariat keinen Abbruch tun sollte. Am 7. Oktober [5]) verzichtete der König auf das Einlösungsrecht, welches das Reich noch an verschiedenen der Pfalz gehörigen Pfandschaften hatte, und belehnte Philipp mit ihnen. Maximilian zeigte da ein um so auf-

---

[1]) Über diese Angelegenheit habe ich nur äußerst spärliches Quellenmaterial finden können. Auch die Litteratur über den Kraichgau enthält nur einige kurze Hinweise; so wird die Darstellung auf die wenigen bezeugten Tatsachen sich beschränken müssen. Da in der ritterschaftlichen Bewegung gegen den „gemeinen Pfennig" der fränkische Adel die Führung hatte, sei auf R. Fellners Buch über die fränkische Ritterschaft von 1495 bis 1524 hingewiesen. Es behandelt die Vorgänge bei der gesamten und der fränkischen Ritterschaft S. 107 ff. auf Grund eines reichlichen Materials.

[2]) Neue Sammlung der Reichsabschiede Bd. II, S. 24. Nur die Ritterschaft im Hegau und in der Mortenau war berufen. Müller, a. a. O. Vorst. II, S. 691.

[3]) dienstag nach St. Margareta. Müller, a. a. O. Vorst. II, S. 514 f. Die übliche Bitte für den Pfalzgrafen taten: Bischof Johann Dalberg von Worms, der Deutschmeister Andreas von Grumbach, der Altdeutschmeister Reinhard von Neipperg, Jakob von Fleckenstein und andere.

[4]) Ebd. S. 97 f.

[5]) mittwoch vor st. Dionysien tag. Ebd. S. 514 ff. Verliehen werden: „etwe viel schloß, stätte, märkte, dörfer, land und leut mit ihren herrlichkeiten, oberkeiten, nutzen und zugehörungen beide in der land-voigtei zu Elsaß, am Rhein, Neckar und in Baiern und sonst". Als Gründe für die Verleihung werden angegeben: die Verdienste, welche sich der Pfalzgraf um die Befreiung des Königs aus der flandrischen Gefangenschaft erworben, seine zahlreiche Nachkommenschaft, die Schwierigkeit der Wiedereinlösung, die exponierte Lage eines Teils der Pfandschaften an der Reichsgrenze, die Festigung des pfälzischen Territoriums.

fälligeres Entgegenkommen, als er doch gerade bezüglich der Mortenauer Ritterschaft so energisch an den Reichsrechten festgehalten hatte. Jetzt war nicht nur die Landvogtei Elsaß, sondern auch die Hälfte jener in der Mortenau, dazu die beiden Centen Reichardshausen und Neckargemünd und die Vogtei über das Kloster Maulbronn dauernder Besitz der Pfalz. Die Gefahr, daß der Kraichgauer und Mortenauer Adel dem Reich ganz entfremdet würde, war damit größer geworden. Und doch lag es durchaus nicht in der Absicht des Königs, die beiden aufzugeben. Das zeigt sich einmal in der Tatsache, daß sie überhaupt zum gemeinen Pfennig herangezogen werden sollten, dann in der Art, wie mit ihnen verhandelt wurde. Bei den Kraichgauern ließ es sich natürlich nicht vermeiden, daß der Pfalzgraf Unterhändler war, für die Mortenauer aber wurde nicht er, sondern der Markgraf von Baden aufgestellt [6]).

Über das Ergebnis, welches der Pfalzgraf erzielte, sind keine Nachrichten vorhanden; 1496 berichtet Philipp am 30. Juli [7]) dem König, daß er den Auftrag ausgeführt und mit der Ritterschaft in seinem Fürstentum über die Reichssteuer verhandelt habe. Die Antwort, welche er erhalten, habe er jüngst schon mitgeteilt. Für seine eigenen Untertanen habe er den gemeinen Pfennig bewilligt, wolle aber mit der Einsammlung noch zuwarten, da andere Stände ebenfalls zögerten und die Schatzmeister nicht vorhanden seien.

Kurfürst Philipp unterscheidet in seinem Bericht zwischen seinen Untertanen [8]) und der Ritterschaft in seinem Fürstentum. Für die ersteren gibt er, ohne sie zu befragen, eine zusagende Antwort. Mit der letzteren unterhandelt er im Auftrage des Kaisers. Auch an diesem Beispiel zeigt sich wieder der Wandel, der im Verhältnis zwischen dem Pfalzgrafen und den Kraichgauern eingetreten ist. Gewiß sollen die Ausdrücke nicht gepreßt werden. Doch scheint es mir nicht ohne Bedeutung, daß nicht mehr von der „Ritterschaft **meines Fürstentums**" oder von der „Ritterschaft in meinem Fürstentum **gesessen**", son-

---

[6]) Neue Sammlung Bd. II, S. 25 und Müller, Vorst. II, S. 691.

[7]) J. Chmel, Urkunden, Briefe und Aktenstücke zur Geschichte Maximilians I., 1845, S. 112: „Anfenglichen des gemein pfennings halber ist mir under anderm uferlegt, die ritterschaft in minem furstentum des gemein pfennings halben zu ersuchen, das ich mit allem fliß getan. Was aber mir zu antwurt begegnet, ist uwer mt. durch min schrift jungstlich bericht, daruß uwer mt. entpfind, daß an minem getruwen ersuchen nichts erwunden hat. So hab ich auch fur die minen, der ich ungeverlich mächtig bin, uf maß und form wie zu Worms gehört bewilligt. . . ."

[8]) „Die minen, der ich ungeverlich mächtig bin." S. o. Anm. 7. In ähnlichen Wendungen pflegte Philipp früher von der Kraichgauer Ritterschaft zu reden.

— 141 —

dern nur von der „Ritterschaft in meinem Fürstentum" die Rede ist. Es ist inhaltlich genau die Formel, welche der Reichstag bei seinem Auftrag an den Kurfürsten gebraucht hat [9]). Erst wenn man die Redeweise eines Schriftstücks aus den Jahren 1488—1492 neben den Bericht von 1496 stellt, ermißt man den großen Abstand, welcher jene von diesem trennt.

Die Schatzung, welche die Kraichgauer eben erst von pfälzischer Seite über sich hatten ergehen lassen, wird sie wenig geneigt gemacht haben, dem König nachzugeben, auch wenn ihre Stellung zu dem glänzenden, ritterlichen Herrn, der in ganz anderer Weise als sein Vater das Reichsoberhaupt darstellte und eben noch durch seinen Zweikampf mit dem französischen Ritter auf dem Wormser Reichstag alle Herzen gewonnen hatte, innerlich ganz anders war als jene zu Kaiser Friedrich III. Das Beispiel des Pfalzgrafen, jenes der schwäbischen und fränkischen Ritterschaft wird ein übriges getan haben, um die Kraichgauer zu einer Ablehnung kommen zu lassen.

Es wäre für uns von größtem Interesse, den Anteil zu kennen, welchen die Kraichgauer Ritterschaft an der Bewegung des gesamten Adels genommen hat. Diese brachte nicht nur prinzipielle Erörterungen über die Stellung der niederen Reichsaristokratie zu den Landesfürsten und dem Kaiser, sie weckte das Solidaritätsgefühl, hob das Standesbewußtsein und legte den Grund zu der späteren „Correspondenz" der Ritterkreise. In der Entwicklung zum Ritter k a n t o n Kraichgau muß sie eine wesentliche Rolle gespielt haben. Leider schweigen die Quellen vollkommen. Nicht einmal das wissen wir, ob Kraichgauer Gesandte in der Protestversammlung anwesend waren, welche der gesamte oberdeutsche Adel am 1. August 1496 gegen den gemeinen Pfennig zu Schweinfurt abhielt [10]). Für einen Kulmbacher Tag [11]) desselben

---

[9]) S. o. Anm. 7. Fellner weist S. 124 Anm. 48 darauf hin, daß die Stellung des Kurfürsten dieselbe sei wie die des Würzburger Bischofs zur fränkischen Ritterschaft. Auch dieser sagt, daß „er in die Steuer für niemand als für die Seinen, deren er mächtig, gewilligt, ,berer vom adel ganz nichts mächtigen, noch für sie einicherlei willigen wolle'." — Doch war die auf der Landfriedensgerichtsbarkeit beruhende Stellung des „Herzogs in Franken" eine weit festere als die der Pfalzgrafen, welche sich auf Schirm und Hofgericht stützte.

[10]) Müller a. a. O. Vorst. II, S. 691 zitiert aus Linturius: eodem, anno (1496) die St. Petri ad vincula congregantur iterum nobilitares de partibus superioris Alemanniae per suos Capitaneos ad hoc deputatos de quolibet territorio contradicentes Regi Romanorum Maximiliano, nec volentes impositam Steuram. Es handelte sich also um eine Versammlung der Ritterhauptleute aus jeder Landschaft.

[11]) Datt, De pace publica S. 543, wo Lerch angeführt wird. Es handelt sich

Jahres ist zwar die Anwesenheit der rheinischen Ritterschaft bezeugt, einzelne Kantone werden aber nicht genannt. Auch in dem Schriftwechsel, den der fränkische und schwäbische Adel in Sachen des gemeinen Pfennigs und eines Zusammenstehens der Ritterschaft pflegte, ist der Kraichgauer nicht gedacht [12]).

Erst 1497 hören wir von ihnen. Der König begehrt durch eine Gesandtschaft vom Reichstag zu Freiburg, daß er die Ritterschaft zu Franken, Ortenau, Kraichgau, Wetterau und andere zu Verhandlungen über den gemeinen Pfennig auffordere [13]). Der Reichstag fand, es habe keinen Sinn, „die Ritterschaft und Adel in Franken, auf dem Kraichgau, in der Wetterau und Ortenau" zu beschicken. Verhandlungen würden im jetzigen Moment der Sache mehr hinderlich als förderlich sein. Seien doch die mächtigen Glieder des Reiches mit Einbringung der Steuer noch im Rückstand; einige hätten gar offen erklärt, daß sie den gemeinen Pfennig überhaupt nicht geben wollten. Es sei bei der ohnehin schwierigen Stimmung der Ritterschaft Gefahr, daß sie nur Anlaß zu weiteren Bündnissen nehme, deren Widerstand dann um so kräftiger sein werde [14]). So beschloß er nur im allgemeinen, daß auf dem nächsten Reichstag der widerspenstigen Stände halber weiter verhandelt werden solle [15]).

---

bei diesem Tag wahrscheinlich um eine Verwechslung mit dem zu Schweinfurt. Vgl. Fellner S. 119 f. Anm. 32.

[12]) Wenigstens nicht in dem von Fellner gebrachten Material.

[13]) „Am Tage Johannis Apostoli 1497 ist herr Herrmann von Sachsenheim, Ritter, mit Graf Adolf von Naffau und Herr Caspar von Mörspurg mit einer kon. Credenz vorkommen und des Inhalts einer Instruction nachfolgende Meinung vorgebracht ... Darauf begehrt ansehen zu handeln, nemlich von dem gemeinen pfenning des Cammergerichts, Landfriede und Handhabung derselben, auch der Ritterschaft zu Franken, Ortnaw, Kreichgaw, Weteraw und andern zu schreiben, mit Ihnen des gemeinen Pfennings halben zu handeln." „Auszug Reichstags Protocolli" bei Harpprecht, Staatsarchiv des Kais. Kammergerichts Bd. II, S. 305 ff.

[14]) „Darzu ermessen wir die handlung, so mit den gemelten ritterschaften nach ewer kon. gnad begehr beschehen solt, zuvoran vergebens, ganz unfruchtbar und der sachen mehr hinderlich dann forderlich, dann solt itzo mit denen des pfennings halber zu handeln angefangen werden, so die merklichen stände des reichs in demselben stuck noch säumig sein, auch ein teil sich hören lassen, den nicht zu geben ... wird ihnen, nachdem sie sich des pfennings ohne das beschwerlich und widersessig vernehmen lassen, schwer eingehen, und ihnen vielleicht zu ferneren bündnissen und andern ursachen und bewegnis geben, daraus ewer gnad und dem reich des stucks halber merklich irrung und verhinderung erwachsen möchten ..." Ebd. S. 323.

[15]) „Ob aber ettlich stände des reichs erfunden würden, die sich den gemeinen pfennig zu legen widersetzen, und den nit legen wolten, von denselben soll auf nächst-

Der Reichstag zu Augsburg brachte dann eine Förderung der leidigen Steuersache. Man gab die verhaßte Erhebungsart, wie sie in Worms beschlossen worden war, auf. Es sollte ein Heer von 34 000 Mann aufgestellt werden, und je 400 begüterte Einwohner sollten dazu je einen Knecht ausrüsten. Die Geistlichkeit und die Städte sollten außerdem von 40 fl. Einkommen jährlich 1 fl. erlegen. Grafen und Herren stellten für je 4000 fl. Einkünfte einen Reisigen. Auch die Ritterschaft sollte nach ihrem Vermögen etwas tun[16]). Der Reichstagsabschied bestimmt, daß mit der Ritterschaft zu Franken, Schwaben und Rheinlanden ernstliche Unterhandlungen darüber zu pflegen seien[17]).

Die neue Steuerform, für welche der Name „gemeiner Pfennig" zunächst noch beibehalten wurde[18]), war der Ritterschaft sympathischer. Nichts war ihr ja mehr verhaßt als alles, was nach Abgaben und Dienstbarkeit aussah. Wenn nun auch die Augsburger Beschlüsse in der Sache ebenfalls Geld forderten, so kleideten sie die Steuer doch so ein, daß dem Reiche direkt nur Mannschaft gestellt werden mußte. So war die Empfindlichkeit des Adels geschont.

Trotzdem hat er sich in seiner großen Mehrheit nicht dazu verstehen können, seine Untertanen mit der Steuer zu belegen. Die fränkische Ritterschaft rüstete sich sogar, ihre Steuerfreiheit mit dem Schwert zu verteidigen[19]).

Um so auffälliger ist es, daß der Kraichgau auf die Anforderungen des Reichstags eingegangen ist. Die Ritterschaft wurde 1501 von ihrem Ausschuß, Stefan von Venningen, Wilhelm von Neipperg, Orendel von Gemmingen und Conrad

---

künftigem reichstag geratschlagt und gehandelt werden, wie die umb sollich widersetzung und ungehorsam gestraft und fürter zu gehorsam bracht werden möchten." Neue Sammlung II, S. 42.

[16]) § 41. „Auch sollen die ritter und knechte des h. reichs in diesem löblichen, christlichen werk und fürnemen als fromme christenleut auß adelichem gemüt, behaltung und rettung ihrer selbst, vatterland, ehr, leibs und guts, und zu widerstand den ungläubigen und andern widerwertigen der christenheit und des reichs nach ihrem vermögen auch etwas tun." Neue Sammlung II, S. 62.

[17]) § 48. Der König oder sein Stellvertreter und das Reichsregiment „sollen und wöllen auch mit der ritterschaft zu Franken, Schwaben und Rheinlanden ernstlich handeln und reden lassen, zu obangezeigtem christlichen fürnehmen, auch zu beschirmung des h. reichs, dieweil sie umb ihrer vordern verdienst willen, von demselben reich ihr ehr und würde, auch den mehrern teil ihres guts haben, ihre getreue hülf, wie ihnen als christgläubigen rittern und knechten des hl. reichs wohl anstehet zu tun." Ebd. S. 84.

[18]) Ulmann, Maximilian, II, S. 11 Anm. 2.
[19]) Fellner, a. a. O. S. 123 ff.

von Sickingen, nach Hilsbach beschrieben [20]). Sie bewilligte dort die Steuer, legte sie auf ihre Untertanen um und lieferte sie später ab.

Die Tatsache ist für uns doppelt wertvoll. Sie zeigt uns einmal, daß in der Kraichgauer Ritterschaft das Interesse am Reich wieder erwacht ist. Wie ganz anders wäre es doch aufgenommen worden, wenn das Reichsoberhaupt unter Friedrich I. oder in den Anfangsjahren des Kurfürsten Philipp eine Leistung und nun gar eine Steuer für das Reich gefordert hätte! Gewiß hätte man sich von seiten der Pfalz sowohl als der Ritterschaft hinter der Behauptung der Landsässigkeit verschanzt, wie man es dem Schwäbischen Bund gegenüber tat. Welche Wandlung gegen jene Zeit, wo die Furcht vor der Bundesmatrikel den Adel vollkommen der Pfalz ausgeliefert hat!

Zum zweiten ersehen wir aus dem Vorgang, daß die Organisation noch besteht, welche sich die Ritterschaft auf

---

[20]) Gleichzeitige Originalnachrichten sind uns nicht erhalten. Wir kennen den Vorgang aus dem Centprozeß, welchen ein Teil der Kraichgauer Ritterschaft 1554—1560 vor dem Kammergericht gegen die Pfalz führte und 1571 auf 72 von neuem durchfechten mußte. K. Pfalz, Gen., Landeshoheit Fsz. 6209. In der „Probationsschrift deren vom adel so guetter und underthanen in der oberen stüber cent haben" ꝛc. vom 11. Dez. 1571 heißt es Fol. 267: „Über das alles so hat auch solche einziehung der gemeinen reichsschatzungen, so erzeiter massen durch klagende principales (die Kraichgauer Adeligen in der Cent) beschehen nit allererst in dem bemelten 42 jahr angefangen, sondern do in anno 1501 ein gemeiner pfenning uf das ganz reich geschlagen worden, do haben solchen die vom adel von iren underthanen auch selbs allenthalben eingezogen und volgends an geburende ort geantwort, wie sie dann deswegen ir besondere rittertag gehalten und domalen die gewesnen ausschreiber herr Stefan von Venningen, ritter, Wilhelm von Neipperg, Orendel von Gemmingen und Conrabt von Sickingen die gemein kraichgawisch ritterschaft gen Hilsbach zusammen beschriben laut der kopeien mit J., so e. f. gn. (der kais. Cammerrichter ist angeredet) deswegen sampt dem getruckten original in specie zuersehen und zuverlesen haben." Der letzte Zusatz verbürgt die Richtigkeit dessen, was die Ritterschaft vorbringt. Ein Zweifel an der Erlegung des gemeinen Pfennigs durch den Kraichgau kann nicht aufkommen.

Das Datum des Tages zu Hilsbach, den 28. Oktober (Simon und Judä), kennen wir aus einem Msc. des Freih. v. Gemmingischen Archivs Neckarmühlbach, Gestell A, Fach VII: „Akten die Incorporation der Familie von Helmstatt auch deren Beschreibung auf die allgemeine Konvente betr. Nr. 1, worin eine Anzahl Urkunden ganz oder im Auszug wiedergegeben werden (letztes Datum 1763).

Auch Reinhard von Gemmingens Chronik (Gemmingischer Stammbaum, Schloßbibliothek Hornberg, Msc., unfoliiert, im Jahre 1631 vollendet) berichtet zum Jahr 1501, daß vor und nachher unter dem Adel aller drei freien Kreise große Aufregung wegen des gemeinen Pfennigs war, und nennt Orendel v. G. als einen der Ausschüsse der Kraichgauer Ritterschaft.

dem Speierer Tag gegeben hat. Sie ist sogar weiter gebildet worden. Stand damals ein Hauptmann an der Spitze, der über eine im Austragswesen geradezu absolute Macht verfügte, der die Tage ausschrieb und alle Verhandlungen nach außen leitete, so finden wir jetzt einen Viererausschuß mit den zwei letzteren Funktionen betraut. Diese Einrichtung bedeutet, daß die Kraichgauer nun ganz hinausgewachsen sind über die mittelalterlichen Formen des Esels, daß sie gelernt hatten von den Ansätzen kollegialer Verhandlungsweise, die sich bei Reichsorganen sowohl als in den Territorien fanden.

Wann und unter welchen Umständen der Ausschuß eingeführt wurde, ist unbekannt. Möglich, daß er seine Entstehung einer Vierzahl von Kraichgauern verdankt, die, wie es später häufig vorkam, mit kommissarischen Verhandlungen vom Kaiser betraut wurde. Daß sich der Kaiser mit Kommissionen in der Folgezeit meist an den Viererausschuß wandte, hatte jedenfalls das Ergebnis, daß die Einrichtung auch dann noch blieb, als in den andern Ritterkantonen das Vorstandskollegium längst wieder durch einen Ritterhauptmann und einen Beirat ersetzt worden war.

Die beiden Gaben, das „Hilfsgeld" für die Pfalz und der „gemeine Pfennig" für das Reich, kennzeichnen so recht die Zwitterstellung, welche der Kraichgau immer noch zwischen beiden Gewalten einnahm [21]). Die Besteuerung der Ritterschaft durch das Reich wäre, wie kein anderes Mittel, imstande gewesen, zwischen Territorien, Ritterschaft und Kaiser eine reinliche Scheidung eintreten zu lassen. Bei der Verworrenheit und Gegensätzlichkeit aller politischen Verhältnisse, bei der Schwäche der Reichsleitung war es nicht dazu gekommen. Die Frage, wem die spätere Reichsritterschaft zufallen würde, war im Grunde keine Rechtsfrage mehr. Alle Voraussetzungen, unter denen sie entstanden und gewachsen war, existierten ja nicht mehr. Nur die größere Macht konnte entscheiden. Eine starke Zentralgewalt würde aus dem Zusammenbruch des Reiches für sich noch retten, was zu retten war, eine schwache auch den Rest noch an die Territorien verlieren.

---

[21]) Es ist die Zwitterstellung, welche die Kraichgauer mit dem ganzen süddeutschen Adel teilen. Vgl. den Vorwurf, welchen Maximilian der fränkischen Ritterschaft macht, daß sie das Reich gegen die Fürsten und die Fürsten gegen das Reich ausspiele. M. an Friedrich von Sachsen, Harpprecht, Kammergericht, Bd. II, 421.

§ 3. Die pfälzische „Stände"verfammlung zu Heidelberg.

Daran änderte auch der letzte Anlauf nichts mehr, den Kurfürst Philipp unternahm, um die Ritterschaft endgültig für die Pfalz zu gewinnen. Er befand sich damals — am Ende des bayrischen Erbfolgekrieges — in einer zu schwachen Position, als daß er die Entscheidung hätte herbeiführen können. Die Sache war dabei nicht einmal schlecht eingefädelt. Der Pfalz drohten große Gebietsverluste. Bedeutende Teile, welche sie vorher zu sich gerechnet hatte, waren in Feindeshand und sollten beim Friedensschluß endgültig den Siegern zufallen. Das war eine Angelegenheit, welche nicht nur den Fürsten anging; sie betraf das ganze Land und vor allem diejenigen, welche durch die Neuordnung der Pfalz entfremdet werden sollten. So war der Kurfürst berechtigt, in seinem Ausschreiben an die „Grafen, Herren, Prälaten, Ritterschaft und Landschaft, so zum Fürstentum der Pfalz gehörig"[1]), sein Anliegen als eines zu bezeichnen, daran ihm, dem Fürstentum und Land und Leuten geistlichen und weltlichen Standes viel gelegen sei[2]).

Nachdem Philipp durch den Badener Vertrag[3]) zu einem Waffenstillstand bis zum 23. April 1505 gezwungen war, gab es für ihn nur noch eine Alternative. Sollte er den Gebietsverlust ruhig hinnehmen oder einen Verzweiflungskampf darum wagen? Letzteres konnte er nur, wenn alle hinter ihm standen — nicht nur seine Diener, Lehenleute und das zur „Reise" verpflichtete centgeseßene Volk, sondern auch die Schirmverwandten[4]). Würden sie dazu bereit sein? **Das war die Frage, das „merkliche Anliegen", worüber er mit der Versammlung Rates pflegen wollte.** Die Geldfrage — für den neuen Kampf, nicht für den gewesenen Krieg — kam

---

[1]) 1505 Febr. 10 (montag nach Invocavit), Heidelberg, Philipp an den Abt von Arnstein, Abdruck bei Glasschröder, Zum kurpfälzischen Ständewesen, Zeitschr. Oberrh. X (1895), 470.

[2]) „Wir werden geursacht den graven, herrn, prelaten, ritterschaft und landschaft, so zum furstentum der Pfalz gehorig, die wir bann in gute zall beschriben haben, etwas unsers und der Pfalz mertlichs anligends, daran uns, unserm furstentum, landen und leuten geistlicher und weltlicher stende merklichs und viel gelegen ist, furzuhalten, ewer und derselben getruwen rats darin zu pflegen."

[3]) S. Riezler III, S. 617.

[4]) Philipp mochte an seinen Oheim Friedrich denken, welcher in ähnlicher bedrängter Lage gegenüber dem Kaiser und den mit ihm verbündeten Fürsten durch die einmütige, begeisterte Hilfe der Ritterschaft und seiner Untertanen gerettet worden war. Die Bischöfe von Speier und Worms waren im Krieg neutral geblieben.

erst in zweiter Linie. Die Versammlung fand am 23. Februar statt [5]), und es ist nach der Sachlage ganz selbstverständlich, daß der Kurfürst mit ihr nicht nur beraten, sondern auch verhandelt hat.

Es ist Philipp nicht gelungen, die Anwesenden mit sich fortzureißen. Das beweist seine Fügsamkeit dem Kölner Spruch gegenüber. Mit den andern Versammlungsteilnehmern hat sich ihm auch die Ritterschaft versagt [6]).

Wieviel von Berufenen — sie waren ja ohnehin nur „in gute zall" beschrieben — erschienen sind, darüber haben wir keinen Bericht. So wissen wir auch nichts von den Kraichgauern. Wenn sie überhaupt teilgenommen haben, dann war ihr ablehnender Bescheid durch die Ereignisse des bayrischen Erbfolgekriegs bedingt, welche ihre Landschaft besonders getroffen hatten.

C. Die Katastrophe. Der bayrische Erbfolgekrieg.

Die Gründe und Veranlassung dieses Kampfes [1]), dessen Ende den völligen Zusammenbruch des Philippinischen Regimes bedeutet,

---

[5]) sonntag oculi, ebd. Über die Versammlung berichtet Trithemius in der Sponheimer Chronik, Op. hist. ed. Freher, Frankfurt 1601. P. II, 422 f.

[6]) Glaßschröder (a. a. O.) wollte aus dem Wortlaut des Einladungsschreibens schließen, daß in der Versammlung ein „erster Anfang zu einer landständischen Verfassung in der Kurpfalz" vorliege. Er negiert damit die Ansicht Gotheins (a. a. O. S. 6), wonach es sich nur um einen „erweiterten kurfürstlichen Rat" gehandelt habe. Glaßschröder legt auf die Ausdrücke „verhandeln", „so zum fürstentum der Pfalz gehörig", „stende" zu großen Nachdruck. Daß Kurfürst Philipp z. B. seine Ritterschaft als landsässig betrachtete, wissen wir. Die Landsässigkeit, die notwendige Voraussetzung der Landstandschaft, ist aber mit dem einseitigen fürstlichen Anspruch nicht gegeben. Es gehört dazu die dauernde Anerkennung durch den Landsassen. — Die Anwesenheit der Bischöfe, welche Glaßschröder bezweifelt, halte ich nach Lage der Dinge für sehr wahrscheinlich. Jedenfalls sind sie dann aber — dies gegen Gothein — als Schirmverwandte, nicht als „Gäste" eingeladen worden. — Die Möglichkeit, daß an die Versammlung die Entwicklung einer landständischen Verfassung hätte anknüpfen können, soll nicht in Abrede gestellt werden. „Ein erster Anfang zu einer landständischen Verfassung" scheint mir zu viel gesagt. Davon könnte nur die Rede sein, wenn die Versammlung den weiteren Kampf beschlossen und Geldmittel bewilligt hätte.

Auch für die Schulden des seitherigen Kampfes kam weder diese noch eine spätere Versammlung auf. Erst 1516 auf 1517 wurde der — vergebliche — Versuch gemacht, die Kriegsschulden der Pfalz durch Steuern zu decken. Gothein, a. a. O. S. 7 ff. — Auch daß nicht alle, sondern nur eine gute Zahl der „Stände" beschrieben wurde, spricht gegen Glaßschröder.

[1]) S. Ulmann, Maximilian, Bd. II, S. 178 ff. Über den Verlauf des Kampfes, soweit er den Kraichgau betrifft: Ch. F. Stälin, Bd. IV, 1 (1870) S. 52 ff. Vgl. auch H. Müller, Der bayrisch-pfälzische Erbfolgekrieg im Jahre 1504, Gymnas.-Programm, Prenzlau 1876.

können wir hier füglich übergehen. Es soll hier nur noch einmal auf die Entwicklung der pfälzisch-württembergischen Beziehungen hingewiesen werden, die wir oben verfolgt haben. Aus ihr ergab sich die Teilnahme Württembergs an der Koalition gegen die Pfalz [2]). Es ist schon hervorgehoben worden, daß auch nach dem Wormser Vertrag von 1495 die Plackereien nicht aufhörten, welche von pfälzischen Dienern auf württembergischem Gebiet verübt wurden. Alle Proteste nützten nichts; immer wieder fanden die Landfriedensbrecher Unterschlupf in der Pfalz. Hans Massenbachs — genannt Talacker — Fehde gegen Württemberg wuchs sich allmählich zu einer ernstlich betriebenen Angelegenheit des Schwäbischen Bundes aus [2]). Noch mehr verbitterte den jungen Herzog Ulrich, daß der Pfalzgraf dessen Oheim, den vertriebenen und seiner Regierung entsetzten Herzog Eberhard, 1498 in Heidelberg aufnahm [3]), sich am 12. Januar 1499 dessen Ansprüche auf Württemberg feierlich abtreten ließ und den gefährlichen Mann, der heimliche Werbungen in Württemberg betrieb, bis zu seinem Tode 1504 in der Pfalz zurückhielt.

Herzog Ulrich gehörte deshalb zu den eifrigsten Unternehmern in der Koalition.

Philipp rüstete sich schon im Anfang des Jahres 1503 auf den Krieg. Über den Anfang und die Art der Vorbereitung existieren genaue Aufzeichnungen [4]), welche auch den Anteil der Kraichgauer berichten.

---

[1]) Hans Glasers „Spruch von dem wirtembergischen Krieg" (Liliencron, a. a. O. S. 516 f.) gibt als Ursache des Krieges an:

„Wirtenberg hat er (der Pfalzgraf) thon groß laid.
das hat er trieben fruh und spat;
sein feind er auf enthalten hat,
daß man vor inen hat kain frid,
den Talacker und den Lindenschmid,
die hond sich braucht zu fuß und pferd,
und darzu der Heßlin Schwert,
die hat man aufgehalten überall,
sunderlich in dem weinsberger tal,
da hont sie manche beut errent,
darumb man vil dörfer hat verbrennt
und etliche schloß gewunnen.
man hats auch aufgehalten zu Maulbrunnen,
das zimet kainem gotteshaus."

Über Talacker und den Schwäbischen Bund s. Klüpfel, Urkunden, S. 419, 461, 468, 474 ff., 531 und Klunzinger in den Württ. Jahrb. 1855, S. 158 ff.

[3]) Stälin IV, 1 S. 21 f.

[4]) Das Reißbuch 1504, K., herausgegeben von Weech, Zeitschr. Oberrh. XXVI.

Sie haben sich danach nicht nur beteiligt, soweit sie Lehenleute und Diener der Pfalz waren; sie liehen dem Pfalzgrafen Geschütze, gehörten zu den Führern des Heeres und sagten auch aus freien Stücken dem Württemberger Herzog auf[5]). Die Mehrzahl des Kraichgauer Adels

---

[5]) Die beiden Centen Reichardshausen und Meckesheim waren natürlich reispflichtig.

In dem Verzeichnis der aufgebotenen und geworbenen Ritter stehen unter Weinsberg: Martin von Sickingen, Eberhard und Diether von Neipperg, Barthol. Horneck, Wolfgang Lemlin; unter Bretten: Konrad, Wipprecht, Reinhard, Bastian, David, Hans und Christoph von Helmstatt, Burkard, Diether und Wilhelm von Angeloch, Stefan, Carius, Konrad, Erpf, Swicker, Ludwig und Hans von Benningen, Philipp, Eberhard, Peter von Ehrenberg, Marcolf von Wilersheim zu Mauer, Jörg von Rippenburg von Mauer, Wilhelm von Massenbach, Matthes Ramung, Orendel von Gemmingen, Phil. von Bettendorf, Phil. von Mentzingen, Phil. von Neuenhaus, Fritz und Phil. Sturmfeder, Bernh. Göler von Ravensburg, Wilhelm von Sternenfels, Albrecht von Berwangen, Wolf Ulrich, Erpf Ulrich von Flehingen. Ebd. S. 230.

„Die zu dinst bestellt und im dienerbuch begriffen sind": Albrecht von Berwangen, S. 232, Wolf Ulrich von Flehingen, Erpf Ulrich von Flehingen, Conrat von Helmstatt, Utz Hagestolz von Flehingen, David von Helmstatt, Ulrich von Helmstatt, S. 234, Martin von Sickingen, Bernhart Göler, S. 234.

Burgmannen zu Oppenheim: Hans vom Hirschhorn, Hans von Sickingen, Hans Landschad von Steinach, Phil. von Gemmingen, Matthis Ramung, Albert Gölers Sohn, Diether Landschad, S. 236. Burgmannen zu Alzei: Hans Landschad, S. 237. Burgmannen zu Fürstenberg: Hans Landschad, S. 237. Burgmannen zu Kaiserslautern: Phil. von Gemmingen, Sifrit Horneck, Margarete von Benningen, S. 239. Burgmannen zu Lindenfels: Hans Landschad. Burgmannen zu Rotenberg: ders., Matthis Ramung, Wiprecht von Helmstatt, S. 240. Burgmannen zu Wachenheim: Hans von Sickingen, S. 241. Stefan von Benningen, S. 242. Burgmannen zu Starkenburg: Heinrich von Helmstatt, Hans Landschad, S. 242.

Unter den Befehlshabern: Für den Proviant Hans von Sickingen mit Phil. von Habern, Carius von Benningen, Reinhart von Helmstatt, Phil. von Ehrenberg; Zeugmeister: Albrecht Göler, Amtmann, und Conrat von Helmstatt; Kriegsrat: Hans Landschad. S. 156, 214, 215.

Geschütze leiht: Pliker von Gemmingen (1 Steinb., 10 Hakenb.) und Hans vom Hirschhorn (ebensoviel). Der Fehdebrief des Pfälzer Adels gegen Ulrich (St.A. St. Pfalz. Or. Perg. 1504 Mai 22. „Der Pfalz Hofgesind und Diener mer teil Behdbrief, Zeitschr. Oberrh. S. 294 ff.) nennt: Hans Landschad von Steinach, Hauptmann, Hans von Sickingen, Franz von Sickingen, Reinhard von Rotemberg, Johann und Hippolytus von Benningen, Erpf von Benningen, Kilian von Berwangen, Wilhelm von Habern.

Manche Kraichgauer waren, wie man sieht, zu mehrfachen Leistungen verpflichtet. Auch auf dem bayrischen Kriegsschauplatz waren sie beteiligt. Doch sind nur einzelne Namen bekannt, unter denen der pfälzische Hofmeister Schweiker von Sickingen und sein Sohn, der berühmte Franz, am meisten hervorstechen. Eine Anfrage an die

war zur Verteidigung Brettens bestimmt[6]). Die ist nun auch eine Ruhmestat der Besatzung geworden[7]). Herzog Ulrich, rückte, nachdem er am 17. Mai seinen Fehdebrief abgesandt, am 29. vor das Kloster Maulbronn, das er nach siebentägiger Belagerung am 4. Juni eroberte. Am 16. Juni berannte er Bretten ohne Erfolg. Eine Belagerung schloß sich an, die bis zum 2. Juli währte. Der tapfere Widerstand veranlaßte Ulrich an diesem Tage zum Knittlinger Vertrag, wodurch Maulbronn mit seinen Dörfern für die Dauer des Krieges an ihn kam, während Kurfürst Philipp auf diese Zeit Stadt und Amt Bretten seinem Sohne Ludwig überwies. Weder von Bretten noch von Maulbronn aus sollte etwas Feindliches unternommen werden dürfen[8]).

Aus dem Lager vor Bretten hatte Herzog Ulrich am 1. Juli an König Maximilian geschrieben, daß er die Stadt nicht erobern könne, weil täglich neue Hilfe dahin komme. „Wegen der 1500 Knechte, welche dem Pfalzgrafen aus dem Sundgau, Elsaß und Breisgau zulaufen", solle der König eine Ermahnung ergehen lassen[9]). Der Gedanke, ähnliche Schritte gegen den Kraichgauer Adel zu veranlassen, lag nahe. Geschah es nun auf Ulrichs Veranlassung oder war es eigene Entschließung Maximilians: am 24. August 1504[10]) erließ er ein Mandat an die Kraichgauer, daß sie der Pfalz entsagen, in allem Gehorsam der Königlichen Majestät anhangen und den Befehlen Herzog Ulrichs Folge leisten sollten. Dieser ließ jedem Kraichgauer Adeligen eine Kopie zugehen und forderte zum Erscheinen vor seinen Räten in Heilbronn auf. Die großen Erfolge des Herzogs, der inzwischen Besigheim,

---

K. Hof= und Staatsbibliothek zu München nach dem einen Kodex, den J. Würdinger für seine „Urkunden=Auszüge zur Geschichte des Landshuter Erbfolgekrieges" (Verhandlungen des Histor. Vereins für Niederbayern, Bd. VIII, S. 297 ff.) benützte, hatte ein negatives Resultat. So ist es unmöglich, den „Futterzettel", welchen Würdinger S. 307 erwähnt, auf Kraichgauer Namen durchzusehen.

[6]) S. o. Anm. 5.

[7]) Als solche erscheint sie besonders in G. Schwartzerdts „Belagerung der Stadt Bretten" (herausg. von F. J. Mone, Quellensammlung der badischen Landesgeschichte, Bd. II, 1854, S. 2 ff.). Die umsichtige Leitung des tapferen Fauts Konrad von Sickingen, Erpf Ulrichs von Flehingen Heldentaten, die mannhafte Haltung der Edelleute gegenüber den aufrührerischen Knechten erhalten hohes Lob. Gegen das Mißtrauen der Bürgerschaft wird die Pfalztreue des Adels energisch in Schutz genommen.

[8]) Stälin, a. a. O. S. 60 ff.

[9]) Stälin, a. a. O. S. 61 f.

[10]) Das Datum in „Akten die Incorporation der Familie von Helmstatt ect. betr.", Freih. v. Gemmingen=Gutenberg. Archiv Neckarmühlbach, Gestell A, Fach VII.

Löwenstein, Neuenstadt a. K., Weinsberg und Möckmühl erobert und eine Vorstadt von Sinsheim abgebrannt hatte, mögen ihre Wirkung getan haben, ebenso jene des Königs im Elsaß und der Mortenau. Hatte doch schon nach dem Fall Maulbronns Blicker von Gemmingen sich an Württemberg ergeben[11]).

Am 4. September schon konnten die Abgesandten Herzog Ulrichs in Heilbronn die Unterwerfung von Kraichgauern entgegennehmen[12]). Durch ein Notariatsinstrument[13]) erklärten sie, da andere dem kaiserlichen Mandat nicht gehorsam waren, deren Habe für verwirkt. Dem Wort folgte die Tat auf dem Fuße. Durch das Leintal[14]) zog

---

[11]) 1504 Juni 15. Herzog Ulrich v. W. befiehlt seinen Hauptleuten, Waibeln und jedem, dem dieser Brief gezeigt wird, seinen Lehensmann Blicker von Gemmingen, der sich in dieser Fehde gegen Pfalzgraf Philipp mit Leib und Gut nach Gebühr und Pflicht zu halten versprach und um Schutz für seine Dörfer und Flecken gebeten hat, seine Untertanen und seine Güter, nämlich Ittlingen, Meimsheim, Bönnigheim, Erligheim, Kälbertshausen, Guttenberg, Mühlbach, Hüffenhart, Bonfeld, den Hof zu Tam, Steinsfeld, Lehren, Eschenau, ein Haus zu Weinsberg, Kleingartach, Niederhofen, Stetten und Höfe zu Dahenfeld und Kirchhausen, unbehelligt zu lassen. Konz. St.A. St. Repert. Adel I.

[12]) Dem Schreiber der „Acta die Incorporation der Familie von Helmstatt ect. betr." (f. o.) ist noch eine diesbezügliche Urkunde vorgelegen. Er erzählt zu 1504, Mittwoch nach Agidii: „der Adel im Kraichgau versichert den Herzog Ulrich als Kaiserl. Executor seiner Treue gegen den Kaiser".

[13]) St.A. St. Repertorium Pfalz. Abdruck in Sattler, Herzöge I Beil. Nr. 36. Die württ. Gesandten waren der Landhofmeister Hermann von Sachsenheim, Kanzler Gg. Lamparter, Dr. P. J. Arlunen, Propst zu Backnang, und Hofmeister Dietrich von Weiler. „Demnach uß macht und vermogen der gemelten koniglichen maiestat ein koniglich edict und mandat uzgangen an alle und jede graven, ritter und ander edel im Creychgaw gewonet und gesessen und was der Pfalnz bi Rin bisher verwant gewesen ist, sich der furbaß zu obern, herdan tun mit aller dienstbarkeit und untertänigkeit, sonder anhangen mit aller gehorsamin der koniglichen maiestat und des genanten herrn herrn Ulrichs herzogen zu Wirtenberg ect. mandat, so einem jeden im Craichgow wonhaft und gesessen mit gewisser botschaft in collationierten copeien furbracht und verkündet worden ist: welcher under inen dem gebot und koniglichen mandat als gehorsamer **erschienen** ist und angenommen hat, nemen die obgemelten anwält an siner furstlichen gnaden statt auch an. Ob aber etlich unter inen diesem nit bigehellen noch gevolgenig wolten sin, behalten und bedingen sie, anwelt, sinen furstlichen gnaden bevor lut des koniglichen mandats gegen und wider dieselben alle und jeden insonder, all ir iglich hab und gut ligends und farends, wo das ankommen und erfunden wurdet, ietz zu sinen furstlichen gnaden anzunemen und aignen und im namen und statt der koniglichen maiestat furzenemen, je handeln und zu tund mit der tat und sunst wie sich gebüret und als ob die konigliche m. solchs mit der hand selbs tät oder schuf getan werden."

[14]) Vgl. Glasers „Spruch von dem wirtenbergischen Krieg", Liliencron S. 521:

Herzog Ulrich vor Gochsheim, welches dem schon früher als Anhänger der Pfalz geächteten Grafen Bernhard von Eberstein gehörte. Der Graf mußte Schloß und Stadt übergeben; sein Sohn Wilhelm erhielt es am 20. September als württembergisches Lehen wieder [15]).

Von Gochsheim aus erließ Herzog Ulrich ein neues Ausschreiben an den Kraichgauer Adel. Er stand jetzt mitten im Kraichgau und beherrschte, da Bretten aus den Operationen ausgeschaltet war, das Land nach allen Seiten. Die Ritterschaft konnte nichts anderes tun als nachgeben, wenn ihr der Bruch der Lehens-, Dienst- und Amtspflichten noch so schwer ankommen mochte. Sie versprach, dem König nicht zu widerstreben. Doch sollte die Sache zu Heidelberg ausgetragen werden [16]).

Damit endete der Feldzug gegen den Kraichgauer Adel, nachdem schon vorher durch den Badener Vertrag vom 10. September der Widerstand der Pfalz überhaupt aufgehört hatte.

Wir hören weiter nichts mehr von der Stellung der Ritterschaft zur Kurpfalz. Ob die von den Kraichgauern verlangten Verhandlungen in Heidelberg stattfanden oder nicht, jedenfalls hatten die Adeligen den Ernst der Lage in einer Weise kennen gelernt, die ihnen die Lust zu weiterem Kampf benehmen mußte.

„das her macht sich da auf die fart
in ain dorf haißt großen Gart. (Großgartach im Leintal.)
die im Kröchgöw wolt wir han vertriben;
in hat mein gnädiger herr verschriben,
wölten si im sein unterton (über den Irrtum vgl. Anm. 12)
so wölt er sie bei dem irn bleiben lon.
darin hond si das best erkennt;
si mainten, wenn si schon wurden verbrennt,
si mußten sich bennocht bucken lon,
so wölten si es deshalb mit willen ton.
darauf tetten si es zu sagen,
zu Hailbronn ward es ausgetragen."

Auf dem Wege nach Gochsheim schon hat Ulrich die Neipperger, Helmstätter, Gemminger und Sternenfelser unterworfen, wenn sie es nicht vorgezogen hatten, nach Heilbronn zu kommen. Von Gochsheim aus waren Mentzingische, Flehingische, Sickingische u. s. w. Besitzungen ohne weiteres erreichbar.

[15]) S. Krieg von Hochfelden, Geschichte der Grafen von Eberstein, Karlsruhe 1836, S. 130 f.

[16]) Steinhofer, Neue Wirtenbergische Chronik III, S. 880 f. Es scheint, daß es sich diesmal um eine gemeinsame Antwort des Kraichgauer Adels gehandelt hat. Es müßte also eine Vollversammlung oder eine Ausschußsitzung vorausgegangen sein. Ersteres ist bei den Verhältnissen unwahrscheinlich. Die meisten Kraichgauer standen noch beim pfälzischen Heere.

Schluß.

Die Ergebnisse für den Kurfürsten Philipp und die Kraichgauer Ritterschaft.

Nach außen wie nach innen war Kurfürst Philipps Macht zusammengebrochen. Mochte er sich auch in Protesten ergehen: die Eroberungen Friedrichs I. wie seine friedlichen Erwerbungen: Weinsberg, Neustadt a. K., Möckmühl, Besigheim, die Lehensherrlichkeit über Marbach, Heidenheim und die Vogtei im Brenztal, dazu die Vogtei über das Kloster Maulbronn blieben an Württemberg verloren. An das Reich fielen die Landvogteien Elsaß und Ortenau zurück. Hessen erhielt pfälzischen Besitz im Odenwald und am Rhein. Der Kraichgau verlor seine große Bedeutung für die Pfalz, nachdem diese ihre Stellung rechts vom Neckar eingebüßt.

Größer noch war der Verlust an innerer Festigkeit, den das Fürstentum erlitten hatte. Auf dem besten Wege zur Konsolidierung wurde es aus der Bahn geschleudert. Die schirmverwandten Bistümer lockerten die Fesseln, die ihnen Friedrich angelegt hatte, und auf den bayrischen Erbfolgekrieg geht es zurück, wenn nach der Reformierung der Pfalz ihre Säkularisation kaum versucht werden konnte. Und nun gar die Ritterschaft! Wir haben unter Philipps Regierung in dem pfalzbegeisterten Adel des Kraichgaus langsam eine Opposition wachsen sehen. Die Ritterschaft gewann an Selbstbewußtsein. Sie schloß sich zusammen zu einem verhältnismäßig unabhängigen, politischen Verband, der den Sprengungsversuchen des Fürsten wie der Standesgenossen Widerstand leistete. Der Reichsgedanke wurde in ihr wieder lebendig, und endlich erfolgte unter dem gewaltigen Druck des siegreichen Königs dessen Anerkennung als unmittelbarer Herr.

Der allmähliche Wandel im Verhältnis zur Pfalz läßt sich nicht besser ausdrücken als mit den Worten, welche Reinhard von Gemmingen in seinem „Stammbaum" von dem kurpfälzischen Kanzler Klaus von Eberbach berichtet[1]). Der Kanzler, „der ohne Zweifel dessen gewisse Nachrichten gehabt", erzählte, Friedrich I. habe den Adel „über alle maßen" geliebt. „Sie taten mehr als erbare Untertanen eines Herrn nimmermehr tun können.... Es war eine Aemulation zwischen dem

---

[1]) „Gemmingischer Stammbaum." Der Kanzler Klaus Heinrich von Eberbach wird von Widder, Beschreibung der Pfalz I, S. 63, zum Jahre 1612 in seinem Verzeichnis pfälz. Kanzler aufgeführt.

Herrn und dem Adel, welcher dem andern mehr respective Gnad, Guttat, untertänigen Dienst und Gefallens erweisen konnte; da stunde es wohl, und das Land, die Pfalz ist niemahlen in größerem Flore und Aufnahme gewesen." Unter Kurfürst Philipp „änderte sich alles, da regierten Grafen und Schreiber, die aemulierten mit dem Adel. Friederich begehrte, ersuchte, bathe; da fing man an zu befehlen, mandieren; die Landsäßerei kam erstmals auf die Bahn; das währte so lang, bis man endlich um einen großen Theil Land und Leuth kam." Als Ludwig V. einmal vorgeworfen wurde, „warum er sich mit dem Adel schleppte und nicht auch 12 Grafen hielte" wie sein Vater, sagte er: „Wann man mir zuvörderst das Land wieder zuwege bringet, so man meinem Herrn Vattern verschertzet, will ich mich auch anderste zeigen."

In der Tat: Kurfürst Philipp wollte zu hoch hinaus, nach außen wie im Innern. Um so größer war sein Fall. Häussers nirgends in die Tiefe dringende Darstellung sieht in Philipps Regierung den glänzenden Höhepunkt der pfälzischen Geschichte. Sie ist in Wahrheit ein Abstieg [2]). Durch sie wurde vergeudet, was Friedrich I. in rastloser Energie erworben hatte.

---

[1]) Zu ähnlichem Urteil ist E. Krause in seiner Darstellung des „Weißenburger Handels" gekommen (S. 64). Diese Angelegenheit, welche 25 Jahre lang zum größten Schaden der Pfalz nicht zur Ruhe kam und den Kurfürsten Philipp sowohl als seinen Marschall Dratt von der übelsten Seite zeigte, wird uns später beschäftigen.